本书为 2008 年度浙江省哲学社会科学规划常规性立项课题（编号：08CGJY004ZQ）成果。

国外课程改革政策及其价值取向

杨燕燕　著

ZHEJIANG UNIVERSITY PRESS
浙江大学出版社

序

对于课程政策的研究，在近些年来显得有些冷清，其原因是课程政策与课程改革之间有着十分密切的关系。作为课程研究领域，探析一个国家的课程政策，不仅可以从中窥见课程权力的分配现状，而且可以透视一个国家的政治制度、文化传统，以及为了应对全球化时代的急剧变化在课程政策的价值取向层面作出的变通和调适。因此，对课程政策的不同价值取向进行比较和分析，不仅成为课程政策制定、实施以及评价的理论基础和依据，而且对于我们研究别国推进课程改革的经验和智慧有所借鉴和启示。杨燕燕的新著《国外课程改革政策及其价值取向》从保守主义、自由主义、效率主义和生态主义的不同取向对课程政策的价值合理性依据进行条分缕析，针对四种不同价值取向的课程政策在不同国家、地区的实施背景和策略选择的差异性，进一步揭示其政治制度、文化传统、课程政策与课程改革之间复杂的关联性，并阐述了课程政策的价值取向对于学校课程文化变革策略选择之影响。对此，我愿意向广大课程工作者推荐该书。

保守主义是一种相对于激进主义而言的近现代西方政治思潮。作为一种意识形态，保守主义有着深厚的哲学思想根基和内在的逻辑原则，它与传统主义有着千丝万缕的关系，只是不同流派、不同国别的保守主义所维护的传统在性质上存在差异。比如，英国保守主义所保守的是自由的传统，法国保守主义则要维持旧制度和王朝政治的权威。因此，英国保守主义与自由主义不仅不是对立的，相反，二者之间实际上处于一种“外敌内友”的关系状态。二者真正的分歧在于保守主义从古典社会伦理秩序看待自由，而自由主义则以个人权利优先作为保障自由的先决条件。因此，以保守主义和自由主义作为两种不同的价值取向分析课程政策时，有必要以各国的政治制度和文化传统作为其背景分析，以更加精准地把握不同国家在确定课程政策时对采纳不同价值取向的课程政策所显示出来的包容性。

效率主义与科学主义是产生于早期资本主义社会的一对孪生的怪胎，这种病态的价值观与20世纪初的科学管理运动有着密切联系，其本质特征是视效率为一个社会或组织的最重要的价值标准，并认为人的一切行为都必须服从这一价值标准。效率主义的课程政策在教育领域里的盛行直接导致了学校成为知识的加工厂，学生成为知识堆积的容器，由控制主义主宰的课堂教学以追求结果指向的碎片知识教学目标为旨趣，导致学校课程内容的快餐化，恰恰遗忘或忽视了教育是一个需要师生共同体验的、舒缓的、优雅的过程。

生态主义是为了挽救第二次世界大战以来出现的生态危机，从整体上解决人类生存危机的一种思想立场。通过一系列努力，生态主义初步确立起了系统整体观念、民主平等原则、尊重差异的思想以及动态发展的观点。这些观念相互补充，相得益彰，具有高度同构的整体性特征。这种整体论把整个生物圈乃至宇宙看成一个生态系统，认为生态系统中的一切事物都是相互联系、相互作用的，人类只是这一系统的一部分。整体论强调每一物种在维持生态系统整体性中所起的作用，强调生态系统中每一存在物所具有的不可取代的内在独特价值。由此可见，以生态主义作为价值取向的课程政策在论及关于儿童认知能力发展的课程目标时，会更加倾向于追求儿童情绪的、身体的、理智的、社会的、灵性的、整体意义的发展，不断寻求儿童客观努力的成就与生活中主观的、个人的、内在的和灵性的方面的整合，防止儿童在学校掉入片面追求“单向度”发展的误区或陷阱。

以上是我读完这篇著述之后的一些感受，权作序。

钟启泉

2010年5月6日

目 录
Contents

导论 意义、概念与框架

采用不同的研究范式研究课程问题，不仅意味着研究者变换理论视角，还意味着研究者从不同层次提出不同性质的问题。在课程社会学研究、文化学研究成果的基础上，尝试进行政策学研究，不但变换了理论视角，而且提出问题的性质也不一样，有可能促进课程研究的进一步发展。① 本研究便是从政策视野研究课程问题的一种探索。

一、研究课程政策及其价值取向的意义

(一) 课程政策是影响课程改革的重要因素

变革是一个过程(process)，而不是一次事件(event)。② 可以说，自公立学校诞生以来，学校的课程改革就没有停止过；而体现国家、地方教育当局或是专业团体旨趣的课程政策是影响学校课程改革的重要因素。③ 20 世纪 80 年代以来，在"世界范围的教育改革"④中，一些主要发达国家，如美国、英国、日本、苏联与俄罗斯、法国、韩国、加拿大等国，都在基础教育领域发起了大规模的、自上而下的课程改革，并一直持续至今。在课程改革的过程中，各国都出台了不少课程政策，它们对各国当前的学校课程产生了很大的影响。

总的来说，20 世纪 80 年代以来的课程政策是在以下的背景下产

① 蒋建华. 走向政策范式的课程研究. 北京大学教育评论，2004(1)：89

② 吉纳·E. 霍尔，雪莱·E. 霍德著. 实施变革、原则与困境. 吴晓玲译. 杭州：浙江教育出版社，2004，6

③ Robert F. McNergney, Joanne M. McNergney. *The Practice and Profession of Teaching*. Boston: Pearson Education, Inc., 2007，294

④ 朱小蔓. 序 1，见：迈克尔·富兰著. 变革的力量——深度变革. 中央教育科学研究所、加拿大多伦多国际学院组织翻译. 北京：教育科学出版社，2004

生的：①

1. 面对一个日益全球化的社会，每一个国家的课程需要建构社会内聚力和民族认同感，并善于保护本国的文化遗产。

2. 面对一个日益复杂化的社会，课程需要重新建构文化、伦理和道德价值。

3. 在一个竞争日趋激烈的世界里，课程需要关注未来经济状况和国际竞争。

4. 民主主义是课程政策关注的永恒主题。

5. 提高所有学生的学业成就依然是许多国家关注的重点。

这一对于各国课程改革背景的描述，一方面体现了20世纪80年代以来的课程改革是时代对学校教育提出的要求——21世纪是知识经济初见端倪、国际竞争空前激烈、人类生存和发展面临困境的一个世纪，同过去在经济、国力增强等方面的社会发展主要依赖于自然资源或物质力量相比，培养具有高度科学文化素养和人文素养的人，对于21世纪人类的发展有着越来越关键的意义；另一方面，它体现出这些国家的课程改革都试图纠正之前学校课程所呈现出来的弊端，试图通过课程的变革来提高学校的育人质量、增强综合国力并实现民族素质的提升。这也恰恰说明，20世纪80年代以来这些国家的基础教育课程改革既具有课程改革自身的历史连续性，又蕴含着社会发展的现实性与前瞻性。这种现实性与前瞻性表现为蕴含在"教育实践钟摆"之中的"螺旋式的上升运动"，因为"在钟摆每一回合的摆动里肯定蕴含着新的事物和理念"。②由于事实上"通过自下而上的策略是无法进行大规模的改革的"③，因此，这些"新的事物和理念"被集中地体现于自上而下的课程政策之中，从而使课程政策在20世纪80年代以来各国的基础教育改革中扮演着重要的角色——这些国家在很大程度上依赖通过发布一系列重要的政策来实施与推进学校课程的变革。

基于课程在学校教育中的核心地位，课程改革成为基础教育改革的核心，学校课程的变革成为学校教育目标和价值变革的重要途径，而课程政策更是核心之"芯"。课程政策的发展不仅和时代的发展密切联系，而且直接反映着一个国家教育变革的主题。"在所有影响课程与教学改革与发展的

① 钟启泉，张华. 世界课程改革趋势研究（上卷）. 北京：北京师范大学出版社，2001，2

② [美]吉纳·E. 霍尔，雪莱·M. 霍德著. 实施变革：模式、原则与困境. 吴小玲译. 杭州：浙江教育出版社，2004，25

③ [加拿大]迈克尔·富兰. 变革的力量——深度变革. 北京：教育科学出版社，2004，44

因素中，课程与教学政策处于核心地位，它是课程与教学改革的直接指南、动力与保障，它直接影响着课程与教学改革的方向、阶段、速度和效率。因此，任何课程与教学改革都是相应的政策的产物，都是一定时期课程与教学问题的集中反映。任何课程与教学改革的成功与否，都可以在课程政策的表征与安排中找到根源。"[①]故此，对这些发达国家的课程改革政策进行分析，一方面可望能了解国外当今学校课程发展的主要动向，另一方面可望能在历史发展的框架中对课程政策及其价值取向作出整体的深度理解。

（二）价值取向研究契合政策研究领域的发展趋势

对政策的研究始于19世纪80年代，但是在20世纪40年代以前，人类对政策所作的研究是初步的。严格意义上讲，政策研究作为一门社会科学学科是在20世纪50年代以后发展起来的。在50—60年代，政策研究主要采用定量和技术的实证方法；70年代拓展了政策评估领域；到80年代，政策科学研究出现了一些新的趋势，其中之一就是加强了政策价值观问题的研究，而价值观包括了价值判断、价值取向、价值创造与实现。[②]这种趋势是关注"人的主体性"的哲学思潮在政策研究领域的体现。进入90年代以后，在拓展新的研究领域之外，政策的价值观研究又得到进一步的深化。

我们在一些研究中可以看到政策研究领域的这一研究动向。美国著名的政策研究学者福勒(F. Fowler)就有过这方面的明确阐述："其一，观念、信念和价值铸就人们界定教育政策问题的方式。……美国人的个人主义倾向鼓励人们站在个人的立场上理解问题，而不是想当然地认为解决问题是社会的责任。面对无数的母亲忙碌地为自己的学龄前的孩子寻求足够的日间照顾，美国人最有可能将这一现象理解为'太多的母亲在工作'，而不是'社会对年轻的家庭缺少足够的支持'。其二，观念、信念和价值制约着人们解决问题的途径和能力。大多数美国人在个人意义上界定'照顾孩子'的问题，因而便有可能相应地看到诸如鼓励母亲与自己的孩子一起待在家里的公共关系运动，或者向那些能够为雇员提供日间照顾孩子服务的私人企业提供免税或减税优惠，相反，不太可能建立政府管理的公营学前机构，或者推行政府补贴以让母亲更容易待在家中——这实际上是一些西方民主国家

---

① 钟启泉，汪霞，王文静．课程与教学论．上海：华东师范大学出版社，2008，37

② 陈振明．政策科学——公共政策分析导论．北京：中国人民大学出版社，2003，575

的政策内容。即使人们发现这样的解决问题的方法，美国的政治家们也不可能支持这些方案。”[①]这样的阐述直接而浅显地向我们展示了价值观研究对于政策研究的重要性。

因此，关注课程政策的价值取向是政策研究发展趋势的内在要求。虽然韦伯曾以“价值无涉”作为社会科学方法论——“关于实在的经验认识的科学必须拒绝承担价值判断的任务，从而保持科学认识的客观性和中立性”[②]，从而使得“价值中立”或“非价值”倾向的研究在西方社会科学研究中差不多成了一条基本原则。20 世纪 70 年代以前在政策科学研究中这表现为片面强调经济理性与技术理性的方法。然而，在经过 20 世纪 60—80 年代对实证主义方法论的反思之后，人文社会科学研究强调“价值涉入”已成为一种趋势。相应地，政策研究和分析的范式也由强调“价值中立”的研究范式向强调“价值涉入”的研究范式转变。大多数情况下，政策被理解为不过是人们在比较、鉴别、协调、平衡的基础上进行价值选择的结果，而政策活动本质上是决策主体的一种主动的价值选择活动。著名的政策学家戴伊(T. Dye)在界定“公共政策”时认为，“公共政策是关于政府所为和所不为的所有内容”[③]。这里，无论是“所为”还是“所不为”，都是关于价值选择的科学。可见，从政策研究领域的发展趋势来看，政策是无法远离价值选择的，而要进行价值选择就会涉入主体的价值偏好，即价值取向。政策的价值取向就是政策主体的政策价值追求，它决定于主体的利益和需要。因此，对课程政策进行研究，除了对其进行事实分析——即对课程政策作出事实判断，解决“是什么”的问题——以外，还有必要对其进行价值分析——即对课程政策作出价值判断，解决“喜好什么”、“期望什么”和“为什么有这样的喜好和期望”的问题。

二、认识“课程政策”及其“价值取向”

(一)认识“课程政策”

首先，理解“课程政策”的概念，必须以认识“课程”和“政策”为前提，而

① [美]弗朗西斯·C.福勒著.教育政策学导论.许庆豫译.南京：江苏教育出版社，2007，98

② [德]马克斯·韦伯著.社会科学方法论.韩水法，莫茜译.北京：中央编译出版社，2008，22

③ Thomas R. Dye. *Understanding Public Policy* (Eleventh Edition). 北京：北京大学出版社，2006，1

“课程”和“政策”是两个界定不一的概念。

对于“课程”的定义，我国学者施良方教授认为，典型的课程定义有以下六种：(1) 课程即教学科目；(2) 课程即有计划的教学活动；(3) 课程即预期的学习结果；(4) 课程即学习经验；(5) 课程及社会文化的再生产；(6) 课程及社会改造。[①] 乔治·波斯纳(G. Posner)则认为课程的定义可以分为七种：(1) 范围和序列：课程是针对不同年级的目标矩阵(即序列)或一个共同主题的分组(即范围)；(2) 课程大纲：课程是整个课程的计划，一般包括原理、话题、资源和评价；(3) 内容纲要：课程是以有组织的纲要的形式列出一系列的话题；(4) 标准：课程是要求所有学生都完成得一系列知识和技能。(5) 教科书：课程是用来指导课堂教学的教学材料；(6) 学程：课程是学生必须完成的一系列的学习经验；(7) 有计划的经验：课程是学校所计划的所有的学生的经验，不管是学术的、运动的、情感的或是社会的经验。[②] 那么，课程定义何以如此多样呢？这是因为，“对课程的定义在哲学或政治上是无法中立的”[③]。对课程定义的不同理解，体现了主体对课程价值的不同定位，会影响到主体在课程决策时的价值取向。

不仅如此，不同的课程定义有时还指在不同层次上起作用的课程。美国学者古德莱德(J. Goodlad)认为存在五种不同的课程：(1) 理想的课程，即有一些研究机构、学术团体和课程专家提出的应该开设的课程；(2) 正式的课程，即由教育内行政部门规定的课程计划、课程标准和教材，也就是列入学校课程表的课程；(3) 领悟的课程，即指任课教师所领会的课程；(4) 运作的课程，即指在课堂上实际实施的课程；(5) 经验的课程，即指学生实际体验到的东西。[④]这一对于“课程”的理解，与政策研究视阈更为一致，因为这五种不同层次“课程”的发展路径与自上而下的政策实施路径具有相似性。

同样，从概念来看，对“政策”的界定更是莫衷一是。例如，卡尔·弗里德里奇(C. Friedrich)认为，政策是“在某一特定的环境下，个人、团体或政府有计划的活动过程。提出政策的用意就是利用时机、克服障碍，以实现某

---

① 施良方. 课程理论——课程的基础、原理与问题. 北京：教育科学出版社，2003，3—7

② George J. Posner. *Analyzing Curriculum*. Boston：McGraw-Hill，2004，6—12

③ George J. Posner. *Analyzing Curriculum*. Boston：McGraw-Hill，2004，5

④ 施良方. 课程理论——课程的基础、原理与问题. 北京：教育科学出版社，2003，9

个既定的目标,或达到某一既定的目的"①。艾尔摩和塞克斯(Elmore & Sykes)对"公共政策"的定义比较宽泛:"政策不仅仅包含体现在法律和规章中的决策者的意图,还包括符合这些意图的后续行为。政策不仅仅是权威法令,还是有待检验的关于目的和手段的不确定预测"②。美国学者伊根·古巴(E. Guba)概括了关于政策的八种定义:③

1. 政策是关于目的或目标的断言;

2. 政策是行政管理机构所做出的积累起来的长期有效的决议,管理机构可以对它权限内的市区进行调解、控制、促进、服务,另一方面,也对决议发生影响;

3. 政策是自主行为的向导;

4. 政策是一种解决问题或改良问题的策略;

5. 政策是一种被核准的行为,它被核准的正规途径应是当局通过决议,非正规途径是逐渐形成惯例;

6. 政策是一种行为规范,在实际行动过程中表现出持续的有规律的特征;

7. 政策是政策系统的产品:所有行动累积的结果,决议,在官僚政治中成千上万人的活动,从政策进入议事日程到该政策生效整个周期的每个环节,都在生产着政策;

8. 政策是被当事人体验到的政策制定和政策实施系统的结果。

福勒(F. Fowler)则按含义逐步宽泛的顺序将不同的"政策"定义进行了排列:④

1. 政策是政府解决公共问题的意图的实现与这些意图的行动的表达;

2. 政策是政治制度的产品,其主要形式是规则、规章、法律、命令、法律案例裁定、行政决定等等,是一系列持续和重复的行为模式,是一种动态过程;

3. 政策是那些占据或影响政府权力职位的人士作出的、所有相关人士将会进行各种各种解释的具有实际内容的决定、承诺和行为;

4. 有时候,政策是政策决策者的政治妥协,没有人真的明白这些决策者制定的那些备受争议的政策所要解决的问题,……因此,政策是"发生的"而非决定的;

---

① [美]詹姆斯·E. 安德森著.公共决策.唐亮译.北京:华夏出版社,1990,3

② 谢少华.澳大利亚课程政策变革述评.比较教育研究,2001(10):23

③ 袁振国.教育政策学.南京:江苏教育出版社,2001,247

④ [美]弗朗西斯·C.福勒著.教育政策学导论.许庆豫译.南京:江苏教育出版社,2007,7—8

5. 政策是一系列涉及从政府大厦到教室环境的决定，是某些游戏和关系的副产品，没有任何人真正对此承担责任；

6. 政策包括政府官方的规定和某种非正式的行为，同时，可以被理解为政府的内隐行为，而不仅仅是政府表现出来的行为；

7. 政策显然是“价值权威性的分配……折射出理想社会的图景”。

对于十分多样的“政策”定义，笔者认为，它们大致可以分成两大类：一类是作为文本的政策，另一类是作为过程的政策。前者是静态的，后者是动态的；前者是结果，后者是过程。在本研究中，当笔者对各国既定的课程政策进行分析与呈现时，“政策”这一概念的使用主要是指文本层面的政策。

其次，从逻辑关系上看，“政策”、“公共政策”、“教育政策”、“课程政策”之间是上位概念与下位概念之间的关系。根据安德森(J. Anderson)的观点，政策可以分为公共政策和非公共政策。公共政策是由官方主体制定的，例如由立法者、行政官员、行政管理人员和司法人员制定的政策；非公共政策的制定主体则包含了利益集团、政党和作为公民的个人。① 因此，公共政策是一个社会政策整体的组成部分，也是最主要的组成部分。一般说来，公共政策除了由特定主体制定及执行以外，还具有以下特征：第一，公共政策具有特定的价值取向，要实现特定的目的或目标；第二，公共政策是政府为解决特定社会问题以及调整相关利益关系而采取的政治行动；第三，公共政策是一种行为准则或行为规范。

教育政策是公共政策的一部分，是由政府及其机构和官员制定的、用以调整教育领域中的社会问题和社会关系的公共政策。② 当教育发展的现实与政策制定的权利拥有者的意志发生偏离时，就会出现公共的教育问题，由此促动新的教育政策的出台；而每一次新的教育政策的出台都会对教育的发展目标、质量标准以及公众的教育价值观进行重新的调整与引导，会在教育的思想与实践中引发变革，形成新的教育秩序、标准、行为。

课程政策作为教育政策的一个部分，是指向课程的一种公共政策。它在国家总的教育目的的指导下制定，体现着国家的教育意志，规定着课程的性质，也制约着课程的设计和实施。美国学者科斯特和沃克(Kirst & Walker)将“课程政策”定义为：“儿童在学校里通常会被要求学习某种学科，或被禁止

---

① [美]詹姆斯·E. 安德森著. 公共决策. 唐亮译. 北京：华夏出版社，1990，44—45

② 刘复兴. 教育政策的边界与价值向度. 清华大学教育研究，2002(1)：71

学习什么，被鼓励去探索什么问题，回避什么，提供机会学习什么现象，避免形成什么意义。当这些要求追求一致并持续不断地被实行的时候，我们把这些清楚或不清楚的行动指南称为课程政策。”[①] 因此，课程政策除了具有公共政策的特征之外，还具有自身的特殊性：第一，它是有关课程活动的行动准则、纲领和路线，解决较为重大的并带有普遍性的课程目的、课程内容、课程实施方法、课程评价等问题；第二，它是依据国家重要的教育政策在一系列课程计划、学科课程标准、教学用书等方面进行变革的准则。因此，在研究课程政策时，不可避免地要涉及教育政策，有时两者还有可能重合。[②] 在本研究中，很多情况下的“课程政策”主要指由主管教育的国家权力机构作为主要的政策主体，基于国家的教育发展目标和对人才结构的需求，针对普遍存在的课程问题而制定的关于课程目标、内容标准、结构以及课程管理权限、课程评价方式的规划或文件，这些规划或文件在全国范围内具有指导性或权威性甚至强制性的作用，[③]但是并不否认“课程政策”对地方教育当局、学校或个体在课程改革中地位的肯定。

（二）认识“课程政策的价值取向”

从本质上看，课程政策不是有关教什么的理性行政决策的单纯结果，而更主要的是权力、价值和利益竞争的产物。因此，由谁来决定教什么的问题，也就是课程决定权问题，才是课程政策的本质所在。换言之，课程政策虽然有着诸多的具体内容，但是在本质上，它不过是决定谁可以拥有课程权力、拥有多少课程权力的规定而已；而且，课程政策制定、颁布、执行、修订的过程，就是一个课程权力的分配再分配或重新分配的过程。[④] 正因如此，课程政策主体的价值取向对于课程政策的制定会产生重要的影响作用。因为课程政策主体的价值取向建立在一系列价值观念和价值原则的基础之上，而这些价值观念和价值原则决定着课程决策者的态度、信仰和原则，所以一定的课程政策总是不能排除决策者的价值观念。这具体表现在：“首先，政

---

① 吕立杰. 国家课程设计过程研究——以我国基础教育“新课程”设计为例. 北京：教育科学出版社，2008，16

② 张男星. 权利·理念·文化——俄罗斯现行课程政策研究. 北京：教育科学出版社，2006，7

③ 吕立杰. 国家课程设计过程研究——以我国基础教育“新课程”设计为例. 北京：教育科学出版社，2008，19

④ 胡东芳. 论课程本质的定义、本质与载体. 教育理论与实践，2001(11)：51

策制定者信奉的价值观不同，其要实现的目标便不同，因而所指示的行动方向也不相同，这就会影响到一些事关重大的政策的制定。其次，在确定哪些是需要有关部门制定政策加以解决的问题方面，即在政策问题的认定方面，信奉不同价值观的政策制定者会表现出很大的差异。第三，即使是针对同一个问题，为了同一个目标，持相同价值观的政策制定者在不同时期也会制定出不同的政策，引导有关机构和个人采取不同的行动。"①

可以认为，课程政策的价值取向体现课程政策的主体基于从价值的角度来认识课程所产生的具体见解、看法和观点。它既是人们对课程发展的一种评价体系，也反映了对课程功能的一种价值追求。不同的课程政策价值取向，制约着人们确立不同的课程政策目的、采取不同的课程政策模式乃至确定不同的课程政策内容。因此，从现象形态上看，课程政策表现为政策主体关于课程领域的政治措施所组成的政策文本或文本的总和；从本质上看，课程政策的价值取向实际上就是课程政策的价值选择，即课程政策制定者在价值判断的基础上所做出的一种选择——在这里是指对课程发展的理解、认识和行为上的取向，是一种群体性的价值选择。在我们对课程政策进行研究时，检视课程改革中的政策"事实"是重要的，而寻觅课程政策"事实"所隐含的"价值取向"也是同样重要的。政策"事实"与政策"价值取向"是相辅相成的。政策"事实"是一种价值主导的主体性事实，而政策"价值取向"的产生并不是凭空的，是基于政策"事实"的。因此，当我们在探求课程改革的"合理性"之时，既应该在课程政策"事实"的基础上理解课程政策的"价值取向"，也应该在比较不同的课程政策"事实"的基础上对课程政策的"价值取向"进行比较。

三、本研究的分析框架

对课程政策的价值取向进行分析，可以从不同的角度进行。例如，有学者从课程政策制定的层面，认为存在四种不同的课程政策价值取向，即民主—参与取向、公正—关怀取向、可选择性—多样性取向和面向未来取向。② 本研究对课程政策价值取向的分析则主要从课程政策的具体内容出发，考察课程政策中所倡导的课程的价值取向。因此，在这一研究中，对课

---

① 胡东芳. 论课程政策的价值基础. 教育发展研究，2002(10)：7

② 胡东芳. 论课程政策制定的价值原则与价值取向. 教育理论与实践，2004(8)：30—31

程政策价值取向的分析是与课程的价值取向的分析紧密联系在一起的。

在笔者看来，课程政策所体现的价值取向总是通过对课程的价值取向作有意识的选择与取舍而达成的，也就是说，课程政策的制定者在选择课程政策方案时，总是会根据一定的主体需要，对课程的属性、作用和意义表现出一定的倾向性，即对课程的价值作出一定的选择。因此，对课程的价值认知，是课程政策价值选择的重要基础。对于课程的价值取向，不同的学者有不同的见解。美国学者米勒(J. Miller)把课程价值取向分为七种：行为取向、学科取向、社会取向、发展取向、认知过程的取向、人本主义取向、超个人取向；普瑞特(M. Print)则提出五种课程价值取向：学术理性主义取向、认知过程取向、人本主义取向、社会重建主义取向、技术学取向。① 国内有学者认为，从历史与现实的角度进行考察与分析，可以将诸多的课程价值取向可以归纳为三种：知识本位的价值取向、社会本位的价值取向和人(学生)本位的价值取向。② 也有学者认为，在课程发展的历程中，其价值取向是动态发展的，主要特征表现为："理想"与"现实"的交织；超越"物"与"人"的迷惘；由"绝对"到"相对"；由客观性到主观性。③ 在本研究中，笔者将西方教育哲学中传统的保守主义和自由主义两大阵营影响下所形成的保守主义价值取向与自由主义价值取向，以及由20世纪心理学与管理学发展所催生的对课程发展产生重要影响的效率主义取向，作为区分课程价值取向的三大类别，并以此三种不同的课程政策价值取向作为分析课程政策价值取向的一个重要维度。这在一定程度上借鉴了课程学家克里巴德(H. Kliebard)对于课程思潮的总结。④

本研究对课程政策价值取向的分析还从另外两个重要的维度进行：分别是课程政策发展的历史研究和国别研究——以美国、英国、日本、俄罗斯四国为例，结合韩国、法国、加拿大等国的课程改革政策，重点分析20世纪80年代以来各国课程政策的价值取向，并适当追溯至各国在这一时期之前的课程政策价值取向，描述并分析各国课程政策价值取向的动态变化与发展。综合上述三种课程政策价值取向的研究维度，本研究的分析框架成为一个立体的三

① 马云鹏. 国外关于课程价值取向的研究及对我们的启示. 外国教育研究，1998(3)：38—42

② 刘志军. 课程价值取向的时代性. 教育理论与实践，2004(10)：46

③ 刘旭东. 论20世纪课程价值取向的嬗变. 青海师范大学学报，2001(4)：47—50

④ Herbert M. Kliebard. *Three Currents of American Curriculum Thought*. See ASCD 1985 Yearbook. Current Thought on Curriculum. Alexandria, Virginia: ASCD, 1985

维结构。根据这一框架，笔者试图对国外课程政策的价值取向进行批判性分析，并在此基础上提出课程政策的生态主义视角。在这一过程中，笔者以文献法、比较法和个案分析法作为本研究的具体研究方法。

需要指出的是，历史上，特别是自 20 世纪 80 年代以来，一些主要发达国家的课程政策并不一定表现出单一的价值取向，它可能是几种取向的"混血儿"。迈克·阿普尔(M. Apple)认为，当今美国的教育政策受四种势力，即新保守主义、新自由主义、新管理主义和威权的民粹主义的影响。① 由于威权的民粹主义主要与家庭学校(home schooling)相关较为密切，因此在学校课程政策中，前三种价值取向都有不同程度的体现。类似地，肯·琼斯(K. Jones)也早就指出：英国当代课程政策的"保守主义现代化"进程并非来自单一的影响。② 所以，在笔者看来，原本于课程改革政策中相对比较单一的价值取向自 20 世纪 80 年代以后在一国的课程政策中出现了"混合"，这正是这些国家课程政策发展的一大重要特征。所以，分析这些国家 80 年代以来课程政策价值取向的"混合体"，分析"混合体"中几种价值取向之间的关系与地位，对于更好地理解各国基础教育改革中的课程政策将有着重要的意义。

本书共分六个部分：

导论，主要阐述本研究的意义、所涉及的基本概念，以及基本的分析框架和相应的研究方法。

第一章概述课程政策保守主义、自由主义和效率主义价值取向的起源，以及它们在 20 世纪 80 年代以前在一些国家的课程政策中的体现与发展。

第二章、第三章分别以美国(第二章)、英国、日本、俄罗斯(第三章)为例，具体阐述 20 世纪 80 年代以来三种课程政策价值取向的嬗变。

第四章是对前面各章节内容的进一步反思，重点阐述课程政策所关注与涉及的课程平衡问题，辅之以韩国、法国、加拿大等国的课程政策内容，藉以说明以课程平衡为核心的生态主义课程价值取向，以及在课程政策过程中的生态主义视角。

最后部分为结语，从课程政策对于学校变革的意义上探讨课程政策的价值取向与学校文化变革之间的关系，以及对课程改革政策前景的展望。

---

① [美]迈克尔·W. 阿普尔著. 教育的"正确"之路——市场、标准、上帝和不平等. 黄敬忠、吴晋婷译，袁振国审校. 上海：华东师范大学出版社，2008，9

② Ken Jones. *Conservative Modernization*. In Rob Moore & Jenny Ozga. Curriculum Policy. The Open University: Pergamon Press, 1991, 87

第一章 课程政策价值取向的基础与发展

导论中曾经提到，20 世纪 80 年代以后在一些主要发达国家的课程改革中，课程政策的价值取向呈现“多元混合”的状态。但是，其中的每一种价值取向，就其历史的起源与发展来说，有其相对独立的基础、特征与表现。

第一节 课程政策的保守主义价值取向

保守主义作为 20 世纪 80 年代以来课程政策中一种重要的价值取向，是与历史上传统的保守主义课程价值取向密切相关的。然而，由于各国历史发展的不同，某些国家的课程政策在继承传统保守主义课程价值取向的基础上进一步强化了国家权力的作用，而某些国家的课程政策则试图走出原来的保守主义取向。因此，20 世纪 80 年代以来，发达国家课程政策中的保守主义取向有增强与式微两种不同的走势。这两种走势与各国之前的课程政策变革有着紧密的关联。

一、课程政策保守主义价值取向的基础：保守主义的课程价值取向

课程政策中的保守主义价值取向以传统的保守主义课程价值取向为基础。追根溯源，后者建立在保守主义哲学，即理念论与实在论的基础之上。

理念论是人类最古老、持久的哲学之一。它主张现实在本质上是精神的或意识的，将世界及生存于其中的人类看作是演变的普遍精神的一部分。在西方教育传统中，理念论往往要追溯到古希腊哲学家柏拉图。理念论教育的最高目标就是激励学生，使他们成为真理的探求者。由于它认为学校的功能是保留以往的知识、技能和修养，即通过将人类文化遗产以系统有序的、连续的、预成的课程传递给学生而为他们将来的生活做准备，因此课程

便是一个智慧科目的集合，课程基本上是观念性、概念性的。实在论也是历史最悠久的哲学流派之一。它声称存在现实的客观秩序，强调人们获得关于现实的认识具有可能性，并进一步说明人类行为应该遵循的客观规律。在西方教育传统中，实在论往往要追溯到古希腊哲学家亚里士多德。实在论教育一个重要的目的是：通过对有组织的知识体系的学习，来培养人类的最高力量——理性。由于它认为学校的首要任务就是传授知识，因此课程就是系统组织起来的科目。①

因此，基于保守主义哲学的基本立场，在漫长的课程发展历史中，传统的保守主义课程取向逐渐获得了以下基本特征：

第一，以发展理性为课程目的。由于保守主义认为只有当人使用其理性而非感性能力去认识世界时，人才能发挥其最大的认知潜能，因此，为了能运用理性或理智的力量，学校课程需要按照发展和完善智力的要求将课程内容限于一定的范围。② 凡是涉及直接经验（职业科目）或者感性认识的科目，在其视阈中是没有地位的，如科学只有当其变得抽象化和理论化时才能成为受重视的科目之一。

第二，以人类思想的精华为课程内容。保守主义者认为学校课程的价值就在于文化的传递和保持，同时识别未来社会的精英，为其他机构提供支持。在保守主义视阈下，学校为所有学生提供规定学习内容的计划，以保证文化始终如一地得到传承，于是那些代表永恒不变真理的古典学科构成了课程核心的、必修的部分，其内容由专家或学者决定。③

第三，以学科课程为基本课程形态。保守主义认为人是由肉体和心灵或灵魂组成的，而且灵魂（精神）高于肉体（物质），所以"按照这种观念，只有

① Gerald L. Gutek 著. 哲学与意识形态视野中的教育. 陈晓端主译. 北京：北京师范大学出版社. 2008，15—48

② 从教育发展史中可以看到，保守主义的学校课程从古希腊、罗马、中世纪、文艺复兴，一直到19世纪虽有些改变，但仍主要局限在最有利于智力发展的科目和技能上：在初等学校中包括阅读、写作、拼写、算术等基本技能训练和历史、地理和音乐等科目；在中等学校中包括语言、科学、数学和历史等学术科目；运动、社交、戏剧、乐队、合唱团和许多类似的活动因与学科课程联系不紧密而被可以打上"课外活动"的标签。参见 Dr. Adrian Dupuis 和 Michael Gordon 著. 历史视野中的西方教育哲学. 彭正梅、朱承译. 北京：北京师范大学出版社，2008，21

③ 地方学校的管理者、教师、家长和学生对课程几乎没有影响，或没有直接影响，更谈不上反驳。且直到20世纪，在初等学校还是很少见到选修课程的影子，只有在大学层次上，出于专业选择的需要，才提供一定范围的选修课程。参见 Dr. Adrian Dupuis 和 Michael Gordon 著. 历史视野中的西方教育哲学. 彭正梅，朱承译. 北京：北京师范大学出版社，2008，21

'学术性的'学科才配冠以教育之名，任何涉及肉体的活动，如身体技能、手工制作和职业培训，都不是教育，而是培训。只有用来发展构成人的理性部分的灵魂的活动才是真正的教育"。杜普伊斯（A. Dupuis）和高尔顿（M. Gordon）指出，认识到这一点是理解教育领域中的保守主义的基础。①

第四，课程实施以教师活动为主。教师作为权威向学生传授知识，这是课程实施的主要特征。最受推崇和最常使用的方法之一就是讲授。"教师或讲授者讲述该科目必须识记和理解的知识点，学生则要把这些内容写入笔记。基础教材后每章都附有相应的习题供学生练习。教师和课本向学生提供必须学习的、用来提高知识水平的关键知识。"②因此在课堂上，教师与学生之间基本上没有互动。

总体上，保守主义价值取向的基本内核可以概括为"关注学术性知识"。进入 20 世纪以后，传统的保守主义课程取向在永恒主义、要素主义和结构主义课程理论者那里得到了进一步的发展。

永恒主义课程理论认为，人类文化遗产具有开发学生智力的永恒价值，"永恒学科"是课程的核心。因为这些学科细绎出了人性的共同因素，它不仅使人与人联系起来，而且使人和人们曾经想过的最美好的事物联系起来，它们对于任何进一步的研究和对于世界的任何理解都是首要的。永恒主义所理解的"永恒学科"大体有三类：关于理智训练的内容、理智训练的方法、理智训练的工具——理智训练的内容类学科有哲学、文学、历史；理智训练的方法类学科有数学、科学和艺术；理智训练的工具类学科有关读、写、算的知识技能类学科，其中英语、拉丁语、希腊语是掌握经典的工具，是必须学的。而且，永恒主义者认为，永恒课程首先是那些经历了许多世纪而达到古典著作水平的书籍，因此他们提出了 100 多本值得学习的名著，包括《资本论》、《伊利亚特》、《伯罗奔尼撒战争史》等。③ 在这里，古典因被赋予了"人类文化遗产"的价值而被认为应当在学校课程中受到重视。

与永恒主义者类似，要素主义者也把人类文化遗产作为课程内容的核心。爱德密罗·里克弗（A. Rickover）1959 年在《教育与自由》中认为"生活

① Dr. Adrian Dupuis 和 Michael Gordon 著. 历史视野中的西方教育哲学. 彭正梅、朱承译. 北京：北京师范大学出版社，2008，9

② Dr. Adrian Dupuis 和 Michael Gordon 著. 历史视野中的西方教育哲学. 彭正梅、朱承译. 北京：北京师范大学出版社，2008，23

③ 陆有铨. 躁动的百年——20 世纪的教育历程. 济南：山东教育出版社，1997，74—75

适应教育"对于培养学生理解复杂世界的各种能力是无能为力的，学校应该回到西方文明中传统正规教育的任务中去，即传递文化遗产并通过严格的理智训练（清晰地、逻辑地、独立地进行思考）为学生今后的生活做准备。同时，要素主义者认为应该把人类文化发展过程中所积累的知识设计成精密的和严格的科目提供给学生学习，并主张按知识的逻辑顺序和学科内在的系统结构组织课程内容，要根据不同教育阶段学习的"要素"来考虑学校课程。例如，他们主张小学阶段学习的基本"要素"有阅读、说话、写作、拼音和算术，以及历史入门、地理、自然科学与生物科学、外语；中学阶段要把小学阶段的各门要素加以扩大，使之更专门、更艰深，例如算术要变成数学（代数、几何、三角、微积分）；自然科学变成物理学、化学和地质学。尽管如此，那些要求严格的科目如拉丁语、代数、几何，因为它们对心智训练具有特殊的价值，所以应该被作为中学的共同必修科目，在课程中占有重要地位。①在这里，以"要素"和心智训练的价值为依据，一些基本学科在学校课程中受到相应的重视。同样与永恒主义课程理论者类似，要素主义课程理论者认为，在教学中教师处于中心地位，教师与学生的关系是权威与服从的关系。巴格莱（W. Bagley）认为："一般说来，被承认的各种要素因此应该通过有系统的修业和活动计划来教，对执行这个计划，教师应该负责。由学习者倡议的通过经验的非正式学习是重要的，并且应该在整个有组织的教育中，为这样的一些经验提供丰富的机会。然而，除在低年级（如我们曾经说过的，非正式学习在低年级可以相当占主导地位）之外，非正式学习只应该被看作是一种辅助，而不是中心。"②

布鲁纳（J. Bruner）所提出的结构主义课程思想进一步推进了对学科课程的认同。其思想的核心——"学科基本结构"，包括两个基本含义：一是由一门学科特定的一般概念、一般原理所构成的体系；二是一门学科特定的探究方法与探究态度。这两者是统一的，因为当按照学科结构的要求组织课程时，就能使课程站在知识的最前沿，学生能够像科学家一样从事发现学习、探究学习；而且掌握学科结构具有这样的好处：第一，可以使学科更容易被理解；第二，有助于记忆；第三，是通向适当"训练迁移"的大道；第四，

① 廖哲勋、田慧生. 课程新论. 北京：教育科学出版社，2003，110—111

② ［美］巴格莱著. 要素主义的基本原则. 马骥雄译. 见：瞿葆奎主编，马骥雄选编. 教育学文集·美国教育改革. 北京：人民教育出版社，1990，51—52

能缩小“高级”知识和“低级”知识之间的差距。① 不过，“学科基本结构”的思想也因其过分强调以学科为中心而受到批驳。例如，课程学家丹尼尔·坦纳(D. Tanner)认为结构主义课程过分强调了独立的学科，忽视了课程整体中学科之间的相互联系，并具体指出了结构主义课程的四大缺陷：第一，各学科“独有的精神”会造成课程的膨胀；第二，课程完全由知识构成的前提破坏了对课程中一些重要领域的学习，如文学、艺术和职业教育；第三，许多领域的知识本是多学科性的，但“学科结构”却使之弱化了；第四，缺乏将不同领域的多学科性知识进行多学科的应用。②

可见，永恒主义、要素主义和结构主义课程理论虽在不同方面有所侧重，但都包含了传统保守主义课程取向的基本内核，可以被看作是传统保守主义课程取向的现代形态。

二、课程政策保守主义价值取向的特征与表现：20世纪80年代以前

(一) 尊崇特定学科

20世纪80年代以前，课程政策保守主义价值取向尊崇特定学科的特征在一些国家的课程改革政策中已经表现得比较突出。

在美国，对特定学科的尊崇经历了从尊崇古典学科到重视现代性学术学科的过程。美国公立中小学的课程起源于17世纪殖民地时期拉丁文法学校中以古典文学(拉丁语和希腊语)和宗教原理所构成的课程。随着工业的发展，虽然拉丁文法学校的课程逐渐受到挑战并不断地在古典学科的基础上进行扩充，但是古典学科的地位总体上并没有收到根本的动摇。到19世纪，官能心理学(faculty psychology)更是为古典课程提供了理论基础。③ 在它看来，课程的目的是要对儿童的官能进行日常的强化训练，学校选取的课程内容与方法应该传授关于集中注意力和控制思维训练的技能。由于古典学科一直被认为是有利于儿童心智训练与理智发展的，因而古典学科直到19世纪90年代全国教育协会(NEA)的教育

---

① 张华.课程与教学论.上海：上海教育出版社，2000，18

② D. Tanner. *Education of Modification of the Comprehensive Curriculum*. The High School Journal，1971，545(5)：312—320

③ Daniel Tanner & Laurel Tanner. *History of the School Curriculum*. New York：Macmillan Publishing Company，1990，38

改革中仍然占有巩固的地位。1893 年,全国教育协会委任的十人中等学校研究委员会所建议的中学课程范围由九门学科组成:(1) 拉丁语;(2) 希腊语;(3) 英语;(4) 其他现代语;(5) 数学;(6) 物理、天文学和化学;(7) 自然史(生物学,包括植物学、动物学和生理学);(8) 历史、公民政治学和政治经济学;(9)地理(自然地理、地质学和气象学)。在此,虽然所推荐的学科门类不仅仅局限于古典学科,但是增加的一些现代学科依然是出于课程对训练心智和增强心智能力方面的价值的考虑,其功能与古典学科是一样的。[①] 1895 年,全国教育协会所委任的十五人初等教育委员会提出的教育改革报告也明确指出:文法、文学、算术、地理和历史是小学课程中对智力训练最有价值的学科,并为它们留了相对较多的教学时间,从而使古典学科的地位更加巩固。可以说,在进步主义教育运动出现之前,古典学科在课程中是非常受重视的。

到 20 世纪 50 年代,对古典学科的重视因受到国家生存发展的挑战而被对现代学术性学科的重视所替代。这首先是因为第二次世界大战改变了人们对科学和学校课程与教学方式的认识。基于对战争中科学产品(如原子弹、雷达、密电码、计算机等)的认识,科学在战后成为教学中的重要话题。例如,1945 年,桑代克(E. Thorndike)在《学校数学与科学》杂志上发表一系列文章,倡导"科学方法"是对学生进行教学的最好方法。密歇根州底特律迈肯尼中学(Machenzie High School)的戴维·爱普特卡(D. Aptekar)于 1945 年 1 月在《学校数学与科学》杂志上发表文章,认为学生应该听客座教师讲解科学如何在工业中得以应用,这比他们直接从教材中学习科学事实并根据定律和理论来回答问题要强得多。又比如,明尼苏达州教师学院的乔登·摩克(G. Mork)在 1947 年提出了七步科学教学法:(1) 认识、定义与陈述问题;(2) 对问题的解决提出一个假设;(3) 计划一个行动过程并检验假设;(4) 实施计划;(5) 组织并分析收集的事实依据;(6) 尊重假设的前提下得出结论;(7) 将概括出的结论应用到新的情形中去。他认为,通过这样的方法可以使人们认识到科学是可以被应用到日常生活里的东西,从而消除对科学的畏惧。[②]

---

① Daniel Tanner & Laurel Tanner. *History of the School Curriculum*. New York: Macmillan Publishing Company, 1990,69

② Janice B. Tehie. *Historical Foundations of Education: Bridges from the Ancient World to the Present*. Upper Saddle River, New Jersey: Pearson Education, Inc., 2005,224—225

现代学术性学科受到重视的另一个重要原因，是1957年苏联成功发射了第一颗人造地球卫星。这使美国感到异常震惊，同时也使美国认识到本国教育的失误在于不能使学生掌握现代科学的基础知识和基本技能。由此，之前进步主义教育运动所倡导的经验主义课程的弊端成为人们抨击的靶子。针对经验主义课程的弊端——课程因崇尚实际而忽视理论，因过于注重儿童中心而使课程过于多样化、忽视真正的学术基础，因学术标准低而使整个教育出现过于松散、趋于平庸的现象，美国国会于1958年迅速作出反应，通过了《国防教育法》(National Defense Education Act，简称NDEA)。《国防教育法》强调要改革学校课程，把自然科学、数学和现代外语定为"新三艺"，并要求提高这三门学科的教学质量，培养科技尖端人才，从而凸显了学校课程中现代学术性学科的地位。

《国防教育法》所体现的这种重视现代性学术学科的精神也体现在詹姆斯·科南特(J. Conant)的"综合高中"之中。在卡内基公司的支持下，科南特基于高中同时为升学、通识教育和职业教育做准备的现实考虑，建立了"综合高中"的概念。他在《今日美国高中》中提出：学生要获得综合高中的毕业文凭必须学习四年英语课程、三年或四年的社会学习课程(其中包括两年的历史课程——第一年学"美国历史"，第二年学"公民"或"政体")、一年数学课程和一年科学课程。① 可见，这一建议与上述《国防教育法》的基本精神是一致的。

之后，紧接着在20世纪50年代末、60年代初发起的"结构主义"课程改革，又把对现代学术性学科的重视向前推进了一步：(1) 革新课程内容，力求使之现代化，着重教授每门学科的"基本结构"；(2) 选取螺旋式课程的编制形式，打通中小学和大学同一学科的界限，强调基本学科的早期教育；(3) 广泛采用发现教学法，注意发展学生的知觉思维能力，培养学生对学习材料本身的兴趣。② 而70年代在反对人本主义课程基础上出现的"恢复基础"运动，也"显示出促进'基本的智力训练与学术性学科教学'的倾向"。③ 因为布罗丁斯基(B. Brodingsk)在《回到基础学科运动及其意义》中谈到"恢复基础"运动中学校课程出现了这样一些变化：小

① J. Conant. *American High School Today: A First Report to Interested Citizens*. New York: McGraw- Hill, 1959, 51

② 白月乔. 课程变革概论. 石家庄：河北教育出版社，1996，64—65

③ 钟启泉. 现代课程论. 上海：上海教育出版社，1989，172

学阶段，强调阅读、写作和算术，主要将精力集中于这些技能的训练；中学阶段，主要把精力集中于教授英语、自然科学、数学和历史；取消一切点缀性课程如泥塑、编织、做布娃娃、吹笛子、打排球、性教育等；取消选修课，增加必修课；取消学校的"社会服务项目"包括性教育、驾驶教育、指导、吸毒教育和体育。①

英国历史上对特定学科的尊崇则主要体现在对 3R(reading，writing，arithmetic，即读、写、算)的重视。这是与其"基础教育"的传统——规定年龄的、强迫性的、有专职教师指导并以学校为基础的一种训练，目的是"控制以基本文化为中心所规定的学校课程"②——紧密相关的。早在1862 年所颁布的《修正法典》(*Revised Code*)中，就曾明确规定以 3R 作为课程的核心。该法典不但设置了 7—12 岁儿童所学习的读、写、算的内容(如表1.1)，而且规定学生每年都要参加陛下督学处举办的考试，教学内容齐头并进，很少考虑到儿童之间的个别差异，③ 3R 是英国公立小学的主要课程内容。

表 1.1　英国《1862 年修正法》对一至六年级读、写、算的内容之规定④

	一年级	二年级	三年级	四年级	五年级	六年级
阅读	用单音组成的叙述句。	学校中用的初级读本中较单音节词复杂一级的叙述句。	学校中用的初级读本中的短段落。	学校中用的较高级的阅读课本中的一小段。	学校一年级用的阅读本中的几行诗。	报纸中和其他记叙文中普通的一小段。
书写	在黑板或条板上听写大、小字母。	手抄一行印刷字体。	同一段中的一句句子，慢慢地读一遍，然后逐字听写。	用同一本书，但不要刚读过的一段，一次读几个词，慢慢地听写一个句子。	根据学校一年级用的阅读课本，一次读几个词，慢慢地听写一个句子。	报纸或其他现代记叙文中一小段普通文章，慢慢地听写一遍，一次读几个词。

① [美]布罗丁斯基著．扶英冬译，陆锦林校．回到基础学科运动及其意义．见：葆奎主编、马骥雄选编．教育学文集·美国教育改革．北京：人民教育出版社，1990，485—486

② 汪霞．国外中小学课程演进．济南：山东教育出版社，1998，193

③ 王承绪，徐辉．战后英国教育研究．江西教育出版社，1992，20

④ 戴本博，张法琨．外国教育史．人民教育出版社，1990，454—455

续表

	一年级	二年级	三年级	四年级	五年级	六年级
算术	在黑板或条板上写出 20 以内的数字，视读 20 以内的数字，口头做 10 以内的加、减法，根据黑板上的例子做加、减法。	简单加、减法算术题和乘法表。	用简单规则，直到短除法（包括短除法在内）的算术题。	用混合规则的算术题（钱）。	用混合规则的算术题（常用度量衡）。	应用题或账单应用题。

同时，由于英国传统小学升中等学校的考试制度——11 岁考试的科目仅限于算数和书面英语，客观上造成了教师和学生将课程锁定于这两门学科，造成事实上更狭窄的“基本学科”，因此修习其他与考试无关的学科遭到放弃。① 这种情况一直持续到 20 世纪 60 年代以后才有所好转。随着 60 年代以后综合中学的发展从根本上动摇了 11 岁考试赖以存在的基础——它使初等教育和中等教育之间的衔接不再需要通过 11 岁考试，到 1967 年 11 岁考试最终被废除。11 岁考试的废除，使得广大教师能够更多地关注应试以外的科目教学，从而在一定程度上为当时课程政策的自由主义取向的发展推波助澜。

（二）加强国家权力的作用

加强国家权力的作用是 20 世纪 80 年代以前一些国家课程政策保守主义取向的另一大特征。它意味着国家对学校课程的控制，通常通过财政拨款、立法等途径介入学校课程的发展，从而强化了国家在课程变革中的角色。

在美国，《国防教育法》出台之前，学校课程由教师、家长、学区和地方政府掌控。《国防教育法》把教育的发展和国家的经济发展联系到一起，唤醒了联邦政府在国家教育事务中的角色意识，是联邦政府开始涉足处理国内教育事务的开始；但是该法案尚明确限制任何机构和个人对地方课程与教

① 汪霞. 国外中小学课程演进. 济南：山东教育出版社，1998，202

学的直接管理。[①] 自《国防教育法》之后，联邦政府不断加强自身在教育领域中的角色。1965年4月11日，总统林顿·约翰逊(L. Johnson)签署了《初等与中等教育法案》(*Elementary and Secondary Education Act*)，替代了《国防教育法》，并作为之后最重要的中小学和教师教育联邦投资法案。法案的第一部分是一个帮助学校减少贫困对学生学业成绩影响的补偿性教育计划。联邦政府意识到贫困会对学生的认知及情感产生影响，并导致"反理智"行为，如不喜欢学校、不喜欢阅读，而这些行为将会阻碍他们个人潜能的充分发挥。因此，法案规定将12.5亿美元拨款中的78%用于改善这些"处境不利"学生的受教育状况。这一计划成为当时约翰逊总统"反贫困大战"中有关教育措施的主要组成部分。法案的第二部分是关于提供联邦资金获取图书馆资源，包括教材与其他的教学资源。法案的第三部分是关于为"教育创新项目"提供资金，成立了一些促进教育革新的中心。法案的第四部分是关于为教育研究提供资金，在美国一些地区的大学里成立了教育的"研究与发展中心"。法案的第五部分是关于提供资金发展各州的教育部，以减少各州对教育"联邦化"的恐惧。[②] 制定该法案的目的主要是为了在联邦政府层面促进贫穷学生能享有更多的受教育机会，它为了保留地方政府的控制权，还是明确限制联邦政府直接干涉地方学校的课程与教学决策。此后，这一法案每隔5—7年重新修订一次，到2001年被布什政府修订而更名为《不让一个儿童落后》法案，这种状况有了极大的突破。[③]

在英国，通过国家权力影响学校课程的做法早在19世纪就出现过。1862年，英国枢密院教育委员会副主席罗伯特·洛厄(R. Lowe)所主持颁布的《修正法典》规定了"按成绩拨款"的制度，即要求学生在读、写、算方面需要达到一定的水平标准，并且每年要参加陛下督学处举办的考试，再根据学生的考试成绩确定拨款。这一制度不仅导致了当时学校课程因应对考试而产生的狭隘性，而且在加强中央对学校课程控制的同时，也削弱了教师在

① Harold Berlak. *From Local Control to Government and Corporate Takeover of School Curriculum: The No Child Left Behind Act and 'Reading First' program.* Http://www.bryanconsulting.com:8080/frontierGems/nccj/localtogovernmentcontrolofcu.pdf. 2006-10-2

② Janice B. Tehie. *Historical Foundations of Education: Bridges from the Ancient World to the Present.* Upper Saddle River, New Jersey: Pearson Education, Inc., 2005: 230—231

③ Harold Berlak. *From Local Control to Government and Corporate Takeover of School Curriculum: The No Child Left Behind Act and 'Reading First' program.* Http://www.bryanconsulting.com:8080/frontierGems/nccj/localtogovernmentcontrolofcu.pdf. 2006-10-2

课程中的自主权。另一方面,这一拨款体制的产生,是为了迎合当时工业革命形势下对受过训练的劳动力和具备初步读、写、算能力的职员与技工的需要。同样,约一个世纪以后,英国为了应对经济危机,中央政府又将注意力放到学校课程上面,并开始通过加强国家权力从而对学校课程施加影响。1976年10月18日,首相卡拉汉(J. Callaghan)在牛津大学罗斯金学院(Ruskin College)发表题为《通向一场全国大辩论》(*Towards a National Debate*)的演讲。这次演讲随即引起了全国性的教育问题大辩论。① 这次大辩论的四大议题是:制订国家课程标准问题;考试制度和视导制度问题;教师问题;学校与产业的关系问题。② 实际上,政府的基本思路是要加强对学校课程的外部控制,并希望通过设立全国统一的课程或核心课程来达到这个目的。"经过1976—1977年的教育大辩论,以及一系列官方和非官方关于学校课程的文件,在英国逐步形成了国家干预和控制学校课程的舆论,课程不再是教师的'秘密花园',教师的自主权被削弱。这为最终在全国推行统一课程打下了基础。"③

不过英美两国这种国家对学校课程的控制遭到来自不同方面的反对。在英国,由于"按成绩拨款"的制度削弱了教师在课程中的自主权,因而受到工人阶级家长、社会有识之士的反对,使得英国早期的课程历史大部分都与反对中央控制的狭隘课程的斗争联系在一起,直至1898年"按成绩拨款"被废除。在美国,联邦政府在学校课程中日益增强的集权地位不但改变了美国历史上长久以来地方分权的课程管理体制,而且也被认为与美国宪法产生了冲突。因为美国宪法赋予联邦政府的权力是少数而确定的——主要处理诸如战争、和平、谈判、外贸等国家外部事务,而处理国家内部事务的权力归各州政府所有。在这一体制中,学校课程事务显然不属于联邦政府的责任。因此,国内有人士呼吁,应该立即停止联邦政府插手课程管理的行为,把这种权利还给本应拥有这种权利的地方政府。④ 另外,一些学者从课程社会学的角度揭示了课程政策中国家权力的影响,在英国有麦克·扬(M. Young)等人,在美国以迈克·阿普尔(M. Apple)为代表。

① 徐辉,郑继伟.英国教育史.长春:吉林人民出版社,1993,349—350

② 张廷凯.战后英国课程改革与发展的历史考察.比较教育研究,1997(3):28

③ 汪霞.国外中小学课程演进.济南:山东教育出版社,1998,213

④ Neal McCluskey. *A Lesson in Waste: Where Does All the Federal Education Money Go?* Policy Analysis, 2004,518: 3—4

1971年，麦克·扬（M. Young）主编出版了《知识与控制》（*Knowledge and Control*）一书。在书中，虽然麦克·扬等人在基本原则和视野上并不完全一致，但是他们共同主张"被当作教育知识的东西"是需要质疑的。一方面，他们把"作为知识的东西"看成是通过社会建构而形成的；另一方面，他们认为，通过对科目或学科如何在社会中建构为共享的意义系统，人们可以发现，一种知识的建构是与生产这些知识的人的利益联系在一起的：由于优势阶层的权力作用，在课程知识的社会建构过程中某些知识就比其他知识"更有价值"。麦克·扬等人试图通过揭示课程知识的建构性质以及权力在这种建构中的作用机制，期望能以此对国家的课程政策产生一定的影响，从而谋求社会中处境不利阶层在课程中体现他们的利益并获得平等的地位。

迈克·阿普尔（M. Apple）则以权力再生产理论揭示了意识形态在其中所起的作用。"再生产理论"可以追溯至鲍尔斯（S. Bowles）和金蒂斯（H. Gintis）的经济再生产理论以及布迪厄（P. Bourdieu）的文化再生产理论的影响。它们都关注课程与权力的关系问题。鲍尔斯和金蒂斯认为，学校结构与社会结构之间有一种对应关系，学校为学生进入当前的经济制度做好了准备："教育的社会关系，即管理人员与教师之间的关系、教师与学生之间的关系、学生与学生之间的关系，以及学生与其学习之间的关系，都复制了等级性的劳动分工。等级关系在从管理人员到教师到学生这条纵向权威线上得到反映"①。布迪厄的理论则建立在这样的因素之上，即个人拥有的特定文化资本是不平等的，这导致有权使用的社会和经济资本的差异，从而促进文化和社会资本的再生产。他认为，学校教育在实质上是再生产不平等的社会结构的重要途径，而课程作为教育的内容、作为合法化的文化，在文化再生产中起到举足轻重的作用。随着教育成为人们进入现代社会的通行证，课程也就成为一种符号性资源，是人们增强支配性地位和获得权威的一种重要途径。不过，经济再生产理论和文化再生产理论对课程与权力关系的揭示都没有权力再生产理论来得直接。阿普尔1979年以《意识形态与课程》（*Ideology and Curriculum*）一书阐述了国家意识形态对学校课程的影响与控制。他提出了"谁的知识最有价值？"这一著名的命题，试图通过这一质询，批判存在于课程之中的"霸权"，并进一步揭示知识与权力之间的

① ［美］威廉·派纳等著. 理解课程. 张华等译. 北京：教育科学出版社，2003，239

关系。因为他认为知识与权力的关系问题“击中了课程研究、教育社会学和批判教育研究的中心要害”①。从此，“谁的知识最有价值”与19世纪斯宾塞(H. Spencer)所提出的“什么知识最有价值”并列为课程研究的两大重要命题——尽管其关注的角度不同。

从英美两国的课程政策我们可以看到，尤其是在第二次世界大战以后，为应对当时经济和社会发展所面临的现实挑战，美英两国在学校课程中着力推崇特定的学科，且国家权力对课程的影响不断加强，这充分体现了保守主义价值取向在课程政策中不断加强的趋势，而且这一发展趋势在20世纪80年代以后仍然保持了较为强劲的势头。与美英等国不同，在苏联和日本，学校课程政策中明显的保守主义价值取向则更多地来自国际或国内的政治性因素，且在20世纪80年代以后俄罗斯和日本的课程政策进一步发展历程中，原有保守主义价值取向更多地表现出式微的倾向。

苏联课程政策的保守主义价值取向以其“唯国家化”倾向而凸显。由于历史上的沙皇俄国形成了皇权主义心理，因而为其“国家主义”——维护国家的权威地位以及它对社会和个人生活的掌控——的政治提供了基础。在苏联时期，中央政府垄断了所有资源和全部国家权力，并且依靠国家机器的强制作用确立了中央权威和对社会的有力控制，以至于形成“唯国家化”的倾向。苏联历史上的这种“唯国家化”在课程政策上有着深刻的影响：(1)课程政策仅仅属于国家活动的范畴；(2)课程政策的首要出发点是国家发展的需求；(3)课程政策的主要目的是加强国家对社会和个人的控制；(4)课程政策的影响力不仅在于国家的政治、经济等宏观层面，还极大地渗透至社会和个人生活的各个领域。苏联成立后，从30年代批判“道尔顿制”、“设计教学法”、“学校消亡论”和肃清“儿童学”的影响而进行学校课程的整顿，到之后多次的学校课程调整，无不显示出这种“唯国家化”的倾向。如果我们考察苏联的课程政策，还可以发现，为了满足国家的政治需要，学校课程十分重视两大类的人文学科：一是本族语、俄语、外语和文学，二是历史、社会学和经济地理；为了满足国家军备竞赛的需要，学校课程重视科学学科，尤其是数学、物理、化学和天文学；为了满足国家经济发展的需要，学校课程重视劳动教育和综合技术教育，围绕它们设置劳动、工艺学、制图

① [美]麦克·阿普尔等著.国家与知识政治.黄忠敬，刘世清，王琴译.上海：华东师范大学出版社，2003，6

等，要求学生学习技术和工艺原理的初步知识，学会用手工工具和机床对材料进行加工，学会看懂和绘制平面图、示意图和技术图。[①] 可见，学校课程的设置均以外在地服务于国家发展的需要为首要目的。“唯国家化”是苏联课程政策保守主义价值取向的重要特征与具体表现，而苏联解体以后俄罗斯联邦课程改革政策的发展并未将此完全继承，而是进一步发展了课程政策的另一种价值取向——自由主义。

对于日本，其20世纪80年代以来的课程政策建立在50年代日本告别联合国军占领后所实现的课程政策转向的基础之上，是日本在第二次世界大战后独立地发展本国教育的重要体现——因为在联合国军占领时期，日本的课程政策因仿效美国而具有经验主义的特征。日本从联合国军的占领下独立之后，开启了包括教育在内的国家和社会发展的新时代。这一时期课程政策的转向，表现为背离经验主义课程而呈现出明显的保守主义价值取向。1951年，文部省制定了《关于文部省权限应考虑的事项》，使文部省的职能从行政指导转变为行政监督，规定文部省有权制定有关教育内容的最低标准，有权推进教科书以及学习指导要领的编制，有权强化文部省对地方教育行政的统治权限，而教科书的审定权限则专属于文部大臣。可见，文部省通过这一《事项》，加强了本身对课程政策产生影响的权力。针对之前的经验主义课程，日本教育审议会在1958年又提出了《关于小学、初中教育课程的改善》的审议报告，其中说明了课程改善的基本方针，包括：充实基础学力，在小学课程中充实国语科和算术科的内容，增加相关课时数；提高科学技术教育，在小学、初中课程中充实算术、数学、理科等相关教育内容，初中阶段不仅增加数学和理科的课时，而且设置新的“技术科”，强化有关科学技术的教学等。在这一基本方针的指导下，日本在第二次世界大战后第一次对“学习指导要领”进行全面、独立地修订，使学校课程完成了从经验主义课程向系统主义课程的转换，提倡不应杂乱无章地就儿童身边的事件展开教学，而应根据儿童的兴趣、生活、经验加以系统整理，在提高儿童能力的同时使他们扎实地掌握隐藏在生活中的原理、原则或基本的内容。在小学“学习指导要领”的修订中，国语科课时增加最多，算术科中在战后移到初中的内容重新返回至小学，道德的内容被从社会科中独立出来并相应减少了社会科的课时，音乐被看成是国民性道德教育的一环。初中“学习指导要

---

① 张男星. 权力·理念·文化——俄罗斯现行课程政策研究. 北京：教育科学出版社，2006，52—57

领”的修订则从陶冶日本人的国民性的观点出发，重视地理、历史、古典（国语）、国民歌曲的教育；从提高科学技术教育的观点出发，改善数学、理科、技术家政教学的系统性。① 由此可见，系统主义的课程政策具有保守的主义价值取向：首先，这是文部省在加强中央课程权限的背景下形成的；其次，它不但加强了特定的学科课程，还增加了课程的难度——提高了课程的标准。在20世纪60年代后期至70年代初，由于受美国布鲁纳结构主义课程理论的影响，日本又推行了“课程现代化”改革，并于1968年第三次全面修订学习指导要领，将系统主义课程朝“现代化”方向推进了一步，将重点置于培养学生的基本知识和基本能力之上。所以，这一时期日本的课程政策又以浓厚的保守主义价值取向为旨趣。不过，这种情况在70年代以后因自由主义价值取向在课程政策中逐渐占据主导地位而发生改变。

第二节　课程政策的自由主义价值取向

与课程政策的保守主义取向一样，课程政策中的另一重要价值取向——自由主义，是与传统的自由主义课程取向密切相关的。与保守主义课程价值取向“关注学术性知识”的基本内核所不同的是，自由主义课程价值取向的基本内核是“关注儿童个性自由发展”。尽管在历史上有多个时代的教育理论提到过类似的思想，例如古罗马教育者提及实用教育的价值，基督教教育家宣称上帝面前人人平等，文艺复兴和宗教改革时期的思想家认为个人应该拥有更大的自由，但是从以关注儿童个性的自由发展为出发点变革学校课程所产生的实际影响来看，却仍然是相当微弱的。真正的自由主义课程取向的“种子”是在18世纪种下的，经过19世纪的缓慢生长，直至20世纪初才开始兴盛。

一、课程政策自由主义价值取向的基础：自由主义的课程价值取向

（一）自由主义课程价值取向的兴起

18世纪卢梭的课程哲学是早期自由主义课程取向的杰出代表。基于人性本善的看法，卢梭所关注和追求的核心是人的自由问题，也是其课程哲

① ［日］水原克敏著．现代日本教育课程改革．方明生译．北京：教育科学出版社，2005，213—264

学的最高目的。“相对于其他的启蒙思想家，它更加强调自由，他把自由拔高到无以加复的程度，看成人的本质力量，甚至发出了‘不自由，毋宁死’的呐喊，认为放弃自己的自由，就是放弃自己做人的资格，就是放弃人类的权力，甚至就是放弃自己的义务，取消了自己意志的一切自由，取消了自己行为的一切道德性。”①因此，卢梭所认为的课程，是为实现人的自由而服务的，其具体的课程主张体现在《爱弥儿》这一著作中。他认为，在5—12岁之间，课程应包括许多以健全身体为目的的活动，同时应该对这个年龄阶段的学生的情感培养给予足够的重视。他反对书本的作用，认为学生由亲身体验得来的知识比从书本上学到的会理解得更好。所以，在自然科学中应包括对环境的直接观察，而教天文学的最好方式是在晴朗的夜里带孩子上山，让他们自己去观察天空的奇妙；不过到12—15岁这一阶段，学生可以在对周围事物进行系统观察的基础上，通过学习课本知识来补充自然科学的知识，同时学生要自己选择掌握一种职业技术，而教师应该重视安排一些适合学生情感发展的活动；在学生15岁以后的课程中，卢梭仍然建议到野外旅行，游历一些有趣的地方，而不是仅仅局限于文字的阅读，并建议通过自然的环境中的社交活动使年轻人建立与同龄人的正常关系。总的来说，在卢梭所建议的课程里，有很多的活动。这些活动反映着学生每一阶段发展的自然状态，而课程就是学生的所作所为，并不是从外部强加的。从这个意义上说，卢梭所建议的课程就是生活，当然也是生活的准备；在这里没有古典学科的任何地位。

由于受19世纪斯宾塞课程思想②的影响，自由主义的价值取向使人们运用智力标准以外的其他标准来决定课程方案，其重要的关注点是学生的兴趣与需求。这种基于学生兴趣与需求的课程是不分等级的，只是作为不同学生的不同选择而已。同时，在这种取向之下开发的课程是比较贴近生活的，它成为学生当下生活的一部分，成为学生的一种经历，而不是单纯为学生将来的成人生活做准备。所以在课程内容的决定中，学

---

① 彭正梅.自由人的教育.见：[法]让·雅克·卢梭著.爱弥儿.彭正梅译.上海：上海人民出版社，2007，3

② 基于认为儿童的需求、兴趣和愿望本身不是邪恶的，可以被引向社会认可的、对社会有益的目标，斯宾塞建议课程必须包括对学生未来生活有用的或是学生未来生活所需要的科目：第一类是关于自我保护的知识，第二类是能帮助学生谋生从而间接地有利于自我保护的知识，第三类是为家庭生活作准备的知识，第四类是为准备做一个合格公民的知识，第五类是为学生度过闲暇时间做准备的知识。见 Herbert Spencer. *What Knowledge is of the Most Worth*? D. Appleton &. Company，1860，32

生的经验起着重要的作用。这种课程取向在 20 世纪杜威的课程思想中得到全面的发展。

(二)自由主义课程价值取向的兴盛

在对待课程问题上,杜威"基于其独特的哲学观、心理观和社会观,通过系统的理论研究和实践探索,完整地建立了'经验自然主义经验课程范式'"[①]。"经验课程范式"正是自由主义课程价值取向兴盛的标志。体现杜威这一思想的主要教育著作有:《儿童与课程》(*The Child and the Curriculum*)(1902)、《教育中的兴趣与努力》(*Interest and Effort in Education*)(1913)、《民主主义与教育》(*Democracy and Education*)(1916)和《经验与教育》(*Experience and Education*)(1938)。从总体上看,这些著作系统地回答了"为什么倡导经验课程范式"、"什么是经验课程范式"和"如何实践经验课程范式"三个问题,而对这三个问题的回答,体现了自由主义课程取向的基本内核——关注儿童。

1. 为什么倡导经验课程范式

杜威倡导经验课程范式,其首要的出发点是反对之前传统课程范式的弊端。他认为,在传统的课程范式中,儿童是被忽略的。传统的课程设计,本质上是它把成年人的种种标准、教材和种种方法通过来自上面的和来自外部的灌输,强加给仅仅是在缓慢成长而逐渐趋向成熟的儿童。它与儿童的现有能力之间差距极大,超出了学习者已有的经验范围,因而是他们力不能及的东西。即便是一些优秀教师想用熟练的技巧来掩饰这种强制性,那些教材和行为规则还是"硬塞"给儿童的。所以传统的学习的涵义是指获得书本里面和成年人头脑里面已有的东西,而且所教的内容被视为本质上是静止的、固定的。杜威则反对这种"从上面的灌输,主张表现个性和培养个性;反对外部纪律,主张自由活动;反对向教科书和教师学习,主张从经验中学习;反对通过训练获得孤立的技能和技术,主张把技能和技术当作达到直接的切身需要的手段;反对或多或少地为遥远的未来做准备,主张尽量利用现实生活中的各种机会;反对固定的目的和教材,主张熟悉变化着的世界"[②]。

杜威对传统课程范式的批判,是基于他对"兴趣"与"经验"的认识之上

---

① 张华.经验课程论.上海:上海世纪出版集团上海教育出版社,2001,60

② [美]约翰·杜威著.我们怎样思维·经验与教育.姜文闵译.北京:人民教育出版社,2005,245

的。首先，杜威以兴趣反对外部的控制。他认为，兴趣在有教育意义的发展中具有能动地位，它使教育者能考虑每一个儿童的特殊的能力、需要和爱好。不仅如此，在教育中区分"兴趣"与"努力"也是十分重要的。"真正的兴趣是自我通过行动与某一对象或观念融为一体的伴随物，因为必须有那个对象或观念维持自我主动的活动。从与兴趣相反这个意义上说，努力意味着自我和所要掌握的事实或所要完成的任务之间的分离，并引发一种习惯性的活动的分裂。从外部讲，我们得到的是没有精神上目的或价值的机械的习惯。从内部讲，我们得到的是杂乱无章的能量或心神恍惚，即一串完全没有目的的观念，因为没有使他们在行动上指向一个中心点。"①他举例说，如果当儿童感到他的功课是一项任务时，他去做功课只是出于强迫。一旦外部的压力终止时，他便会立刻从"努力"中摆脱了注意力的束缚而立刻从事他感兴趣的事。而且在杜威看来，忽视儿童的兴趣就是忽视儿童学习的动机。如果在实践中忽视儿童的兴趣，"意味着(正如我们已经知道的)求助于来源于外部的动力；求助于教师权威或教科书的威望；求助于对惩罚或对其他不愉快的事的担心；求助于对以后在成人生活中取得成功的关心；求助于获得奖励；求助于胜过同伴；求助于对不能升级的担心；等等"②。这些形形色色的"求助于"，本质上是外部控制对学生学习过程所造成的影响。因此，正确的做法不是为学习"寻找"动机，而是依靠存在于其中的动机，即兴趣。但是，兴趣本身不是目的和方法。"学校为学生所能做或需要做的一切，就是培养他们思维的能力"，因此学校应该提供条件——情境，且"情境应该具有引起思维的性质"，从而使兴趣、动机与活动的材料和方法之间融为一体。③

其次，杜威认为经验的作用在于沟通人、自然与社会。在杜威眼中，"经验包含着一个主动的因素和一个被动的因素……在主动的方面，经验就是尝试……在被动的方面，经验就是承受结果"④。所以，不能把经验主动行动的一面和被动的经受结果的一面割裂开来，否则就会破坏经验的意义。这是因为，经验不仅是沟通人与自然的渠道，也是社会得以存在的基础。通过经验

---

① [美]杜威．教育中的兴趣与努力．见：吕达，刘立德，邹海燕主编．杜威教育文集(第一卷)．北京：人民教育出版社，2005，167

② [美]杜威．教育中的兴趣与努力．见：吕达，刘立德，邹海燕主编．杜威教育文集(第一卷)．北京：人民教育出版社，2005，187

③ [美]约翰·杜威著．民主主义与教育．王承绪译．北京：人民教育出版社，2001，167—169

④ [美]约翰·杜威著．民主主义与教育．王承绪译．北京：人民教育出版社，2001，153

进行沟通，“一切自然的事情都需要重新考虑和重新修订，它们要被重新改作，以适应于交谈的要求，无论它是公开的交谈或是那种所谓思考的初步谈话，都是如此。事情变成了对象；事物具有意义。……因而也就有了代表、代理、记号和含意，而后者较之在原始状态中的事情就更加无限量地服从于人类的管理，更加持久和更加适用了”①。因而杜威指出，在社会生活中，在成年人对未成年人的教育中，采取经验的形式“最容易传达，因而最为有用”②。

2. 什么是经验课程范式

经验课程范式首先遵循经验的两个标准，即经验的连续性原则和交互作用原则。③

经验的连续性原则是区分各种经验的基础。如前所述，杜威认为一切真正的教育来自兴趣与经验，然而不是所有的经验都具有真正的或同等的教育价值，因为有些经验是错误的——从“生长”(不仅指身体的生长，而且指智力和道德的生长)的角度看，一切会对经验的继续生长起阻碍或歪曲作用的经验，都是错误的。他指出，每一种有教育价值的经验应该提供某种东西，使人做好准备去获得未来更深刻更广阔的经验，所以学校课程应遵循“经验的连续性原则”。如果学校课程纯粹要求儿童修习读、写、算等技能以备将来之用，而不考虑与儿童现实生活的联系，这样便使儿童的生活与将来的成人生活之间有了一个鸿沟，就如同把知识放在不透水的互相隔开的船舱里一样。在实际的生活情境中，这些知识是不能发挥效用的。

经验的第二个原则是交互作用原则。在杜威看来，“经验”实际上是一个主动的过程，不单是有机体受着环境的改造，还存在着有机体对环境的主动的改造。杜威认为，传统学校课程的弊病不在于它强调控制经验的外部条件，而在于它对也能够决定经验的内在因素几乎不予注意。如果课程遵循“经验的交互作用原则”，那么课程就能够使儿童的学校生活与社会生活紧密联系，避免学生在学校所学的知识与社会经验相互隔阂的状态。同时，他认为交互作用的原则也表明：如果教材不适应个人的需要和能力，会使经验丧失教育作用；若是个人若不适应教材，也会使经验丧失教育作用。

在杜威眼中，上述经验的两个原则是密不可分的。各种不同的情境一

---

① [美]约翰·杜威著. 经验与自然. 傅统先译. 南京：江苏教育出版社，2005,108

② [美]约翰·杜威著. 民主主义与教育. 王承绪译. 北京：人民教育出版社，2001,11

③ [美]约翰·杜威著. 我们怎样思维·经验与教育. 姜文闵译. 北京：人民教育出版社，2005,264—266

个接着一个相继地发生，受教育者当时的能力和需要可以发生交互作用，从而创造有价值的经验，并使得先前情境中的某些东西传递到以后的情境中去。遵循经验的这两个标准的学校课程，可以使儿童在一种情境中所学到的知识和技能，有效地用来理解和处理后来的情境。

在基于上述原则的经验课程范式中，杜威进一步认为，儿童与学科的关系是辩证统一的。在反对传统课程弊端之时，杜威并不是一味地反对"成人经验"，他不赞成从一个极端走向另一个极端，认为非此即彼的"二元对立"不是解决问题的根本策略。因此，与传统的课程范式相比，经验课程范式重视了儿童在教育过程中的地位。他说，"儿童和课程仅仅是构成一个单一的过程的两极。正如两点构成一条直线一样，儿童现在的观点以及构成各种科目的事实和真理，构成了教学"①。也就是说，儿童和学科决定了教学是从儿童当前的经验到学科内容不断改造的过程。杜威认为，倘若把学科内容和儿童两者对立起来，则是一种错误。因为学科内容是经验的逻辑层面，它忽视过程而只考虑结果；儿童代表的是经验的心理层面，它注重实际采取的步骤及其不确定性和曲折性。所以，课程要避免以学科为中心，否则会使学科内容单纯地成为形式与符号，失去本身所具有的逻辑形式的价值，使儿童缺乏学习的动机。同时，杜威也不主张对儿童的无成人指导的放任，不然儿童就不会获得丰富的经验，甚至其经验会更贫乏。② 儿童与学科的辩证统一，实际上也就是是教育过程的两个方面——心理的和社会的——的辩证统一。"心理的和社会的两个方面是有机地联系着的，而且不能把教育看作是二者之间的折中或其中之一凌驾于另一个之上而成的。……如果从儿童身上舍去社会的因素，我们便剩下一个抽象的东西；如果我们从社会方面舍去个人的因素，我们便只剩下一个死板的没有生命力的集体。"③

3. 如何实践经验课程范式

杜威对于如何实践经验课程范式的见解可以归纳为三个方面。首先，要在方法与教材统一中思维。在杜威眼里，思维就是有教育意义的经验的方

① [美]杜威. 儿童与课程. 见：吕达，刘立德，邹海燕主编. 杜威教育文集(第一卷). 北京：人民教育出版社，2005，114

② [美]杜威. 儿童与课程. 见：吕达，刘立德，邹海燕主编. 杜威教育文集(第一卷). 北京：人民教育出版社，2005，123

③ [美]杜威. 我的教育信条. 见：吕达，刘立德，邹海燕主编. 杜威教育文集(第一卷). 北京：人民教育出版社，2005，6—7

法,其基本要素包括:"第一,学生要有一个真实的经验的情境——要有一个对活动本身感兴趣的连续的活动;第二,在这个情境内部产生一个真实的问题,作为思维的刺激物;第三,他要占有知识资料,从事必要的观察,对付这个问题;第四,他必须负责有条不紊地展开他所想出的解决问题的方法;第五,他要有机会和需要通过应用检验他的观念,使这些观念意义明确,并且让他自己发现它们是否有效"①。这些思维的要素同时也是教学方法的基本要素,而教学方法不是外在于教材的:"方法不过是材料的有效处理……方法和教材并不是对立的,方法乃是教材有效地导向所希望的结果"②。所以,在杜威的经验课程范式中,思维必须在方法与教材的统一中进行。

其次,要将学科内容心理化。杜威认为,以逻辑形式呈现的学科内容不是最后的东西,它必须经过心理化。作为一个教师,他所要考虑的问题不是教材代表着经验发展的某一阶段或状态,而是引导学生有一种生动的和个人亲身的体验。具体而言,需要"考虑的是怎样使教材变成经验的一部分;在儿童的可以利用的现在情况里有什么和教材有关;怎样利用这些因素;他自己的教材知识怎样可以帮助儿童的需要和行动,并确定儿童应处的环境,以便使他的成长获得适当的指导。他考虑的不限于教材本身,他是把教材作为全部的和生长的经验中相关的因素来考虑的"③。如果不将教材心理化,它与儿童的现在经验便没有联系,它便处在儿童的现在的经验之外。

再次,要采用主动作业。所谓"主动作业"是指着眼于儿童经验的发展而对社会生活的典型职业进行分析、归纳、提炼基础上获得的各种活动方式,是创设获得经验的实际情境的主要手段。杜威根据儿童认知和情感的特殊情况,主张从社会需要和儿童的心理两个因素来设置课程。这种课程主要采用主动作业的形式,它有利于改变传统课程范式把整个知识分成碎片、远离儿童生活的情况。他指出:"作业的方式也很多,除了无数种的游戏和竞技之外,还包括户外短途旅行、园艺、烹饪、缝纫、印刷、书籍装订、纺织、油漆、绘画、唱歌、演剧、讲故事、阅读、书写等具有社会目的(不仅仅作为练习,以获得为将来应用的技能)的主动作业。"④他认为,主动作业在课程中

① [美]约翰·杜威著.民主主义与教育.王承绪译.北京:人民教育出版社,2001,179

② [美]约翰·杜威著.民主主义与教育.王承绪译.北京:人民教育出版社,2001,181

③ [美]杜威.儿童与课程.见:吕达,刘立德,邹海燕主编.杜威教育文集(第一卷).北京:人民教育出版社,2005,121

④ [美]约翰·杜威著.民主主义与教育.王承绪译.北京:人民教育出版社,2001,213

之所以重要，是因为它们"摆脱了外部的联系和工资的压力，能够供给本身具有价值的各种形式的经验；这种作业在性质上真正是具有使人自由的作用的"①。因此，主动作业使儿童"从做中学"，从各种活动中获得有利于生长的各种经验。

二、课程政策自由主义价值取向的特征与表现：20世纪80年代以前

受杜威课程思想的影响，最早在20世纪20年代，美国出现了自由主义价值取向的课程政策，并首先对20年代到40年代美国的学校课程实践，即儿童中心主义的课程实践，产生了重大影响。虽然杜威一再表示他所提出的儿童中心主义的课程思想意在兼顾儿童与社会之间的平衡，如1938年杜威在其《经验与教育》一书中斥责了自由放任的个人主义和极端主义，但是在实际的课程改革实践中，课程政策的自由主义价值取向还是 体现于要求设置"以儿童为中心"的课程，并在局部有走向极端的现象，②从而成为持有其他价值取向的课程决策者反对的目标。20世纪80年代以前，课程政策的自由主义价值取向以美国为发源地，在英国等地也有较大的发展，并波及日本等国。

(一)美国"关注儿童"的课程政策及其对课程实践的影响

19世纪末20世纪初，美国从以农业经济为主体转向以工业、商业经济为主体。到20年代，美国经济发展到一个新的时期：政治上比较稳定，工业发达，商业繁荣，国民财富急剧增长，中产阶级队伍日益庞大。此时，中产阶级为了发展自己的事业，希望把自己的子弟培养成为具有开拓精神和独立头脑、有多方面能力的接班人。这无疑为进步主义教育把中心转向儿童提供了良好的外部条件。所以，在20世纪，以"关注儿童个性自由发展"为基本内核的自由主义价值取向最早出现在进步主义教育的政策中。1924年，美国进步教育协会(the Association for Advancement of Progressive Education)提出的课程改革七条原则，为实施自由主义取向的课程奠定了基础。这七条原则是：(1)学生有自由发展的自由；(2)兴趣是全部活动的

---

① [美]约翰·杜威著. 民主主义与教育. 王承绪译. 北京：人民教育出版社，2001，217

② 儿童中心的进步主义教育家受霍尔(G. Stanley Hall，1844—1924)思想的影响，认为儿童中心课程是自由放任的课程，它不指向广泛的社会需要和社会发展，因而通过牺牲社会价值而强调个人价值，并无视学校在社会变革中的作用。参见 William F. Pinar，William M. Reynolds，Patrick Slattery & Petre M. Taunman. *Understanding Curriclum*. New York：Peter Lang，1995，89—90

动机；(3) 教师是一个指导者，而不是布置作业的监工；(4) 注重学生发展的科学研究；(5) 对儿童身体发展给予更大的注意；(6) 适应儿童生活的需要，加强学校与家庭之间的合作；(7) 在教育运动中，进步学校是一个领导。1947 年，哈罗德·拉格(H. Rugg)评论认为，这七条改革原则全部针对儿童而没有一条涉及社会和人类所面临的严峻形势与问题。① 所以说，这七条原则对美国进步主义教育改革中"儿童中心主义"的课程实践具有导向作用，对当时的学校课程实践产生了很大的影响。

体现自由主义价值取向的小学课程改革实践，其重要代表应首先要推杜威的实验学校。杜威的实验学校存在于 1896 年至 1904 年间，被许多人认为是美国最重要的一次教育"冒险"。杜威希望能在这所学校里从管理、教材的选择、教学与训练的方式等方面找到适当的途径，使得在发展儿童个人能力、满足其个人需求的同时把学校变成一个合作型共同体。其次，在当时颇有影响力的还有杜威的学生克伯屈(W. Kilpatrick)所提出的"设计教学法"(the project method)。此外，"温纳特卡计划"(Winnetka plan)和林肯学校(Lincoln school)也是这场以"儿童为中心"的课程运动的代表。

当时中学里体现自由主义价值取向的课程改革实践没有像在小学中的那样深刻和普遍，也很难归纳中学进步主义课程改革的共同特征——因为每一所学校的做法都不相同，但是某些课程形态能够显示出这一时期的中学课程变革实践的基本状况，即基于自由主义价值取向所作的旨在打破传统学科界限、实现课程综合的尝试。这些课程形态是：②

1. 新生的传统课程

一些学校提出对传统课程进行"修补"而使其"新生"。这些"新生"的传统课程往往反映出"关注儿童个性自由发展"的意蕴，例如生物课中"人类性别的发展"，公民课中的"职业定位"，世界历史课中的"家庭生活类型"，数学课中的"预算"，英语课中的"约会礼仪"等。这都是基于 20 世纪 30 年代后期进步教育协会的中学课程委员会对青少年的研究成果——认为当个人的愿望与社会的要求相互作用之时，就会产生"个人—社会需要"。这些需要可以分成相互联系的四个方面：

① Daniel Tanner & Laurel Tanner. *History of the School Curriculum*. New York: Macmillan Publishing, Company, 1990, 222

② Gordon F. Vars. *Curriculum in Secondary Schools and Colleges*. In ASCD 1972 Yearbook: A New Look at Progressive Education. Washington, D.C., 1972, 233—241

(1) 个人生活方面

a. 个人健康的需要;

b. 自我保障的需要;

c. 获得美好前景和有效生活哲学的需要;

d. 发展各种个人兴趣的需要;

e. 获得审美满足感的需要。

(2) 个人—社会关系方面

a. 与家庭和家庭生活以外的成人建立逐渐成熟关系的需要;

b. 与同性或异性的同龄人建立逐渐成熟关系的需要。

(3) 社会—公民关系方面

a. 负责地参加重要社会活动的需要;

b. 获得社会认可的需要。

(4) 经济关系方面

a. 向成人身份发展过程中的情感保障需要;

b. 职业选择和职业准备中获得指导的需要;

c. 明智地选择商品与服务的需要;

d. 有效解决基本经济问题的需要。

这些关于个人—社会需要的概念和原则在 1937—1940 年间被应用到课程领域。

2. 广域课程

广域课程的出现是一种温和地与传统课程背离的趋势。在这些宽泛的课程领域中,一些不连续的相关学科被组合在一起,例如历史课、地理课和公民课被“社会”课所取代。类似地,“英语”代替了语法、拼写和文学;“科学”代替了生物、物理和化学;“数学”代替了算术、代数、三角和几何。这些较广泛的课程范围为关注学生和社会问题提供了更广阔的空间。广域课程在 20 世纪 20 年代到 40 年代之间被初中广泛地采用,并且采用这类课程的学校数目不断增加。

不过,有时候这种课程变革仅仅是名称上的变化。例如,“社会知识学习”可能仍然由一学期的历史课和一学期的地理课构成。在实践中,这需要通过相应的教师培训来减少这种现象的产生。

3. 相关课程与融合课程

中学课程委员会指出,学生的学习活动通常会越出传统课程甚至是广域课程的边界。这要求学校必须有目的地在教学不同科目的部门或教师之间形成一定的联系。例如,高中的美术课教师在教学"东方艺术"的时候,就需要与社会知识学习课的教师相联系,因为,"远东"是社会课中的内容。这样的相关课程要求教师之间更多的合作,但是共同的学校作息时间使他们很难对两门或两门以上的科目进行这样的相关处理。

也有一些学校试图将学科领域进行融合,例如八年级的数学和科学,十一年级的社会课与英语,由两名或多名教师进行教学。这些教师成为跨学科团队教学的先驱者。艾肯(W. Aiken)曾在他的"八年研究"报告中提到,中学数学与科学的融合很快就被放弃,而社会课与英语的融合则比较令人满意。有时候,教授英语、社会知识学习、艺术和音乐课的教师们还可以开发出一门关于特殊文化或"文化新纪元"的融合课程,例如"文艺复兴中的欧洲"。

4. 核心课程与问题领域

核心课程的出现是更为激进的一种课程变革方式。它直接针对学生的需求与社会问题,课程的内容与方法都是以问题为中心的,注重探究和批判性思维的过程。这类课程的实施与传统以学科为基础的课程表不相适应,因为它需要更多的课堂教学时间。所以,教师们执行的是"块状课表"——上课时间由较长的"阶段"组成。虽然通常上课的教师只有一名,但是由于在核心课程中各个学科只是被作为考察问题时的"工具"之用,因而当这样的课程代替了独立的学科教学之后,负责实施课程的教师们就需要进行很好的合作规划。

在核心课程中,教师和学生可以自由选择认为有价值的问题领域。不过,一些学校为了更好地进行核心课程的教学,试图将问题领域限制在一定的范围内。于是,"个人—社会需要"成为确定问题领域的一个重要基础。例如,我们从 1945 年俄亥俄州立大学附属学校七年级核心课程的问题领域可以窥见一斑:

(1) 个人生活(与成长相关的问题)

a. 了解我的身体　　b. 信仰与迷信

c. 爱好　　d. 处理我个人的事务

(2) 个人—社会生活(与他人共处相关的问题)

a. 运动与娱乐　　b. 在学校中生活

c. 在家里生活　　d. 与邻居共处

e. 个性与表现

(3) 社会—公民—经济生活(与在社会中生活和理解社会相关的问题)

a. 赚钱谋生　　　　b. 住房供给

c. 自然资源

d. 社区机构与服务(娱乐、保护、政府、教育、福利)

e. 通信传媒　　　　f. 在哥伦布市生活

g. 在俄亥俄州生活　　　　h. 在其他国家生活

在确定的问题领域中,教师和学生可以自主地规划和进行各种他们认为最有意义的学习活动,甚至还可以将几个问题领域结合起来。根据"八年研究"的结果显示,课程综合对学生的发展具有极大的优越性。[①]艾肯曾明确指出:"如果学院想招收学业优秀、兴趣活跃、思维敏捷、讲求实际,而又能与同学和善相处的学生的话,学院就应该鼓励中学继续摆脱传统课程模式的束缚。"[②]

艾肯所指的"传统课程模式"是指当时保守主义价值取向的课程政策所推崇的学科课程模式。因此,自由主义价值取向的课程政策与实践是反保守主义价值取向的。也由于此,自由主义价值取向的课程政策及其实践遭到持保守主义价值取向的人士的反对。巴格莱(W. Bagley)认为,当时许多学区完全放弃把学业成绩的严格标准作为升级的条件,小学生"按课程表"人人及格;轻视学习的系统性和循序性,并且武断地否定学习材料之逻辑的、编年的及因果关系的任何价值,甚至否定通过学习材料之逻辑的、编年的及因果的关系来学习的任何可能性;所谓"活动运动(activity movement)"广泛风行;怀疑精密的和要求严格的学科;日益加强地强调"社会学科"。[③] 贝特斯(A. Bestor)也认为,应当限定人们期望有能力的学生在通常提供的小学和中等教育的 12 年末应该掌握的内容,内容不但可以按照学生应当获得的知识范围来限定,而且特别可以根据人们期望学生充满信心地处理各个基本领域里概念的难度来信定;各种不同领域的标准——特别是英语、数学、自然科学、历史和外语的标准——都应该以世界上最好学习学

① Daniel Tanner & Laurel Tanner. *Curriculum Development*: *Theory into Practice*. Upper Saddle River, New Jersey: Pearson Education Inc., 2007,87

② [美]艾肯著.吴霖校."八年研究"报告.见:瞿葆奎主编、马骥雄选编.教育学文集·美国教育改革.徐继清译.北京:人民教育出版社,1990,60

③ [美]巴格莱著,要素主义的基本原则.见:瞿葆奎主编、马骥雄选编.教育学文集·美国教育改革.马骥雄译.北京:人民教育出版社,1990,42—45

校里的优秀学生的已知成绩为基准。[①] 不过,虽有反对如斯,而且在 50 年代末、60 年代初又经历了保守主义价值取向为主导的课程改革,但是在 20 世纪 60 年代的美国,自由主义价值取向的课程政策又以"开放教育"、"自由学校"的形式而重现了。[②] 查尔斯·希尔伯曼(C. Silberman)在著名的卡内基研究报告《教室里的危机》写道:"由于成人对学校过于想当然,学校被动、压抑、扼杀孩子的灵魂,是一个毫无兴趣、毫无生机的地方。"[③]他参照英国普洛登报告中的"开放教育"概念提出在小学要实行"开放教室",对于中学,他认为要设法使之"人文化",例如减少必修课,让学生拥有三分之一以上的时间自由安排——可以独立学习,也可以安排更多的选修课,或是进行课堂外的学习。当然,"开放教育"和"自由学校"一方面与 20 世纪五六十年代种族隔离与黑人民权运动[④]的社会背景颇有相关,另一方面又与对布鲁纳结

---

① [美]贝特斯著.吴棠校.优秀与平庸.见:瞿葆奎主编、马骥雄选编.教育学文集·美国教育改革.顾士才译.北京:人民教育出版社,1990,103

② 徐辉,辛治洋著.现代外国教育思潮研究.北京:人民教育出版社,2008,52—54

③ 汪霞.国外中小学课程演进.济南:山东教育出版社,1998,30

④ 当教育者们担忧并试图改变学校课程未能给学生提供良好的数学与科学基础的现状之时,美国学校体系中的种族隔离现象依然存在。例如,五十年代初期堪萨斯州首府托皮卡,有 18 所小学是为白人设立的,另 4 所是为黑人设立的;在中学里,白人与黑人可以同校,但却各自参加不同的教育活动。不仅如此,社会生活的其他方面也存在着严重的种族隔离。例如,第二次世界大战以后大批黑人北上寻找工作,白人因为不愿意与其一起生活而纷纷从城市中迁移出去。在 1950—1960 年这 10 年中,纽约市中心区域的人口减少 1.4%而其周边地区的人口增长 75%;芝加哥城市中心区域周边的人口增长 71.5%,波士顿 13%的人口搬离城市中心区域。并且,当时一些比较好的工作岗位——政府部门、服务业、牧师等都要求求职者有良好的教育背景,黑人因为不具备相应的条件而经常被拒之门外。又如,美国俄亥俄州的哥伦布市,黑人被禁止到白人学校上学,也不得进入白人的剧院、餐馆、旅社和医院。

虽然根据 1896 年联邦最高法院裁决的"隔离但平等"原则,白人和黑人隔离在当时是合法的,但是五十年代以后,种族隔离使黑人们非常不满。1954 年布朗起诉教育委员会一案,使最高法院作出裁决:公立学校的种族隔离违反宪法。最高法院作出这一裁决的理由是:在公立学校中对白人儿童和有色人种儿童的种族隔离对有色人种儿童存在有害的影响,尤其当这种隔离得到法律的支持时,其有害影响可能会变得更大,因为种族隔离政策往往被理解为标明黑人群体低人一等。低人一等的感觉会影响儿童学习的动机。因此,获得法律支持的种族隔离具有阻碍黑人儿童教育以及精神的发展、部分剥夺他们在一个族群混合的学校体系中能够得到的益处的倾向。但是,公立学校种族融合的进程并非一帆风顺。联邦最高法院的判决只涉及公立学校的种族隔离制度,而没有解决其他公共设施中存在的种族隔离问题。布朗一案后,黑人和一些具有远见卓识的白人一起,通过各种方式向美国的法律和政治制度施加压力,以彻底结束所有公共设施中的种族隔离制度。黑人民权运动首先在纽约市、新泽西的中北部、费城和芝加哥发动。经过近十年的非暴力抗议和游行,从公共汽车的抵制运动,到学生静坐以及 1963 年已故黑人民权领袖马丁·路德·金(Martin Luther King)领导的大游行,美国国会终于在 1964 年通过"民权法案",保障所有种族的美国人都享受基本的民权。但是,由于各种偏见和成见,美国社会生活的各个方面依然存在"事实上"的种族隔离。1968 年马丁·路德·金被暗杀后,黑人争取平等的民权运动依然没有停止。参见 Janice B. Tehie. *Historical Foundations of Education: Bridges from the Ancient World to the Present*. Upper Saddle River, New Jersey: Pearson Education, Inc. 2005, p228—230

构主义课程改革的抨击①有关。

(二) 英国"关注儿童"的课程政策及其对课程实践的影响

20世纪,在80年代以前,英国体现自由主义价值取向的课程政策是学校课程改革中不容忽视的重要内容。

早在1931年,哈多(H. Hadow)委员会的《初等学校》(*The Primary School*)报告提出初等教育更加广泛的目标,强调活动课程。该报告的出版为英国在初等教育中实施一种更加自由的儿童中心教育开辟了前景。基于以上的考虑,该报告提出下述著名观点:应根据活动和经验,而不是那些需掌握的知识和需贮存的事实考虑课程。该报告强调只有通过提供进一步经验和尝试的机会,幼儿学校儿童的生长才能得到最好的培养。②

20世纪60年代,课程政策中的自由主义价值取向得以进一步推进,一方面与"夏山学校"有一定的关联:尼尔(A. Neill)③以其40年的经历向公众讲述了他在夏山学校让儿童"自由发展"的故事,在国内以至国外引起了广泛的关注。他认为"不应该让学生来适应学校,而应该由学校去适应学生",因为"自由发展"才是教育的终极理想。④ 另一方面,由于传统11岁考试的存在使得基础教育课程虽在深度上得到加强,但在广度上受到抑制,而且使能力分组盛行;同时经过1944年教育法,考试对课程的支配地位不但没有减轻反而加强,使学校课程变得狭窄而畸形,所以到50年代末、60年代初,英国基础教育在课程内容以及教学的形式和方法上凸显出与儿童生活不相适应的状况。因而,这一时期的学校课程改革,着眼于设置富有吸引力的课程,并逐渐取消11岁考试。

1966年普洛登委员会向教育科学大臣提交的《儿童和他们的初等学校》报告,即著名的《普洛登报告》(*The Plowden Report*),具有强烈的自由主义价值取向。该报告强调突破原有的学科界限,尊重儿童的经验与活动,尊重学生个性,强调以儿童为中心组织课程。它认为应该广泛推行儿童中

---

① 包括《教室里的危机》、《中等教育的改革——对公众及教育专业人员的报告》、《中学的复兴》等报告,提倡教育的多样化、多元化,更多地注重学生的全面发展——除了学术的发展以外,还追求情感的发展、社会责任感的培养和职业的准备;在教育方式上主张用非传统的学校、教育场所、教学计划以及校外活动作为中等教育的组成部分。参见汪霞.国外中小学课程演进.济南:山东教育出版社,1998,30

② 王承绪,徐辉.战后英国教育研究.江西:江西教育出版社,1992,26—28

③ 20世纪最伟大的教育家之一,誉满全球的夏山学校的创始人。

④ [英]A.S. 尼尔著.夏山学校:养育子女的最佳方法.周德译.北京:京华出版社,2002,9

心主义的方法,尤其在幼儿和初等教育阶段。该报告倡导开放计划、综合活动日、个别化学习方法等,认为学校首先应该是儿童学会生活的场所,而不是作为未来的成人所生活学习的场所;因此,正确的教育原则必须建立在学习经验的基础上。① 于是在当时的初等教育领域,初等学校在课程和教学方法上进行了各种各样的实验和探索,出现了一大批风靡全国的“开放学校”。由于认为把课程分成学科往往会打断儿童的思维顺序,忽视他们的兴趣,妨碍他们学习,因此开放学校对课程进行了重新组合,主张教学内容分类的程度以及分类的主题应因儿童的年龄、学科内容结构之要求以及环境的不同而有所变化,主张小学进行合科教学、主题教学,从语言、理科、数学、环境研究、表现艺术等角度考虑知识的组织,倡导广域课程。②在中学阶段,1965 年第 10 号“通令”提出要废除由地方教育当局实施的 11 岁考试制度,号召消除中学的分轨制,把以前三种类型的中等学校改组为综合中学。③ 从此,中等学校的综合改组运动就在全国范围内开展起来,从而使中学的课程努力达成“面向所有儿童”的目标。

(三)日本“关注儿童”的课程政策及其对课程实践的影响

在第二次世界大战后的日本,自由主义价值取向的课程政策首先表现为 1946—1955 年间课程改革中全面学习美国、推行经验主义课程。

1946 年 3 月,美国派出“美国教育使节团”对日本的教育进行考察。3 月31 日,使节团向占领军司令部提出了考察报告书,并于 4 月 7 日由占领军司令部公布。该报告书认为日本的教育制度是一种高度集权的教育制度,不顾学生的兴趣和能力的差异,强求标准化和统一化,是一种官僚主义的、对学生成长和发展极端有害的制度。④ 因此,它提出的一个重要内容就是:教育目的要重视个性发展,课程编制要以学习者的兴趣、经验和能力为根据。⑤ 据此,日本于 1947 年 3 月由文部省出版了战后初期的学习指导要领,并与 1951 年在同一理念指导下出版了第二次学习指导要领。1951 年

---

① 徐辉、郑继伟. 英国教育史. 长春:吉林人民出版社,1993,303

② 石伟平. 战后英国课程发展的基本走向与变革趋势. 外国教育资料,1999(6):2

③ Clyde Chitty. *Toward a New Education System: The Victory of the New Right*? London, New York & Philadelphia: The Falmer Press, 1989, 38

④ 刘艳玲,周全占. 浅谈战后美国对日本教育改革的影响. 日本问题研究,2000(2):43

⑤ 叶立群. 日本的教育改革(二). 课程·教材·教法,1994(8):54

的学习指导要领对课程设置的理念作了如下说明：课程是指在学校的指导下，实际上由儿童所拥有的教育性的各种经验或各种活动的整体；这些经验是以教科书、教具、设备等物质性器材为媒介，在儿童与教师的相互作用的过程中产生的，通过这种相互作用，儿童将积累有益的经验，获得教育性的成长和发展；课程是在考虑自然环境，儿童的能力、需求、态度，以及社会结构、舆论等影响要素之基础上，在各个学校或各个班级具体展开的。课程在具体的编制中，依照经验主义的原则——扩充、发展学生的经验——把儿童的经验分成六个领域：(1) 运用和发展推进学习所必需的技能之经验；(2) 集体生活中解决问题的经验；(3) 加深对物质的、自然环境的理解的经验；(4) 创造性表达的经验；(5) 关于健康生活的经验；(6) 职业的经验。虽然由于经验主义与传统学科的现实矛盾，"学习指导要领"选择按照学科来组织、发展这六个领域的经验，但是我们在其课程设置上可以明显看到它基于经验课程范式的基本理念。1949 年的小学"学习指导要领"新设了"自由研究"科目。这是针对儿童的个性和兴趣而给予的自由研究时间，把有共同兴趣的儿童集中起来，在老师的指导下或高年级同学的帮助下共同学习；在 1951 年的学习指导要领中，为涵盖范围更广的、在学校指导下的各种活动，又将"自由研究"改为"学科以外活动"。再例如，1951 年初中"学习指导要领"认为初中所设的"特别教育活动"是学生依靠自己的力量计划、组织、实行和评价的，教师的指导始终应限定在最小的限度，通过这样的活动，学生能够自主地学习民主的生活方式，提高作为公民的素质，其领域也是十分广泛的。[①] 可以看出，这一时期的课程理念明显是以杜威的经验课程范式为基础的，而这正是美国教育使节团的报告书中所指的"现代教育理论"。[②]

进入 20 世纪 70 年代，一方面日本在经济的增长中看到了经济发展的同时所带来的环境问题、价值观失落等问题，另一方面基于保守主义价值取向的系统主义课程和"课程现代化"造成了大量新兴科学知识进教材，造成学生学习负担过重，学生出现逃学和校园暴力现象。由于认为保守主义价值取向的课程政策对学习者本身的关注不够，1976 年 12 月教育课程审议会公布题为《关于教育课程基准改善的基本方向》的审议报告，提出了改善课程的"三原则"，也是新的课程改革的目标：(1) 培养个性丰富的学生；

① [日]水原克敏著.现代日本教育课程改革.方明生译.北京：教育科学出版社，2005，92—145
② 叶立群.日本的教育改革(二).课程·教材·教法，1994(8)：55

(2) 实现宽松而充实的学校生活;(3) 重视作为国民共同需要的基础性、基本性内容的同时,展开适应中小学生个性、能力的教育。依据这三个原则,1977年文部省又一次修订小学和初中"学习指导要领",并与次年修订高中"学习指导要领"。这三个指导要领的核心是精选教育内容,削减课时,增加课程的弹性,实现宽松的学校教育。① 这为80年代以后日本的课程政策从保守主义价值取向逐步走向以自由主义价值取向为主导奠定了一定的基础。

第三节　课程政策的效率主义价值取向

课程政策的效率主义价值取向以效率主义课程价值取向为基础,是在现代社会科学主义日益盛行的条件下形成的。虽然它在课程政策中的出现与兴盛比保守主义和自由主义价值取向要晚,但是作为当代一些发达国家课程政策价值取向的重要组成部分,效率主义价值取向与前两种课程政策的价值取向有着同样不容忽视的地位。

一、课程政策效率主义价值取向的基础: 效率主义的课程价值取向

效率主义课程价值取向的出现,与20纪20年代左右美国出现的课程"社会效率运动"有着直接的关系。威廉·派纳(W. Pinar)等人认为,"社会效率运动"一方面建立在桑代克(E. Thorndike)行为主义心理学的影响之下,另一方面建立在泰罗(Frederick Winslow Taylor)科学管理理论的基础之上。桑代克在其1913年出版的《教育心理学》一书中提出了一种"刺激—反应"的行为主义心理学,把矛头直接对准了当时盛行的官能心理学,认为教育的基本原则是利用个体原有的本质促使其进步,使其获得所需要的信息、习惯、能力、兴趣和观念。同时,桑代克开创了"心理测量"的概念,用来帮助教育者量化智力的概念。他与其后来的实验心理学家们还认为大脑是一部由成千上万的单个联结组成的机器,是人行为的工具,能用来改变人的本质及其外部环境。可以说,桑代克的研究埋葬了官能心理学,并为"社会效率运动"提供了心理学的证据。泰罗则通过他的科学管理理论为"社会效率运动"提供了方法论上的指导。泰罗的科学管理理论是以劳动分工的社

① [日]水原克敏著.现代日本教育课程改革.方明生译.北京:教育科学出版社,2005,410—419

会化大生产的工厂结构为基础的，旨在提高生产的效率。其基本的理论框架是"任务分析(task analysis)"，即管理者通过鉴别各种任务或任务的组成部分，收集到每个特定分工所需的知识，从而将他们分类并转化为规则。在课程的社会效率运动中，这一框架被用来设计和传递课程内容。由于受桑代克心理学和泰罗科学管理理论的影响，一些课程专家将课程视为一条"流水线"，认为通过它可以经济地为社会生产出有用的公民。在他们眼中，课程不再被视为一种发展智力训练的机会，也不再按照儿童的需要、兴趣和能力来组织课程；课程意味着纪律、勤奋工作，以及通过大规模生产获得生产力和利润的提高，"社会效率"成为课程评价的唯一标准。①

效率主义的课程价值取向最早出现在科学主义的课程开发中。1918年，博比特(F. Bobbitt)《课程》(*The Curriculum*)一书的出版，标志着课程领域的诞生，也开了课程开发中尊崇"社会效率"的先河。他引入泰罗的"任务分析"方法，通过详细描述诸如语法课程的任务分析，来举例说明如何科学地进行课程开发。② 他坚持认为效率、效用和经济对课程设计者来说是极其重要的，因此课程必须直接地、明确地为学生在成人社会的任务做准备，并试图把工业的标准技术运用于学校教育。查特斯(Werret W. Charters) 1923年的《课程编制》(*Curriculum Construction*)也运用活动分析(activity analysis)概念阐述了课程开发的七个程序：(1) 通过研究人的社会生活以决定教育的主要目标；(2) 把这些目标分析为理想与活动，并继而分析各个工作单元的层次；(3) 把这些目标按重要性排列；(4) 把对儿童来说有重要价值、对成人来说价值较低的理想与活动排在较高的位置；(5) 在减去那些在校外能更好地学习的项目后，从剩下的能在学校教育中实施的项目里选出一些最重要的项目；(6) 选出能最好地执行这些理想与活动的实践；(7) 根据儿童心理特点将这些得到的材料以正确的顺序排列。《课程编制》使查特斯确立起社会效率运动的课程专家的声望。③

"泰勒原理(the Tyler Rationale)"是科学主义课程开发的典型。1949

---

① William F. Pinar, William M. Reynolds, Patrick Slattery & Petre M. Taunman. *Understanding Curriclum*. New York: Peter Lang, 1995, 91—93

② William F. Pinar, William M. Reynolds, Patrick Slattery & Petre M. Taunman. *Understanding Curriclum*. New York: Peter Lang, 1995, 97

③ William F. Pinar, William M. Reynolds, Patrick Slattery & Petre M. Taunman. *Understanding Curriclum*. New York: Peter Lang, 1995, 100—102

年泰勒(R. Tyler)在《课程与教学的基本原理》(*Basic Principles of Curriculum and Instruction*)中提出课程开发要围绕四个问题展开,即(1)学校应力求达到何种教育目的?(2)要为学生提供怎样的教育经验,才能达到这些教育目的?(3)如何有效地组织好这些教育经验?(4)我们如何才能确定这些教育目标正在得以实现?[①] 与博比特和查特斯相似,泰勒也试图把某种秩序和规律性的东西带进课程开发之中。他们都把课程开发视为一种根据一定程序而进行的"投入—产出"过程。派纳等人认为,这种倾向是"行政的或管理的兴趣",[②]而通过行政的或管理的手段达到预先确定的目标,是追求"效率"的根本途径。这种以"管理"为旨趣的课程开发不仅突出了教学目标的预设性,排除了任何在教学过程中生成的教学目标以及教学过程中对所预设的教学目标的修正;而且,以预设的教学目标为评价标准,是课程开发的重要内容。也就是说,在泰勒原理中,对"效率"的追求是通过"目标—成就—评价"实现的。它不仅影响了后来的布鲁姆(B. Bloom)"教育目标分类"理论,也使得在课程开发中达成一种基本的共识,即如果没有明确的目标,就不可能对课程进行评价,也失去了选择适当的资源、内容和教学方法的基础。

如果从方法论上看,科学主义课程开发对"效率"的追求根源于传统现代科学方法的程序性和科学思维的确定性。弗朗西斯·培根(F. Bacon)曾经在《新工具》中形象地阐述了科学方法的程序性,认为科学方法"是首先从适当地整列过和类编过的经验出发,而不是从随心硬凑的经验或者漫无定向的经验出发,由此抽获原理,然后再由业经确立的原理进至新的实验;这甚至像神谕在其所创造的总体上的动作一样,那可不是没有秩序和方法的。这样看来,人们既经根本误入歧途,不是把经验完全弃置不顾,就是迷失于经验之中而在迷宫里来回乱走,那么科学途程之至今还未得完整地遵行也就无足为怪了。而一个安排妥当的方法呢,那就能够以一条无阻断的路途通过经验的丛林引达到原理的旷地"[③]。由此可见,传统的科学方法在其初创之期,就赋予"步骤和顺序"以重要意义,并期待达到某一"先在的"的目

① [美]拉尔夫·泰勒著.课程与教学的基本原理(英汉对照版).罗康、张阅译.北京:轻工业出版社,2008,1

② William F. Pinar, William M. Reynolds, Patrick Slattery & Petre M. Taunman. *Understanding Curriclum*. New York: Peter Lang, 1995,34

③ [英]培根著.《新工具》.许宝骙译.北京:商务印书馆,1984,60

的。卡尔·波普尔(K. Popper)曾批判由这种科学方法所形成的“常识知识论”,认为“其核心错误可能是假定我们应该从事杜威所谓的对确定性的寻求”①。

如果从社会层面来看,科学主义课程开发对“效率”的追求来自于启蒙理性的“悲剧”。启蒙理性的本意是要破除迷信、消除神话,从而使世界变得清醒;然而霍克海默(M. Horkheimer)和阿多诺(T. Adorno)认为它却从一开始就变成了一种新的神话和新的迷信。因为这种启蒙理性使人随着掌握和支配自然的权利不断增大而获得了与神一样的支配自然的权力。启蒙理性在依靠知识对自然的统治过程中,使技术起着十分重要的作用。技术不仅成了人统治自然的工具,而且成了人统治人的工具,启蒙理性演变成纯粹的“技术理性”。这样,启蒙理性原本对自由、公正、平等的追求导致了对人性本身的压抑和扭曲。所以,“就进步思想最一般的意义来看,启蒙的根本目标就是使人们摆脱恐惧,树立自主。但是,被彻底启蒙的世界却笼罩在一片因胜利而招致的灾难中”②。尽管启蒙运动做出了种种努力,但是启蒙运动的进步目标仍然没有实现。在这一过程中,作为“否定性思考的力量也即理性的批判力量的家园”的“内心”向度被削弱了,“异化了的主体被其异化了的存在所吞没”。③

所以,这种追求“效率”的课程开发所造成的直接后果之一就是形成了“单向度的”课程。这里借用马尔库塞(Herbert Marcuse)的用词及其含义,即指在课程开发中存在“一种单向度的思想和行为模式,在这一模式中,凡是其内容超越了已确立的话语和行为领域的观念、愿望和目标,不是受到排斥就是沦入已确立的话语和行为领域”④。“单向度的”课程是一种“异化”的课程。之所以这样讲,是因为在这样的课程里教师与学生是不自由的:“学生成为知识的“容器”和应试的“机器”,而“教师不能促进学生深层次学习,不能让学生对自己的学习和同伴富有感情,相反,作为

① [英]卡尔·波普尔著.客观知识——一个进化论的研究.舒炜光等译.上海:上海译文出版社,1987,67

② [德]马克斯·霍克海默,西奥多·阿道尔诺.《启蒙辩证法》.上海:世纪出版集团上海人民出版社,2006,1

③ [美]赫伯特·马尔库塞著.单向度的人——发达工业社会意识形态研究.刘继译.上海:上海世纪出版集团,2008,10

④ [美]赫伯特·马尔库塞著.单向度的人——发达工业社会意识形态研究.刘继译.上海:上海世纪出版集团,2008,11

知识社会的受害者，他们发现自己越来越走进为标准化测试而训练学生的死胡同中。……教师不是在运用他们的情感智力，以做到和学生更好地相处，或者有时间去顾及人际关系，以建立和周边其他人的情感理解”①。“单向度的”课程使外在的束缚凌驾于课堂活动之上，颠倒了目的和手段的关系，使课堂中的师生失去了追求教学本真意义的机会——既忽视了学生在教学过程中对经验的主动批判与改造，也使教师无法应对课堂本身的不确定性。因为“泰勒原理”所蕴含的是对课程确定性的内在认可，教师只需要刻板而程式化的操作，只需要成为技术熟练者，他是知识传递的“中介”，无法基于与学生在不确定的状态中的不断际遇（encounter）而展开教学。然而事实恰恰相反，“教师的教学工作几乎是由‘不确定性’所支配的。某教师在某课堂里有效的计划，不能保障在另一个教师、另一间课堂里有效；在某种语脉中有效的理论难以在另一种语脉中通用”②。也就是说，“教育情境是在不断变化的，因为学生在变，教师在变，气氛在变，时间在变”③。“单向度的”课程则体现基于确定性而根据一定目标对他人所进行的一种控制。

正如克雷明（L. Cremin）所说：“如果科学什么也不承诺，而只承诺效率的话，那么，效率最终只能是教育学家在纳税的公众面前所追求的最好的东西。”④基于“目标—成就—评价”的科学主义课程开发在“社会效率运动”中是以提高“社会效率”为其最终目的的，因此在现实中它往往会因为过于追求社会效率而凸现出课程作为提高社会效率的工具性，使评价成为目标达成与否的重要手段，而这正是课程政策效率主义价值取向的显著特征。在效率主义价值取向之下，社会效率是课程政策首先考虑的因素。于是，课程政策注重从提高社会效率的目的出发制定一定的课程目标，并利用评价的手段来检验目标的达成度，而评价的手段往往采用量化的方式。在20世纪80年代以前，课程政策的效率主义价值取向更多地体现于注重直接为社会效率而服务的课程目标的设定上；在20世纪80年代以后，这种特征在某些

---

① [美]安迪·哈格里夫斯著. 知识社会中的教学. 熊建辉等译. 上海：华东师范大学出版社，2007，72—73

② [日]佐藤学著. 课程与教师. 钟启泉译. 北京：教育科学出版社，2006，212

③ [加]马克斯·范梅南著. 教学机智——教育智慧的意蕴. 李树英译. 北京：教育科学出版社，2001，246

④ [美]劳伦斯·阿瑟·克雷明著. 学校的变革. 单中惠、马晓斌译. 上海：上海教育出版社，1994，214

国家的课程政策中更突出地表现为通过评价检验并促进课程目标的实现。这是由于课程编制者越来越需要事先详细说明他们所期望达到的目标，并通过这些目标来证明所取得的成绩，所以行为的或称绩效(performance)的目标受到许多学校的欢迎——因为行为目标建立了课程可衡量的目标和结果。这既是将课程结果量化的一种手段，也成为课程“问责(accountability)”的基础。总之，以效率主义价值取向为主导的课程政策一方面强调课程目标直接为实现社会效率的重要性，另一方面强调为实现社会效率而对课程目标进行评价的重要性。

二、课程政策效率主义价值取向的特征与表现：20世纪80年代以前

(一) 强调直接为实现社会效率而服务的课程目标

1. 美国课程政策中的体现

在20世纪80年代以前美国的课程政策中，强调课程直接为实现社会效率而服务是效率主义价值取向的一大重要特征。它最早出现于社会效率运动时期全美教育协会(NEA)的研究报告中。

1911年，全美教育协会创立了节约时间委员会(The Committee on Economy of Time)，以研究提高学校效率的途径。该委员会主要做了两项工作：第一项工作是在对有代表性的学区进行调查的基础上，该委员会提出用“共同的标准”来进行设计课程。当然，在这里，“共同的标准”只是从时间的角度规定将某一学科所花费的平均教授时间作为标准。不过，为课程设置“共同标准”的做法，在美国直到20世纪80年代以后才得到极大的强化。委员会的第二项工作是对课程内容提出建议，而且所有的建议都是基于社会有用性而作出的，即用以确定应该教授什么内容的方法是找出那些“成功地”工作和生活所需要的信息和技能，①因而建议带有社会功利主义的色彩。② 这一通过学校课程培养学生的职业技能，进而直接为社会生活服务的指向，在20世纪80年代以前成为效率主义价值取向在美国课程政策中的主要内容。

---

① Daniel Tanner & Laurel Tanner. *History of the School Curriculum*. *New York*: Macmillan Publishing Company, 1990, 185—186

② [美]劳伦斯·阿瑟·克雷明著. 学校的变革. 单中惠、马晓斌译. 上海：上海教育出版社，1994，220—221

课程政策效率主义价值取向的这一特征在1918年全美教育协会公布的《中等教育的基本原则》中体现出来。这是对社会效率运动的一大支持。该报告与十人委员会的报告不同，认为要根据对个人将来的社会活动的分析来确定中等教育的目标：①

一般而言，个人是家庭、职业群体和各种不同公民团体的成员；并且由于这些关系要求他参加丰富家庭生活的活动，向他的同伴提供重要的职业服务，并促进公共福利。因此，必然的结果是，高尚的家庭成员、职业和公民资格三者需要作为指导目标加以注意。

除了直接履行这些具体的义务外，每个个人应该有用于培养个人的和社会的兴趣的空余时间。

为了旅行生活的义务和享受闲暇的乐趣，人们必须有强健的身体。

还有诸如读、写、算、口头表达和书面表达等各种不同的方法，是处理生活事务所需要的工具。所以，掌握这些基本方法本身尽管不是最终的目的，却还是一个必不可少的目标。

最后，实现这些已经列出的目标，依赖于道德品格，也就是说，依赖于建立在为人清楚领会了的并忠实坚持着的诸正确原则之上的操行。

根据上述对个人将来活动的分析，报告明确了关于中等教育的七大原则：(1) 保持身心健康；(2) 掌握基本技能；(3) 成为良好的家庭成员；(4) 发展职业技能；(5) 履行公民义务；(6) 善于利用闲暇时间；(7) 具有道德品质。② 在这里我们可以看出，报告认为学校必须对社会现实，尤其是不断推进的工业化进程作出回应。在具体的课程变革中，它率先以"社会效率"削弱了学校课程中对古典课程的关注程度，取而代之的是对学校课程中职业培训的关注度大大提高。例如在初中课程中要"引进前职业学程"，③ 要确认综合中学的价值所在，"因为综合学校有利于明智地选择课程，在需

---

① 顾建民译，马骥雄校. 中等教育的基本原则，见：瞿葆奎主编、马骥雄选编. 教育学文集·美国教育改革. 北京：人民教育出版社，1990，25

② A Appendix. *Excerpts from Cardinal Principles of Secondary education*. See Ian C. Friedman. *Education Reform*. Facts On Fils, Inc., 1918, 211

③ 顾建民译，马骥雄校. 中等教育的基本原则，见：瞿葆奎主编、马骥雄选编. 教育学文集·美国教育改革. 北京：人民教育出版社，1990，27

要重新调整时有助于进行重新调整，提供在每种职业中取得真正成功所必须的更广泛的接触”①。

某种程度上说，进步主义教育协会后来提出的课程改革“三原则”继承了《中等教育的基本原则》对社会生活直接给予关注的倾向。进步主义教育运动在20世纪30年代以后，以康茨（G. Counts）为代表，将重心逐渐从“关注儿童个性自由发展”转向“关注对社会的改造”，从而使效率主义价值取向在进步主义课程实践中得到发展。1941年，进步教育协会提出了课程改革“三原则”。这“三原则”的基本内容是教育要为“社会”治理服务，相应的课程设计的核心主题是工业污染、道德教育、经济发展等社会问题。② 课程设计“三原则”响应了当时实用工业的需要，加强了课程同当代生活的联系。不过，需要指出的是，虽然“三原则”拓展了“生活”的范围，即由原来儿童自己的生活，扩大到社会生活，但还是与其经验主义的“生活”密切联系的。

真正继承《中等教育的基本原则》中注重通过培养学生的职业技能而直接为社会生活服务这一思想的，是在进步主义教育运动中所滋生的“生活适应教育”（life adjustment education）。克雷明认为，“生活适应理论”的种子在博比特的唯科学主义中已经播下。③ 第二次世界大战结束以后，当时学校的入学率很低——1940—1941年高中入学率为73％，1943—1944年高中入学率仅70％，而毕业率只有40％。④ 因此1944年春，全美教育协会教育政策委员会（Educational Policy Commission）发表了关于教育需要的声明，提出“所有青年必须形成有实用价值的技能以及那些能使工人在经济生活中成为有学识且富创造性的参与者的认识和态度。为了实现这个目的，大多数青年需要得到职业上的技能和知识之教育，以及在监督指导下的工作经验”⑤。1946年，青年生活适应教育委员会（Commission on Life Adjustment Education for Youth）把生活适应教育定位为：更好地使所有美国

① 顾建民译，马骥雄校．中等教育的基本原则，见：瞿葆奎主编、马骥雄选编．教育学文集·美国教育改革．北京：人民教育出版社，1990，34

② 白月乔．课程变革概论．石家庄：河北教育出版社，1996，60

③ ［美］劳伦斯·阿瑟·克雷明著．学校的变革．单中惠、马晓斌译．上海：上海教育出版社，1994，222

④ United States Office of Education. *Life Adjustment Education for Every Youth*. Washington, DC：U. S. Government Printing Office，1948，iii

⑤ ［美］全国教育协会教育政策委员会．侍育红译，吴棠校．关于满足青年的需要．见：瞿葆奎主编、马骥雄选编．教育学文集·美国教育改革．北京：人民教育出版社，1990，61

青年过上称心的民主生活并成为有益于社会的家庭成员、工作者和公民作准备，[①]特别强调中学课程与职业教育的联系，因而其课程政策注重社会效率性的特点是不证自明的。

到20世纪50年代末，随着《国防教育法》的颁布和紧随其后的结构主义课程改革，课程政策中的效率主义价值取向似乎变得不明显了。然而在结构主义课程改革失败之后学校课程进入调整期之时，效率主义的价值取向又在有关"生计教育"(career education)的政策中体现出来。这与当时教育经济思潮的发展也有着一定的关系，因此某种意义上也可以说课程政策中的效率主义价值取向是资本主义工商业中的效率主义对学校课程的影响结果。我们知道，20世纪60年代以后，随着人力资本理论的创立，人们的通过教育提高劳动生产效率的观念得到了强化。通过教育获得一定的知识与技能，从而服务于一定的行业生产并达到国民财富的增长，成为人们信奉的信条。因此，在人力资本思想的催生下，效率主义的价值取向的课程政策在70年代以更直接的职业指向表现出来。

"生计教育"是美国教育总署署长马兰(S. Marland)在1971年全美中学校长协会年会上提出来的，其核心是发展学生的职业能力。1973年，教育总署公布了全国中等教育改革委员会报告《中等教育的改革》，1977年又制定了生计教育奖励法。生计教育的课程具有如下特点：第一，综合性，即沟通课程的学术性与职业性，既在学术性课程中更多地提供有关劳动和经济的教材，又在职业性教育计划中提供更多的学术性基础课程，以便于学生既能升学又能就业；第二，合作性，即以学校和企业签订合同、合作办学的方式实施课程，既可以省钱，又可以提高教学的现实性。[②]由此可见，70年代"生计教育"中的效率主义价值取向还是以提高学生职业性能力为特征的。

从前面的阐述我们可以看到，课程政策的效率主义价值取向表现为从学习者个人未来的社会生活出发而重视其职业性能力的提高。这既有积极的一面，也有消极的一面，正如纳什(R. Nash)和艾格尼(R. Agne)1973年在《生计教育：是为了谋生还是为了生活》中的论述。他们认为，生计教育的积极因素在于"当人们决定离开正规的教育过程时，为他们提供能够就业

① 美国教育局，张虹译，马骥雄校．论中学的生活适应教育．见：瞿葆奎主编、马骥雄选编．教育学文集·美国教育改革．北京：人民教育出版社，1990，77

② 汪霞．课程改革与发展的比较研究．南京：江苏教育出版社，2000，68

并得以胜任某项工作的训练，这是确保他们每个人有一点经济独立的能力以及自身的价值感之人道的方法。而且这种把抽象的学历同实际的工作联系在一起的愿望是会有益处的”[①]。不过，他们还直截了当地指出了其消极性的一面：[②]

> 当教育家产生了知识只具有功能性这一看法——也就是说，各种观念，只有能促进职业上的成功时，才和学校教育有关，那么，教育经验就降低成为一种专门的训练或者专门的操作程序了。知识也就按一定的组合和单元分别列入一系列的“实用”活动里。从而学生就能培养他们能力的某一狭窄的方面，以获得胜任职业的能力。
>
> 在把学习经验拆散成“职业群”这类专门的框框时，最使人感到困惑的是教育家们不惜一切以取得肤浅的功利主义的生活观。这一看法是片面的，因为它只能使学生洞察到外在现实的性质，而忽略了洞察他们自己的内在本性——即依靠艺术、人文学科和宗教信仰来维持的直觉和情感的生活。

2. 英国课程政策中的体现

在英国 20 世纪 80 年代以前的课程政策中，学校课程的分轨与效率主义价值取向重视课程直接为社会效率服务的这一侧面颇为一致。

这一思想最早出现在 1926 年以哈多(H. Hadow)爵士为主席的咨询委员会发表的题为《青少年教育》(*the Education of the Adolescent*)的调查报告中：报告建议以 11 岁为分界线建立初等和中等教育两段制体系，并提出建立文法和现代学校的双轨制。之后，在本质上看起来是自由主义取向的报告《初等学校》(*The Primary School*)中，哈多委员会也提及实施能力分组的建议：“鉴于儿童学习成绩不划一，把他们分成小班或小组尤为重要。原有的班级过大，如果把学生按能力精心地给予分组，教师的工作就可减轻些……在规模很大的初等学校，只要有可能，可以建立三轨制：智力优异的儿童在 A 班或 A 组，智力迟钝的在 C 班或 C 组，智力一般的儿童通常在 B

---

① 纳什、艾格尼著．吴棠校．生计教育：是为了谋生还是为了生活．见：瞿葆奎主编、马骥雄选编．教育学文集・美国教育改革．侍育红译．北京：人民教育出版社，1990，381

② 纳什、艾格尼著．吴棠校．生计教育：是为了谋生还是为了生活．见：瞿葆奎主编、马骥雄选编．教育学文集・美国教育改革．侍育红译．北京：人民教育出版社，1990，391

班或B组，这三个班和组并行。”①

1938年以史彭斯(W. Spens)为主席的中央教育局咨询委员会发表报告，提出将已有的一些技术学校改办成技术中学，使它们享有与选择性文法中学相等的地位，这样就形成三重不同的学校——文法学校、技术学校和现代学校，从而以三轨制取代了哈多提出的双轨制。

1943年《诺伍德报告》(*Norwood Report*)巩固了《史彭斯报告》(*Spens Report*)设立这三种不同中学的建议，②因为该报告将儿童分为三种不同的类型：一是对学习本身感兴趣的儿童，二是在应用科学或实用工艺领域具有明显兴趣与能力的儿童，三是更善于处理具体事物而不是观念的儿童。③同年，中央教育局局长巴特勒(R. Butler)也向议会提交了《教育的改造》(*Educational Reconstruction*)白皮书，这一白皮书明显倾向于推行文法中学、技术中学和现代中学三轨制中等教育体系。④ 这些报告都为《1944年教育改革法》中的相关规定奠定了基础。⑤

将中学划分为三类的思想最终在《1944年教育法》中得到明确的规定。虽然《1944年教育改革法》没有对具体的课程作出规定，⑥不过基于三类中学的划分，在不同中学中的课程还是有着很大的不同：文法中学主要开设学术性课程，技术中学主要开设为训练学生将来在企业界工作作准备的课程，现代中学则开设必需的普通教育课程。⑦ 由于课程的分轨使“我们(——指学校，笔者注)造就了他们(——指学生，笔者注)”⑧，因而课程政策以课程直接为提高社会效率而服务为宗旨的效率主义价值取向被突出地体现于此。

---

① [英]邓特著.英国教育.杭大教育系外教室译，王承绪校.浙江：浙江教育出版社，1987，88

② Rhys Griffith. *National Curriculum: National Disaster?* London and New York: RoutledgeFalmer, 2000, 2—3

③ Clyde Chitty. The School Curriculum: From Teacher Autonomy to Central Control. In Clyde Chitty. *The National Curriculum: Is It Working?* Essex: Longman Group UK Ltd., 1993, 3

④ 徐辉，郑继伟.英国教育史.长春：吉林人民出版社，1993，267—282

⑤ Rhys Griffith. *National Curriculum: National Disaster?* London and New York: RoutledgeFalmer, 2000, 3

⑥ Clyde Chitty. *Toward a New Education System: The Victory of the New Right?* London, New York & Philadelphia: The Falmer Press, 1988, 22

⑦ Rhys Griffith. *National Curriculum: National Disaster?* London and New York: RoutledgeFalmer, 2000, 3

⑧ Clyde Chitty. The School Curriculum: From Teacher Autonomy to Central Control. In Clyde Chitty. *The National Curriculum: Is It Working?* Essex: Longman Group UK Ltd, 1993, 4

（二）强调以量化评价衡量课程目标的达成

在20世纪80年代以前的美国，课程政策效率主义价值取向的这一特征并不突出。只是到20世纪70年代的“恢复基础”运动中，课程政策以培养学生职业技能而谋求直接“社会效率”服务的价值取向遭到了批判，并使得课程政策效率主义价值取向的这一侧面在80年代以后美国的学校课程政策中不再占据主要地位。取而代之的，是通过设置共同的课程目标并以量化的评价来衡量课程目标的达成；具体而言，它以课程的共同标准和“问责制”的形式体现出来。这将在下一章中展开阐述。

在20世纪80年代以前的英国，课程政策效率主义价值取向的这一特征早有体现，不仅表现在与学校“分轨”密切相关的传统11岁考试中，而且体现在逐渐加强的现代考试体制中。

在对儿童进行进入三类不同中学的筛选和分类中，传统的11岁考试起着主要的作用。[①] 11岁考试在英国由来已久。它的效率主义价值取向一方面体现于作为一种竞争性测验，用于甄别学生的能力从而决定学生的升学状况。另一方面，11岁考试在客观上造成各地的课程标准大体保持统一，提高了学校教育的效率。当然，它造成的教学内容的狭窄化不但限制了儿童本身的发展，而且对教师的课程自主权来讲亦是一种束缚。

学校的“分轨”，从好的方面讲，它使英国当时的中学课程可以适应不同性向学生的需要，但是它也具有突出的弊端：它使课程具有很强的不平衡性。因此，“考试”就成为支配课程统一的“指挥棒”——这是20世纪80年代以前英国课程政策效率主义价值取向注重“目标—成就—评价”特征的重要体现。英国试图通过考试统一课程的做法早在50年代就已经出现了。与传统11岁考试相区别，1951年，英国采用了普通教育证书（General Certificate of Education，简称GCE）考试。GCE分为普通水平（O-level）和高级水平（A-level）。普通水平的A、B、C相当于及格水平。相比较之下，文法中学的学生参加这类考试比较多，现代中学的学生则比较少。于是，为统一GCE水平以下的考试，英国在1964年设立中等教育证书（the Certifi-

---

① Rhys Griffith. *National Curriculum: National Disaster*? London and New York: Routledge-Falmer, 2000, 3

cate of Secondary Education，简称 CSE）考试，分为五个等级，第一级相当于GCE 的 C 等。由于在两类考试中，英语、历史、地理、法语、德语、数学、物理、化学是最通常考查的科目，加上各考试委员会都会事先公布考试的科目和内容的详细要目，因此全国统一的这两类考试在客观上为学校的课程制定了一个标准，[①]并使得课程逐渐地过于受到考试的支配。[②] 课程之所以过于受到考试的支配，是因为在课程开发与考试之间的磨合出现了“后加载”的情况。在课程开发过程中，课程与考试的一致性问题是必然存在的，两者“磨合”得越好，考试成绩就越高。但是，“磨合”的方法有两种，即“前加载”与“后加载”（见图 1.1）。

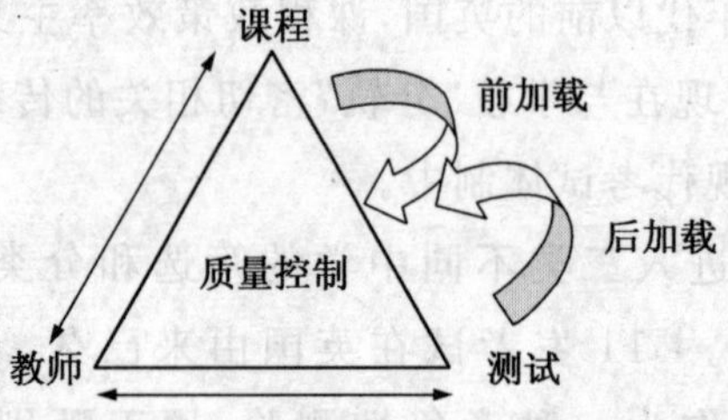

图 1.1

“前加载”是指教育者先制定好课程，然后寻找合适的考试来评价学生是否达到了课程标准。这种方法把课程摆到第一位，考试是根据课程而定的。“后加载”则是指从考试出发“倒过来”进行课程开发。[③] 这也就意味着考试就是课程，意味着课程过于受到考试的约束，在这种情况下课程与考试总是完全吻合。这样就会造成课程的狭窄化，而这一方面的弊端如传统 11 岁考试无异。

注重统一考试是英国课程政策要求以量化评价衡量课程目标达成度的具体表现，是课程政策关注实现共同的课程标准从而提高学校教育效率的重要举措。因此我们在考察英国当代的课程政策时可以发现，“考试”与“课程”似乎是其中的“孪生姊妹”：在英国的课程政策中，对“考试”的安排成为与学校课程安排密切相关的内容。20 世纪 80 年代以后，这一效率主义价值取向的特征在英国新的课程政策之中得到进一步发展。

---

① 汪霞. 国外中小学课程演进. 济南：山东教育出版社，1998，227—228

② 汪霞. 国外中小学课程演进. 济南：山东教育出版社，1998，238

③ Fenwick W. English. *Deciding What to Teach and Test: Developing, Aligning, and Auditing the Curriculum*. Thousand Oaks, California: Corwin Press, Inc., 2000, 64—70

第二章 20世纪80年代以来美国课程改革政策的价值取向

20世纪80年代以来，以1983年所发布的报告《国家在危急中：教育改革势在必行》(*A Nation at Risk: The Imperative for Educational Reform*)为起点，美国展开了新一轮的基础教育改革。之后，美国在这一报告的基础上不断推出递进性的教育改革政策，其中包括《美国2000年教育战略》(*America 2000: an Education Strategy*)(1991年)、《2000年目标：美国教育法》(*Goal 2000: An Educate America Act*)(1994年)和《不让一个儿童落后：教育改革蓝图》(*No Child Left Behind: A Blueprint for Education Reform*)(2002年)，从而使这新一轮的基础教育改革在不同方面得到不断推进。在这些着意改革的不同方面之中，学校课程是其中的重要内容。我们可以发现，上述诸文件在不同程度上都涵盖了对学校课程进行改革的政策建议。同时我们也可以看到，虽然这些文件分别出自于不同的总统任职期内，但是其有关课程政策的价值取向却有着某种一致性。因此，我们将20世纪80年代以来美国由上述各次教育改革政策文件所带来的课程变革视为一次改革过程中的不同发展阶段。

第一节 课程改革的背景及基本构想

一、课程改革的背景

20世纪80年代以来美国关于学校课程改革的相关政策，是在美国应对社会危机和课程危机的背景下产生的。

(一)应对社会危机:试图提高国际经济与技术的竞争力

与苏联人造地球卫星上天带来的震撼相类似,20世纪80年代以来的美国中小学课程改革也起源于对国际经济与技术竞争加剧的觉醒。

从20世纪70年代末开始,美国经济发展速度逐渐减慢,日本与西欧共同体的经济实力逐渐增强,尤其在汽车制造、电脑技术等方面日本超过了美国。美国国内外市场占有率明显下降,国际贸易赤字和经常项目收入逆差猛增。另外,以黄金储备为例,1970年美国的黄金外汇储备占西方世界的15.5%,1979年下降为5%,同期日、法、英都在5%以上,而西德为14.3%。①因此,在经济上美国感到了严重的危机;而报告《国家在危急中》一开始就直面美国当时所面临的危急状况:"我们在商业、工业、科学和技术创新方面不受挑战的领先地位,正在被全世界的竞争者赶上。"

另一方面,20世纪70年代是世界高科技开始兴起的重要时期,空间技术、信息技术、生物技术、海洋技术、新材料技术……令世界面貌一新。微电子技术的空前发展,使美国社会逐步成为"3A(即工业自动化、办公自动化和家庭自动化)"的社会。除此以外,美国的生物工程、新型材料工程和海洋工程业获得了长足的发展;新的科学技术日新月异,也使得劳动者的素质被赋予新的内涵。然而美国却不得不承认,"在技术、信息和通讯的时代,那些以人们学习新技能居领先地位的国家大获裨益,而我们仍然是一个让人一想到回到学校就叫苦呻吟的国家"②。

一国的经济地位在一定程度上决定其在政治上的地位。美国长期以来保持着世界超级大国的地位,以"世界领导者"自居。但是,随着世界向多极化发展以及自身经济的衰落,美国进而感到其在世界上的政治地位和领导地位正在被动摇。美国为了应对在国际经济与技术竞争中所面临的挑战,它将出路指向教育,最后归结到对受过良好教育的高素质的人才需求上来。"我们大多数的国际竞争者和贸易伙伴正在为改善教育做出种种认真的努力。然而,尽管我们为每个学生花费了几乎与世界上任何国家一样多的费用,但在国际比较中,美国学生仍处于或接近于末尾。如果我们不做彻底的

---

① 汪霞. 国外中小学课程演进. 济南:山东教育出版社,1997,37

② U.S. Department of Education. *Amenrica* 2000: *An Education Strategy*. Washington, D.C.: 400 Maryland Avenue, S.W.,1991,6

改变，这就是他们所处的位置。”[①]因此，学校的课程能否满足造就高素质人才的需要，能否弥补并赶上美国学生和其他国家学生“在知识和技能上的差距”，成为关系国家生死存亡的重大问题。

（二）应对课程危机：试图提高学生的学业成绩

前文曾提及，20 世纪 70 年代的“恢复基础”运动试图反对 60 年代人本主义课程所带来的学校课程危机。这是因为在 60 年代后期与 70 年代早期美国公立学校的“开放教室”运动中，学生自定教学内容、教材和教学形式，自定教材的进度和学习期限，课堂教学体系几乎不存在，学校里已经没有固定的课表，没有统一的教学计划和大纲，没有统一的作息时间……寻求快乐是教育的唯一目的；教师的作用降到了“助手”和“参谋”的地位，不再发挥主体作用。高中的毕业要求也降低了，只需修习少量的数学、英语、外语和科学科目。有报告显示，在加利福尼亚，高中学生上选修课的人数是上英语或写作课的两倍。同时，学生的家庭作业量减少了，教师对学生的缺课现象抱以容忍的态度，即使学生缺课却仍可以获得 A 或 B 的等级。可见，人本主义课程在尊重人的价值的同时，因过分强调尊重学生的自由选择和自由发展导致在学校中出现了放任自流的现象，这种“极端的个别化教学”排斥统一的质量标准，助长了反理智主义，造成了学生学业成绩低下、纪律涣散以及严重的行为问题。[②]

遗憾的是，“恢复基础”运动并没能解决学校的课程危机，这可以从国家教育优异委员会（The Commission on Excellence in Education）1983 年的调查报告中看出来：[③]

- 10 年前对学生成绩所作的国际比较显示，在 19 种学业测验中美国学生从未得过第一或第二名，且与其他工业国家相比，7 次是最后一名。
- 根据最简单的日常阅读、书写和理解测验，有约 2300 万美国成人是半文盲。

---

① U. S. Department of Education. *Amenrica 2000: An Education Strategy*. Washington, D. C.: 400 Maryland Avenue, S. W., 1991, 5

② Janice B. Tehie. *Historical Foundations of Education: Bridges from the Ancient World to the Present*. Upper Saddle River, New Jersey: Pearson Education, Inc., 2005, 231—234

③ The Commission on Excellence in Education. *A Nation At Risk: The Imperative For Educational Reform*. Http://www.goalline.org/Goal%20Line/NatAtRisk.html. 2005-05-08

● 在美国所有 17 岁的人中，约有 13%可被看作是半文盲；少数民族青年中的半文盲率可能高达 40%。

● 现在在大多数标准化测验中，中学生的平均成绩低于 26 年苏联发射人造地球卫星时的水平。

● 一半以上天才学生所测出的能力和他们在学校取得的成绩不相称。

● 大学委员会的学术性向测验表明，从 1963 年到 1980 年的成绩实际上年年下降。语文平均分数下降 50 多分，数学平均分数下降近 40 分。

● 大学委员会的成绩测验还表明，近年来物理和英语等学科的成绩在不断下降。

● 学术性向测验成绩获优秀(即总分 650 分或 650 份以上)的学生的人数和比例都明显下降。

● 许多 17 岁的青年没有掌握所期望他们掌握的“高级”智慧技能。约有 4 0% 的青年不能从书面材料中作出推断，只有 1/5 的青年能写出有说服力的文章，只有 1/3 的青年能解答需要几个步骤的数学题。

● 根据 1969 年、1973 年和 1977 年对全国理科成绩的评价，美国 17 岁学生的理科成绩连续下降。

● 从 1975 年到 1980 年，公立四年制学院数学补习学程增加了 72%，目前占这些院校所开设的所有数学学程的 1/4。

● 学院毕业生的平均测验成绩也更低了。

● 企业和军队领导人物抱怨把千百万的美元花费在补习教育上，即培养诸如阅读、写作、拼写和计算等基本技能。例如，美国海军部报告说，新兵中有 1/4 的人阅读水平不到 9 年级，而这是看懂书面安全指令的基本要求。如果不补课，他们根本不能开始现代军事上许多必需的尖端训练，更谈不上完成这种训练了。

可见，学生学业成绩亟待提高的证据“比比皆是”。因此，提高学生的学业成绩依然成为学校课程进行进一步变革的主要出发点。

二、课程政策的主要内容

前文提及，自1983 年起，影响美国学校课程改革的教育政策性文件主要是以下四个：

第一，报告《国家在危急中》，被誉为美国当代教育改革的里程碑。它是1983 年由国家优质教育委员会发布的。在美国的教育改革历史上，它发挥了面向21世纪教育改革的导向作用。其主要的内容包括：要求提高教育标准，加强州和地方中学的毕业要求；要求重视全国统一的共同核心课程，并对学生提出更高的期望，从而恢复了学术性课程在课程结构中的主体地位；要求把更多的时间用于学习学术性课程，更有效地利用现有的学日，并适当地延长学日或学年；改进相应的师资培训等。奥里奇（D. Orlich）在2000年《教育改革及其对学生成绩的限制》一文中对该报告进行了简洁的总结。他认为该报告提出了：(1) 更严格的高中毕业学术标准；(2) 更高的大学标准；(3) 更长的学年和学日；(4) 对优秀教师的奖励；(5) 更多的公民参与。①

第二，1989年9月，美国总统布什（G. Bush）和各州州长曾在弗吉尼亚大学召开了美国首次"教育首脑会议"，讨论确定了今后十年（1990—2000）的六项教育发展目标（即《国家教育目标》）：(1) 为所有的儿童做好入学前的学习准备；(2) 降低中学生的辍学率；(3) 学生在4年级、8年级和12年级三个阶段结束时必须在关键的学科——英语、数学、科学、历史和地理中显示出应有的能力，每所学校都要充分保证所有学生能充分运用其智力而为有效履行公民的权利与义务、进一步学习或就业作准备；(4) 美国学生的科学、数学成绩将是世界一流的；(5) 每个成人都将精于读、写、算并掌握有关参与全球竞争及履行公民权利和义务的知识与技能；(6) 每所学校都将没有吸毒现象和暴力事件，为学生的学习提供有利的且有纪律保障的学习环境。根据布什的提议，这六项教育目标具体化在1991年4月18日发布的纲领性教育文件《美国2000年教育战略》之中。《美国2000年教育战略》除了提出这六项国家教育目标之外，还提出了四项"教育战略"，它们分别是：(1) 改革现有所有公立学校，使之成为能对学生负责的学校；(2) 创建满足未来21世纪需要的新型美国学校；(3) 为已经离校工作的人提供终身教育的机会；(4) 建设学习化社区。

第三，在克林顿政府1993年4月21日以法案形式提交、经国会两院审议通过、并于1994年由总统签署正式生效的《2000年目标：美国教育法》中，上述六项国家教育目标得到扩展，并增加了两项教育目标，即目标4（关于教师教育和专业提高，要求到2000年国家的教学队伍拥有旨在提升教师

① D. Orlich, *Education Reform and Limits to Student Achievement*. Phi Delta Kappan, 2000, 81(6): 468—472

专业技能的计划,为下个世纪美国学生的学习作准备)和目标8(关于家长的积极参与,要求到2000年每所学校改善与家长的伙伴关系,使家长能积极参与促进学生在社会、情感和学术方面的发展)。同时,由于《美国2000教育战略》发布以后出现了为贯彻新的教育目标而日益加强的制定学校课程标准的呼声,美国逐步掀起了一场大范围的制定中小学各学科标准的浪潮。[①] 因此《2000年目标:美国教育法》正式提出:应编订面向全体中小学生的、供各州各地区自愿采用的国家课程标准,这些标准应详细阐明在每个学习领域什么是所有学生所必须知道以及有可能做的,并建立相应的评估体系。整个工作由国家教育标准与提高委员会(National Education Standard and Improvement Committee,简称 NESIC)主持操作。

第四,2001年1月23日,美国总统布什(George W. Bush)向国会提交了《不让一个儿童落后》(简称 NCLB)的教育改革计划。这是布什上任后的第一份立法动议。美国国会于2002年1月8日正式通过了该提案,使之成为对美国新世纪中小学课程实践产生重要影响的教育政策。该法案主要的内容是通过高标准和教学效能核定来实现教育平等,具体措施包括绩效责任制与学业年度评估,要求每个州对学生应该知道什么和学习什么建立刚性的标准,并对3—8年级的学生每年进行测验,结果要以年度报告的形式向家长提供,以便他们评估学校的业绩、教师的资格水平以及每个学生在每个学科的进步情况。全州范围的报告要对所有学生群体的进步情况作说明,努力弥合优势学生群体和弱势学生群体之间的鸿沟,学校要对所有学生的成绩提高承担责任。为了能使学校承担起这一责任,法案提出一系列保障措施,即提高教师质量的措施,因为法案的基本理念是:出色的教师是提高学生成绩的关键。另外,该法案明确了家长们对于学校的选择权与影响力。

在上述四个教育改革政策性文件中,有一些关于学校课程改革的共同构想,概括起来主要有以下几个方面:

(一)课程改革的最终目标是实现"教育优异(excellence in education)"

报告《国家在危急中》首先明确界定了对"教育的优异"的理解。它是指几件相互联系的事情:就学习者个人来说,它指在学校和工作场所应于个

① 许明,胡晓莺.美国基础教育课程标准述评.教育研究,2002(3):78

人能力的限度内完成工作，以检验这种能力并将之推向极限；优异也是这样一所学校或学院的特征，这种学校或学院向全体学习者提出了高的期望和目标，然后力求以任何可能的方式帮助学生达到这些期望和目标；优异还是这样一个社会的特征，这个社会已经采取措施使它的人民通过教育做好准备以对迅速变化中的世界的挑战作出反应。① 该报告所提出的“教育的优异”概念及对其的理解，成为美国 20 世纪 80 年代以后直至今天的学校课程改革的根本目标所在，在之后的政策性文件中它得到进一步战略性的发展。

类似于《国家在危急》中所提及的教育现状，我们在之后的几个报告中仍然可以看到。《美国 2000 年教育战略》更是明确地指出了学生在知识与能力方面与国际竞争需要之间的差距，认为目前国家在教育领域的投资胜过军事领域，但八年前国家所存在的危急并没有改观，如果不进行彻底的教育改革，美国将无以立足。②《不让一个儿童落后》则再一次明确指出：“即使在今天，近 70%的城区四年级学生不能达到全国阅读测验的基础水平。我们高中三年级的学生在国际数学测验中落后于塞浦路斯和南非的学生。近三分之一的大学生发现他们在能够修习正常大学水平课程前必须修学补习课……然而我们在花费数千亿美元于教育之后，我们仍远未能实现教育优异的目标。”③

正是针对种种相似的教育现状，感知到提高中小学教育质量的使命尚未完成，美国才在前面提及的诸个教育改革文件中都表达了要实现“教育的优异”这样的课程改革目标。

美国以实现“教育的优异”为课程改革目标，显示出它在当代国际军事、经济、科技的竞争与挑战之下致力于基础教育改革的努力；同时，以“教育的优异”作为课程改革目标，也反映了美国在课程改革上的高质量教育观。从个人能力的充分发展层面，“教育的优异”体现了教育最根本的目的以及课程的内在价值；从学校或学院的层面，尤其是社会的层面，追求“教育的优异”体现了学校课程为社会发展服务的外在价值。因此，这一课程改革目标

① The Commission on Excellence in Education(1983). *A Nation At Risk*: *The Imperative For Educational Reform*. Http://www.goalline.org/Goal%20Line/NatAtRisk.html. 2005-05-08

② U.S. Department of Education. *Amenrica* 2000: *An Education Strategy*. Washington, D.C.: 400 Maryland Avenue, S. W.,1991,5

③ The White House President George W. Bush (2002). *No Child Left Behind*. Http://www.whitehouse.gov/news/reports/no-child-left-behind.pdf. 2006-10-02

既符合教育的根本目的，也协调了课程的外在价值与内在价值。再进一步从质量观的角度讲，"教育的优异"给予我们很大的启发：教育质量不单单体现于个人，而且体现于学校或学院，甚至整个社会；也不仅仅局限于以正规学校作为衡量教育质量的唯一对象，学校或其他教育形式所提供的教育和教学是否切合学习者的需要、是否保证学有所用、是否具有相关性与针对性都是衡量质量不可忽视的重要指标。这有助于我们树立更为全面的教育质量观。

同时，从《国家在危急中》对"优异"和"公平"的关系界定中，我们也应该看到，追求教育的优异并不排斥实现教育的平等。因为它要"以任何可能的方式"帮助"全体学习者"达到"优异"的目标。到21世纪初，新布什政府以更直接的方式——"不让一个儿童落后"，表达了提高教育质量、促进教育平等的愿望。

（二）课程改革的主要措施是设置共同核心课程与课程标准统一化

在追求"教育优异"的课程改革目标之下，美国20世纪80年代以来课程改革措施的落脚点主要是设置核心课程和统一的课程标准。

上述教育文件所论及的课程改革，其中一项重要内容是将一定的科目作为共同核心课程，并制定相应的课程标准。例如，基于当时中学"自助餐式的课程"，报告《国家在危急中》指出：应规定所有要得到文凭的学生在中学的四年中要修习"五种新基础"：英语、数学、自然科学、社会科学、计算机科学，并且要求学校、学院和大学对学业成绩采取更严格的和可测量的标准，提出更高的期望。①

《美国2000年教育战略》在课程设置方面，继续加强了自20世纪50年代末以来备受关注的英语、数学和自然科学的"新三艺"课程，同时也加强了长期被忽视的历史和地理两门学科，从而将英语、数学、自然科学、历史和地理五门学科确定为共同核心课程，并要求制定这五个科目的新的"世界级"课程标准。② 在联邦政府与全国性团体和机构的密切合作下，各学科的全国性课程标准制定工作顺利进展。

---

① The Commission on Excellence in Education(1983). *A Nation At Risk: The Imperative For Educational Reform*. Http://www.goalline.org/Goal%20Line/NatAtRisk.html. 2005-05-08

② U.S. Department of Education. *Amenrica 2000: An Education Strategy*. Washington, D.C.: 400 Maryland Avenue, S.W.,1991,9

在布什政府提出的五门共同核心课程之外,《2000年目标：美国教育法》又增加了三门：外语、艺术、公民,从而使核心课程的科目数量增至八门;并且由国家教育标准与提高委员会(National Education Standard and Improvement Committee,简称NESIC)负责着手编订供各洲各地区自愿采用的国家课程标准,包括课程内容标准、学生操作绩效标准、学习机会标准和评估体系。①

《不让一个儿童落后》法案特别强调英语、数学两门基础课程的重要性,其次是科学。它要求通过实施"阅读第一计划"和"早期阅读第一计划"来提高学生的识字和阅读水平,要求通过双语教育计划和确定成绩目标来促使英语能力有限的学生达到英语熟练程度,要求通过建立数学和科学的伙伴关系及鼓励研究型大学参与这些伙伴关系来改进数学和科学教学。②

应该说,美国在课程改革中设置核心课程,其本质是对基础的强调。这是美国在课程改革中基于对以往课程的弊端进行反思后得出的。在知识快速增长、教育与社会发展的联系日益紧密的时代,如何在不增加课程负担的前提下,保证课程内容的全面性与相关性;如何在不损失课程传播人类优秀文化和价值观的长远目标下,保证课程对当前新的重大社会问题作出积极反应;如何在保证内容连贯性和重点突出的前提下,保证课程满足不同学习者多样化的兴趣需要……这些恐怕是世界各国的教育改革者都必须面对和认真思考的问题。美国重视设置核心课程,一方面为学校课程的教与学指明了重点;另一方面也明确了学校开展选修课程教学的可能性,增强了课程的效能与弹性,使课程结构更为合理。从原则上讲,这将一方面使学生掌握基本的、必需的知识,发展学生的基本能力,另一方面又有可能促进学生个性与多样性的发展。

课程标准的制定,旨在对课程的高质量进行维护。同时,制定统一的、全国性的课程标准,反映出课程改革中美国中央政府直接参与的意图和决心,表明政府试图突破教育行政地方分权的历史传统,加强国家对教育宏观

① One Hundred Third Congress of the United States of America at the Second Session(1994). *Goal* 2000: *An Educate America Act*. Http://www.ed.gov/legislation/GOALS2000/TheAct/.Html. 2005-05-08

② The White House President George W. Bush (2002). *No Child Left Behind*. Https://www.whitehouse.gov/news/reports/no-child-left-behind.pdf. 2006-10-02

调控的职能。从《国家在危急中》提出要确立更高的课程标准、《美国2000年教育战略》提出要制定“新的世界级标准”和实施相应的成绩责任制，到《2000年目标：美国教育法》提出了制定课程标准的具体规划，以及《不让一个儿童落后》对基于课程标准的绩效责任制的强调，成为这一举措从理念层面逐步向实际层面转化的一个过程。

（三）课程改革的重要保障是教师质量与政府的资助

20世纪80年代以来，美国政府认识到，追求实现“优异”的课程改革目标离不开两大保障：教师的高质量参与和政府的大力资助。

20世纪50年代末美国结构主义课程改革失败的原因之一，是课程改革的倡导者过高估计了当时中小学的师资水平，缺乏相应的师资培训。美国80年代以来的教育改革报告均重视了师资的培训。

《国家在危急中》关于教学的七个建议都意在改进师资的培养，或者使教师工作成为报酬更高且更受人尊敬的职业。①《美国2000年教育战略》则规定：在师资培训方面建立由各州州长负责的“学校领导学院”和“教师学院”，分别主要培训各州的中小学校长和五门核心课程的任课教师，同时设立“优异教育总统奖”，奖励在五门核心课程教学中取得优异成绩的教师，并通过实行教师薪金等级制度来激发教师的进取心。②《2000年目标：美国教育法》将教师教育及其专业提高纳入国家教育的八项目标中。为实现这一目标，克林顿在相应的教育改革和发展计划中提出：要建立全国中小学教师教学质量审查和认定委员会，建立和实施优秀教师奖励制度，以建设最好的学校，培训最好的教师。③《不让一个儿童落后》承认美国学校面临合格教师和校长短缺的窘境。它要求到2005—2006学年，每一所公立学校的教师都必须是“高度合格的”。“高度合格的”教师一般是指得到州有关机构确认或获得教师执照并在其任教的学科显示出较高能力的教师。并且，从2002—2003年开始，各地区将禁止使用联邦经费雇用未达到“高度合格

---

① The Commission on Excellence in Education(1983). *A Nation At Risk*: *The Imperative For Educational Reform*. Http://www.goalline.org/Goal%20Line/NatAtRisk.html. 2005-05-08

② U.S. Department of Education. *Amenrica* 2000: *An Education Strategy*. Washington, D.C.: 400 Maryland Avenue, S.W.,1991,14

③ One Hundred Third Congress of the United States of America at the Second Session(1994). *Goal* 2000: *An Educate America Act*. Http://www.ed.gov/legislation/GOALS2000/TheAct/.Html. 2005-05-08

的"要求的教师。①

事实上，教师作为课程改革的实施者，在课程改革中有着不可替代的作用，课程改革离不开教师的参与：课程开发和课程实施都必须在教师的参与下进行，对学生学习的评价也无法和教师的教学实践相分离；同样，学校行政管理、监察和教师评价系统也都需要吸收教师参与决策过程。因此，教师质量的高低直接关系到课程改革的成败。历史上许多国家课程改革的失败均与广大教师对改革的不理解、抵制，或是所具有的素质与改革的要求相距甚远而又缺乏相应的培训体系有着密切的关系。美国在20世纪80年代以来历次颁布的教育改革政策性文件中，都将教师质量的提升视为课程改革重要的组成部分，这是可喜的进步。这也是与世界教育改革的潮流相一致的：例如，联合国教科文组织1998年《世界教育报告》的中心内容就是"教师和变革世界中的教学工作"，其中特别强调提高教师对信息技术的认识水平和使用新技术的能力，以促进教学方式从"教学中心"到"学为中心"的转变。如果在教育实践这一环节上，教师不能够很好地理解新技术并在教育过程中充满信心地使用新技术，信息技术是不能真正有益于教育的。只有教师对新技术表现出兴趣和应有的批判精神，才能引导学生在如潮的信息面前学会选择和取舍，不囫囵吞枣。因此，加强教师的新技术培训是师资质量的一项重要内容。

20世纪80年代以来美国各教育改革政策性文件在重视将师资培训作为课程改革得以顺利进行并获取成功的重要保障之同时，还将各级政府的资金投入作为课程改革实现既定目标的另一个重要保障。

《国家在危急中》提出：州和地方官员须以自主和管理学校为首要责任，而联邦政府更负有资助课程改进和关于教、学、学校管理的研究，资助师资奇缺或国家重点需要学科的教师培训，向学生提供财政资助等职能。②《美国2000年教育战略》规定：在资金投入方面，除各州、地方与个人向学校教育提供的常规性资金外，布什要求国会在1992年预算资金中专门拨出6.9亿美元来创建首批"美国新型学校"，而美国工商企业界也将投入1.5

① Josiah Pettersen. *No Child Left Behind: Fiscal Issues for the states*. Denver, Colorado: National Conference of State Legislatures, 2002,12

② The Commission on Excellence in Education(1983). A Nation At Risk: *The Imperative For Educational Reform*. Http: //www.goalline.org/Goal%20Line/NatAtRisk.html. 2005-05-08

亿—2亿美元支持“美国新型学校”的创建。① 在《2000年目标：美国教育法》的教育发展计划中，联邦政府于1998年增拨6.2亿美元（比1997年增长26%）用于资助各州制定严格的课程标准，又投入50亿美元帮助社区修建校舍。②《不让一个儿童落后》法案提出以后，联邦政府批准为之后五年的教育发展增加了100亿美元投入，③并利用各种联邦资助项目进行奖惩，如专门新设“不让一个儿童落后”基金、“教育成就”基金等来奖励成功者；同时，如果学校在连续三年内不能提高其学生的成绩，则家长有权用公共经费为其子女选择其他公立或私立学校。④

（四）课程改革以终身学习引领家长参与和社区配合

实现“优异”的课程改革目标与终身学习的达成密切相关。我们从20世纪80年代以来美国的上述教育改革文件中可以看到，它们通过强调家长参与和社区配合而将课程改革与终身学习联系起来。

《国家在危急之中》这样指出：“当今世界教育改革应集中于创造一个学习化社会的目标之上。这样一种社会的根本观念是，教育之所以重要，不仅是因为它对人们的生计目标有贡献，而且因为它为人们生活的一般质量增添了价值。学习化社会之核心还在于教育机会的提供远远超出了学校和学院这类传统的学习机构。教育机会扩展到家庭和工作场所，扩展到图书馆、美术馆、博物馆和科学中心；甚至扩展到个人在生活和工作上能得到发展和成熟的一切地方。对于学生在家庭中的学习，家长的作用很重要，因此报告直接向家长进一言：你们肩负着积极参与教育你们孩子的责任。你们应该鼓励他更勤奋地学习……应该监督你们孩子的学习，鼓励好的学习习惯；应该鼓励你们的孩子修习要求更高的学程；应该培养你们孩子的好奇心、创造力和自信心，并且应该积极参与学校的工作……最重要的是，在你们自己的

---

① 钟启泉，张华. 世界课程改革趋势研究（中卷）——课程改革国别研究. 北京师范大学出版社，2001，303

② 钟启泉，张华. 世界课程改革趋势研究（中卷）——课程改革国别研究. 北京师范大学出版社，2001，319

③ Josiah Pettersen. *No Child Left Behind: Fiscal Issues for the States*. Denver, Colorado: National Conference of State Legislatures, 2002, 3

④ The White House President George W. Bush (2002). *No Child Left Behind*. Http://www.whitehouse.gov/news/reports/no-child-left-behind.pdf. 2006-10-02

一生之中要表现出对继续不断学习的那种信奉。”①

与《国家在危急中》相类似,《美国 2000 年教育战略》也指出了终身教育的重要性:教育不仅是为了生计,而且是为了创造生活,是为了使我们更好地成为父母、邻居、公民和朋友。因此,为了使学生明白教育的重要性,成人必须证明其对教育的重视,即在他或她的一生中不断地进行学习。同时,该报告倡导建立“美国 2000 年社区”,这种社区应根据国家教育目标而制定教育发展策略,使本社区成为随处都可以学习的地方。②《2000 年目标:美国教育法》则是将终身学习和家长参与全部纳入国家教育的八项目标之中(目标 6 和目标 8)。③

终身学习是全纳型的学习化社会的基本要求与特征,意味着以学校为中心的教育体系过渡到“终身学习体系”。这一转变对学校课程变革的意义在于能否使学生在学校课程学习的环境中获得与终身学习相关的体验,在于能否使学生通过学校的课程学习中获得进行终身学习的技能与能力。上述美国的教育改革文件重视课程改革与终身学习之间的联系,重视与终身学习密切相关的家长参与和社区配合问题,正说明了这一问题。这可以说是从一个重要的方面增加了课程改革的生命力。

第二节 课程改革政策的价值取向分析

倘若我们进一步考察 20 世纪 80 年代以来美国学校课程改革政策的价值取向,我们将会发现,80 年代以来美国的课程政策同时渗透着保守主义、自由主义和效率主义的价值取向,可以说是这三种价值取向“混合”的产物。于是,在当前美国的课程改革中,我们会发现一些矛盾的现象,例如,一方面是政府责任的加强,影响的增大,另一方面是市场的作用明显,手段活跃;一方面是对质量和效益的强调,另一方面是对公平和平等的追求。这些在本质上都是课程政策不同价值取向的反映。总的说来,笔者认为,虽然三种价

① The Commission on Excellence in Education(1983). *A Nation At Risk*: *The Imperative For Educational Reform*. Http://www.goalline.org/Goal%20Line/NatAtRisk.html. 2005-05-08

② U.S. Department of Education. *Amenrica* 2000: *An Education Strategy*. Washington, D.C.: 400 Maryland Avenue, S. W., 1991, 17

③ One Hundred Third Congress of the United States of America at the Second Session(1994). *Goal* 2000: *An Educate America Act*. Http://www.ed.gov/legislation/GOALS2000/TheAct/.Html. 2005-05-08

值取向在80年代以后的课程改革政策中“混合”发展，但其中的保守主义价值取向还是最主要的，它与自由主义和效率主义价值取向有着不同程度的交织与作用。与80年代以前课程政策中三种价值取向的特征及表现有所不同，三种价值取向在80年代以后美国的课程政策中分别拓展了一些新的内涵；并且，居于主要地位的保守主义价值取向在自由主义取向对其的制衡以及效率主义取向对其的加强之下三者共同作用，使美国的学校课程政策有了新的发展。

一、课程政策保守主义与自由主义价值取向的交织

(一)课程政策的保守主义价值取向

20世纪80年代以来，美国学校课程政策的保守主义价值取向是十分突出的，因为在课程政策中尊崇现代性学术学科和加强国家权力的特征是非常明显的。

首先，对于尊重现代性学术学科，在美国20世纪80年代以后的课程改革政策中突出地表现为重视设置共同核心课程。从报告《国家在危急中》开始，学校课程中的共同核心课程科目不断地得到拓展。这在前面的章节已有提及，此处不再赘述。核心课程数量的增加，使学校课程结构中必修课的分量不断增加。这对于改变自60年代中后期形成的“自助餐式”的“课程拼盘”的状况具有很大的作用。80年代后期，美国逐渐减少选修课的比例，有40个州通过对所属中学有约束力的课程计划，为消除过去选修课开设一哄而起的局面，规定必修课教学时数应当占教学总时数的75%—85%，选修课只应占15%—25%。①

我们还可以看到，在共同核心课程的设置过程中，数学和科学课程得到一以贯之的重视。这种重视一直可以追溯到《国防教育法》。从里根到老布什，到克林顿、小布什，虽然总统先后换届，但要求加强数学、自然科学等基础学科的教学，却是一如既往，甚至有过之而无不及——老布什政府对学生在数学和科学学科上的成绩期望是达到世界领先水平，克林顿也提出美国学生在自然科学和数学方面的成绩应居世界首位，故此数学和科学学科在课程中非同一般的地位显而易见。值得关注的是，由民间团体美国科学促

① 李素敏，张炜. 美国基础教育的课程改革及其特点. 天津师范大学学报(基础教育版)，2003(9)：32

进协会(American Association for the Advancement of Science，简称AAAS)制定的《2061计划：面向全体美国人的科学》(*Project* 2061：*Science for All Americans*)更是把普及科学知识当作教育改革的中心指导思想，从而加强了学校课程中重视数学和科学的取向。1985年，美科学促进协会在全国科学技术委员会的资助下，聘请了400位国内外著名的科学家、教授、教师以及科学、教育机构的负责人，用了近4年的时间，于1989年完成并公布了该计划。它是一项面向21世纪、致力于科学知识普及的中小学课程改革工程。《2061计划》的主要目的是强调加强基础教育中的科学内容，从而提高美国人的科学素养，以迎接21世纪全球性科学技术发展的挑战。该计划声称："普及科学基础知识包括科学、数学和技术，已经成为教育的中心目标"；而且，计划认为美国中小学生科学知识的贫乏已到了令人忧虑的地步，因此，"美国没有任何事情比进行科学、数学和技术教育更为迫切"。① 从该计划中我们能够体会到，美国重视数学和科学课程绝非仅仅是为了消极地克服基础教育中所存在的"危机"，它更是一项长远的战略意图。正如报告坦言："科学、数学和技术将成为教育今日儿童面对明日世界的基础。"②因此，它被视为保证美国未来的国际竞争力及其霸权地位的重要保障。"美国准备把未来美好形象的赌注压在完全的，甚至处于领先地位的科学技术上，因此，人们希望有一个……现代化的学校系统是合理的。这种学校的课程的特色应当是要求全体学生重视科学、数学和技术的学习。"③

我们已然承认，美国20世纪80年代以来在课程政策中重视设置公共核心课程，是追求实现"教育优异"的课程改革目标的重要手段。而将实现"教育优异"作为课程改革的目标，是与要素主义课程理论影响的延伸有着甚为密切的关系。要素主义课程理论在美国于20世纪50年代末达到鼎盛，60年代由于人本主义课程理论的兴起而衰落，但是从70年代末起，它又开始重新影响美国的学校课程政策。进入80年代以后，它更是以新的面貌出现并成为课程政策保守主义价值取向的重要支柱。如前所述，要素主义的课程理论强调学生必须学习系统的文化与知识要素，强调加强对学生的严格训练，认为教育过程的核心是吸收预先规定好的教材，肯定继承人类文化遗产的必要性与重建严格学术标准的重要性。70年代末"恢复基础"

---

① 吕达，周满生. 当代外国教育改革著名文献(美国卷·第二册). 北京：人民教育出版社，2004，14
② 吕达，周满生. 当代外国教育改革著名文献(美国卷·第二册). 北京：人民教育出版社，2004，5
③ 吕达，周满生. 当代外国教育改革著名文献(美国卷·第二册). 北京：人民教育出版社，2004，19

运动的目的就在于提高学生读、写、算的能力，学校减少非学术性科目，课堂重新以教师为中心，强调把各学科的基础知识、基本技能传授给学生，更加重视学业表现、考试、作业和纪律等。80年代以后，美国学校课程改革的政策继续吸收了要素主义课程理论重视基础知识训练以及严格学术标准、重视教育质量等一些基本观点。在要素主义课程理论的影响下，80年代以来美国课程改革的目标的内涵被集中转化为提高学生的学业成就。无论是在《国家在危急中》的首次提出，还是到二十年后《不让一个儿童落后》法案对这一目标的继承——凯尼斯·T.亨逊（K. Henson）就在其著作中称"NCLB是《国家在危急中》的代传物"[①]，对"教育优异"的追求均是对吸收传统要素主义课程理论要旨的反映，而美国要求在课程改革中设置核心课程，就是为了将课程内容聚焦于学术性的知识与技能并提高相应的学业成绩标准，从而达到提高教育质量的目的的重要途径。所以，与设置共同核心课程相联系的，必然是为这些共同核心课程设置高的（或者说是严格的）标准。

事实上，如果我们考察一下从20世纪80年代末90年代初美国所开始制定的各学科的课程标准，就会发现它不仅是一个多层及的系统——包括全国性的、州一级的和学区一级的课程标准，而且还是一个多类别的系统——通常都由内容标准、表现标准和学习机会标准构成。内容标准界定了对学生知识与技能的期望，确认了在作为优质教育构成部分的各个学科中期望学生学习什么；表现标准表达了为实现各项内容标准而期望学生展现的熟练程度或质量；学习机会标准是指用来衡量教育体系的各级机构为所有学生的学习达到全国自愿性的内容标准或州内容标准中的要求所提供的资源、实践和条件是否充分及其质量是否合格的基本标准。但是，不管是哪一级、哪一类的标准，都仅规定学生要学习和掌握的知识与技能，而对学生态度和情感目标等很少作出规定。[②] 所以，课程标准是聚焦于学术性内容的，即学术知识与技能的。

同时，我们还可以发现，美国衡量课程标准的尺度标准是"严格的和世界级的"。有学者研究指出，美国教师联盟教育议题部（AFT）提出衡量高质量课程标准的基本尺度之一就是——"所谓严格的、世界级的、富有挑战

---

① Kenneth T. Henson. *Curriculum Planning: Integrating Multiculturalism, Constructivism and Education Reform*. Long Grove, Illinois: Waveland Press, Inc., 2006, 16—20

② 赵中建. 美国课程标准之标准研究. 全球教育展望, 2005(6): 37—38

的标准就是那些对如下问题做出肯定回答的标准：第一，标准所反映的各级知识与技能是否与成绩较高的国家期望学生掌握的那些知识与技能可比？第二，标准制订者把哪些国家的标准作为比较的基础，在决定自己的标准时，这些制订者查阅了哪些文本？第三，标准将促成一种面向所有学生——准备升学和准备就业的学生——的核心课程吗？这些课程与法国和日本的课程要求一样高吗？第四，标准将使高考与德国的 Abitur、法国的 Baccalaureat 考试、英国的 A 级考试和日本的大学入学考试一样严格吗？第五，标准制订者是否参照了国际基准课程和考试，如国际文凭组织的课程计划？第六，标准制订者是否参照了在美国已有的最好的计划和资源，如学院委员会的高级位置考试或加利福尼亚州所使用的课程大纲？"①

所以，20 世纪 80 年代以来美国课程改革政策中保守主义价值取向的一个重要特征是在之前重视现代性学术学科的基础上，拓展对这些学术性学科的高标准要求，从而期望提高教育质量（即学生的学业成绩）。

其次，在美国 20 世纪 80 年代以来的课程改革政策中，联邦政府在其中所起的作用得到急剧的加强，从而使课程政策保守主义价值取向亦得到加强。

联邦政府的这种作用是"带有强制性的"，"这样做不是为了满足各个相对的团体的需要，而是为了我们整个民族或国家优先考虑的事项"，"没有联邦强大的政府行为，而主要依靠地方和州的资金，学校的努力将是零星的和不协调的。"②联邦政府的这种作用主要体现在课程改革的实施与经费方面其力量和影响得到进一步加大。这不仅是指诸如《美国 2000 年教育战略》提到的那样——对教育的投资多于对国防的投资，而且是指在《2000 年目标：美国教育法》中联邦政府的作用进一步强化——从确立国家目标，到立法程序的完成，以及全国性的课程标准的编订，这对于一个一向由地方控制教育的国家来说，无疑是一个划时代的变化。虽然《2000 年目标：美国教育法》建议 50 个州建立全州的课程标准，也可"自愿"采用国家制定的课程标准，虽然法令规定禁止将是否采用国家标准作为向学校提供联邦经费资助的条件，但种种迹象表明，两者之间已开始具有某种潜在的联系。③ 除此以

① 赵中建. 美国课程标准之标准研究. 全球教育展望，2005(6)：38—39

② [美]艾伦·C. 奥恩斯坦，费朗西斯·P. 汉金斯著. 课程：基础、原理和问题. 柯森主译，钟启泉审校. 南京：江苏教育出版社，2002，376—377

③ 史静寰. 八九十年代美国教育改革述评. 清华大学教育研究，1997(4)：15

外，我们还可以看到，自1990年起，美国连续6年发布《国家教育目标年度报告》(*The National Education Goals Report*)，虽然报告由"国家教育目标小组"(National Education Goals Panel)提供，但只要看一下这个小组的人员构成，我们就可了解其性质。国家教育目标小组由8位州长、2位联邦政府阁员、4位国会议员、4位州立法委员(同时也都是国会成员)组成。可以说，联邦、州两级政府的教育决策者和最高管理者尽在其中。[①]《不让一个儿童落后法案》更是前所未有地强化了联邦政府在教育事务中的角色：联邦政府将为大约47000个低收入家庭的子女投入117亿美元资金保证其受教育的机会。这差不多影响到全国一半的公立学校；而且，一旦各州、学区或学校表示愿意接受联邦政府的资金支持，联邦政府就有权利推翻州和学校所做的课程决定。[②]

联邦政府在课程改革中日益加强的作用也意味着：20世纪80年代以来美国在学校课程方面的改革逐渐成为一种全国性的努力，而不再是地方性的或是局部性的了，"它反映了联邦政府和各州之间已经达成共识，即在教育问题已演变成一种影响广泛的社会问题的今天，教育改革的问题应提高到国家的层面来对待，并需要动用国家的力量和动员全社会参与，才能取得较好的效果"[③]。这可以说是一种从改革操作层面到改革意识、改革理念的变化。然而，它改变了美国历史上长久以来地方分权的课程管理体制，而且与美国宪法产生了冲突。因为美国宪法赋予联邦政府的权力是少数而确定的——主要处理诸如战争、和平、谈判、外贸等国家外部事务，而处理国家内部事务的权力归各州政府所有。在这一制度中，课程管理显然不属于联邦政府的责任。因此，美国国内有人士呼吁，应该立即停止联邦政府插手课程管理的行为，把这种权利还给本应拥有这种权利的地方政府。[④]

---

① One Hundred Third Congress of the United States of America at the Second Session(1994). *Goal 2000: An Educate America Act*. Http: //www. ed. gov/legislation/GOALS2000/TheAct/. Html. 2005-05-08

② Harold Berlak (2003). *From Local Control to Government and Corporate Takeover of School Curriculum: The No Child Left Behind Act and 'Reading First' program*. Http: //www. bryanconsulting. com: 8080/frontierGems/nccj/localtogovernmentcontrolofcu. pdf. 2006-10-2

③ 李立国，王建梁，孙志军. 加强基础与追求优异——二战后美国基础教育改革. 清华大学教育研究，2000(4)：124

④ Neal McCluskey. *A Lesson in Waste: Where Does All the Federal Education Money Go?* Policy Analysis, No. 518: 2004,3—4

(二)自由主义价值取向对保守主义价值取向的制衡

受传统自由主义价值取向“关注儿童个性自由发展”的本质特征所影响,80年代以来美国的课程政策在吸收传统要素主义课程理论的过程中对其进行了新的拓展——对“教育优异”的追求被置于兼顾“教育公平”的基础之上:“优异”与“公平”被辩证地统一起来——牺牲了“公平”的“优异”会导致英才主义,而割裂了“优异”的“公平”会招致教育的平庸化。

这种倡导公平与高质量兼顾的课程观,蕴涵在上述各教育改革的政策性文件中。最初,《国家在危急中》这个报告对“公平”与“优异”的关系有这样的论述:“我们不相信,对优异和教育改革的公开承诺,必定要牺牲对我国各种居民应享有公平待遇所作的公开而有力的承诺。公平而高质量的学校教育这一双重目标,对我们的经济和社会有着深刻的和实际的意义,我们无论在原则上还是在实际中,都不能允许一个屈从于另一个。如果那样的话,就是拒绝给予青年人按照自己的抱负与能力去学习和生活的机会。这样做还将导致一方面在我们社会中普遍迁就平庸的教育,另一方面造成不民主的英才主义。”[①]如果说《国家在危急中》对于在追求“教育优异”的同时要实现教育的公平没有操作性的具体建议,那么到《不让一个儿童落后》法案则在这一点上向前迈进了一大步,即以AYP(Adequate Yearly Progress)[②]作为试图同时实现教育优异与教育公平的手段,强调在美国没有一个儿童应该落后,包括身心残障和不以英语为母语的儿童。《美国2000教育战略》和《2000年目标:美国教育法》对“优异”与“公平”的关系认识和处理则是:前者以公平促进优异,而后者试图通过优异实现公平。[③]

值得一提的是,在学校课程中设置共同核心课程主要是承袭了保守主义价值取向尊崇特定学科的传统,但是这其中也有出于对促进“公平”的考虑。这主要可以从希尔思(E. Hirsch)——美国弗吉尼亚大学语言学教授的思想中看出。自希尔思1980年在一次学术会议上提出“文化素养”的观点后,他一直致力于这方面的研究。1987年,他出版了《文化素养:每个美国人需要

---

① The Commission on Excellence in Education (1983). *A Nation At Risk: The Imperative For Educational Reform*. Http://www.goalline.org/Goal%20Line/NatAtRisk.html. 2005-05-08

② 即根据学生通过州阅读和数学统一测试的情况来评估中小学每年是否达到了事先设立的且逐年升高的学生学业成绩熟练程度指标。

③ 李爱萍,肖玉敏. 20世纪美国基础教育改革政策的演进与启示. 外国教育研究,2005(4):45

知道的东西》(*Cultural Literacy*：*What Every American Needs to Know*)一书，从而提出了“文化素养说”。希尔思指出：教育的过程就是培养人的“文化素养”的过程，“文化素养”是“人们具有的共同的背景信息”：第一是当代世界一个文化识字者都应当了解的基本文化知识的词汇，也就是现代教育的核心词汇，包括世界历史、世界文化、世界地理、世界自然及生物科学方面的基础词汇；第二是指英语国家中文化识字者需掌握的词汇；第三是美国社会所特有的基本词汇。为了在课程实践中将“文化素养”具体化，他倡导设置“核心知识课程”。其目标是既促进“优异”，又促进“公平”，“优异”意味着从小让学生打下扎实良好的学业基础，而“公平”强调让所有儿童，尤其是处境不利的儿童都掌握知识以达到平等接受知识和获得教育的机会。[①]

在追求“教育优异”过程中对教育公平的兼顾，还体现在支持家长“择校”的制度上。在 20 世纪 80 年代以来美国的课程改革中，家长“择校”的政策是不容忽视的。它在《美国 2000 年教育战略》、《2000 年目标：美国教育法》和《不让一个儿童落后法案》中都有具体的规定。“择校”政策在本质上与传统“关注儿童个性自由发展”的自由主义价值取向有一致的地方，那就是让每个儿童拥有自由选择的发展机会，从而实现教育的公平。但是，从美国“择校”政策的缘起来看，它是受到经济新自由主义思想[②]的影响，拓展了对市场力量的重视，其出发点是期望对课程政策中联邦政府集权力量的日益增强而产生制衡。因此，“择校”旨在把美国的公立教育制度体制和管理方式从“政治行政模式”转化为一种“经济市场模式”，从而减少和克服过去公立学校体制种“垄断”与“官僚”的弊病，依靠市场的力量来重构美国的基础教育制度，为广大的儿童及家长提供更多的自由选择权利。[③] 不过，应当指出的是，这种体现“公平”、重视市场的基础性调节作用的“择校”制度在课程改革的实施过程中是作为绩效责任制度的一种调节“杠杆”而对公立学校的课程改革产生影响的。因而，基于学校课程改革状况的家长“择校”必然与学校的优胜劣汰同时存在，使得这一以自由主义价值取向为出发点的制度，在实施过程中成为关注学校绩效与教育质量的重要手段，从而体现出课程政策的效率主义价值取向。

① 赵中建. 美国核心知识课程的理论语实践. 外国教育资料，1996(5)：28—29

② 新自由主义主要代表人物有英籍奥地利政治思想家哈耶克(F. Hayek)和美国经济学家弗里德曼(M. Friedman)。其核心思想是反对国家对教育领域的干预，把市场竞争机制引入教育领域。

③ 朱旭东. 八九十年代美国教育改革的目标及其取向. 比较教育研究，1997(6)：45

二、课程政策中效率主义价值取向对保守主义价值取向的加强

在第一章中笔者提及，全美教育协会的节约时间委员会曾提出以“共同标准”来设计课程，从而作为提高学校效率的途径。这是美国课程政策中效率主义价值取向的最初表现之一。但是，为课程设置“共同标准”的做法，直到在美国直到20世纪80年代以后才得到极大的强化。当然，80年代以后美国学校课程的“共同标准”已经极大地突破了当时只是从时间的角度规定将某一学科所花费的平均教授时间作为标准的做法，从而使课程的共同标准成为包括内容标准、表现标准和学习机会标准在内的多类别系统，以及包括“全国性共同标准”、“州共同标准”和“学区共同标准”的多层级系统。

20世纪80年代末、90年代初，在《国家在危急中》和“国家教育目标”的影响下，已有全国性的学术团体为保障共同核心课程在追求“教育优异”目标下的有效实施，着手制订学校课程的共同标准作为各州进行课程开发和教学的重要参考。在《2000年目标：美国教育法》颁布之后，核心课程的全国性共同标准的制定进入高潮。例如[①]——

1. 数学

全美数学教师委员会(National Council of Teachers of Mathematics，简称 NCTM)于1989年出版了《学校数学课程与评价标准》，提出了学生在不同阶段(K—4年级、5—8年级、9—12年级)所需掌握的内容，并揭示了学生如何在课堂上最好地展示这些知识。这是美国最早的全国性课程标准。1995年，NCTM又出版了另一重要文件——《学校数学评价标准》。这一文件由六大主要标准组成：数学的重要性、提高性学习、公平、开放、有效干预和连贯性。它指导教师运用这些标准来进行教学决策以及评价学生的进步与成绩，同时它也是数学课程计划的评价依据。

2. 科学

科学课程标准的制定由三大主要机构发起——全美科学教育标准与评价委员会(National Committee on Science Education Standards and Assessment，简称 NCSESA)、美国科学促进会(American Association for the Advancement of Science，简称 AAAS)和全美科学教师协会(National

---

① Kenneth T. Henson. *Curriculum Planning: Integrating Multiculturalism, Constructivism and Education Reform*. Long Grove, Illinois: Waveland Press, Inc., 2006, 389—397

Science Teachers Association，简称 NSTA)；1993 年，全美科学教育标准与评价委员会于制定了《美国科学教育标准》，美国科学促进会制定了《2061 计划》，提出了在科学、数学和社会学习领域 60 个以上的能力目标；全美科学教师协会于 1993 年出版了《内容的核心：课程设计指南》，并于 1995 年补充了《全国科学教育标准的范围、顺序与协调》。

3. 语言

(1) 英语

1992 年，美国研究与提高办公室(Office of Research and Improvement)资助了一个为期三年的项目——"英语语言艺术标准计划"(Standard for the English Language Arts，简称 SPELA)。全美英语教师委员会(National Council of Teachers of English，简称NCTE)、国际阅读协会(International Reading Association，简称IRA)和阅读研究中心(Center for the Study of Reading，简称CRS)把这一计划作为一个合作项目，但是由于该项目没有取得实质性的进展，因而相应的资金支持被取消了。然而，全美英语教师委员会和国际阅读协会在没有联邦政府资金支持的情况下继续开展这一项目，并于 1996 年制定了《英语语言艺术标准》。

(2) 外语

美国外语教学委员会(American Council on the Teaching of Foreign Language，简称 ACTFL)和其他几个外语协会于 1995 年制定了《全国外语教育标准》。它给出了学生学习外语的五大目标：(1) 用英语以外的语言进行交流；(2) 获得其他文化的知识及对它的理解；(3) 将外语与其他学科相联系并获得相关信息；(4) 拓展对本族语言和文化的理解；(5) 加入到多元化语言的社会中去。

4. 艺术

1994 年，全美艺术教育协会(Consortium of National Arts Education Associations，简称 CNAEA)出版了《每一个美国年轻人在艺术学科中应该知道什么，能做什么》。这一文件给出了 K—4 年级、5—8 年级和 9—12 年级的舞蹈、戏曲和视觉艺术的标准。

5. 社会

全美社会科委员会(National Council of the Social Studies，简称 NCSS)负责制定"社会科"的总体课程标准和领域内各门独立学科的内容标准。1994 年，它出版了《对优异的期望：社会学习课程标准》。其中，它列出了包括文化、时间、连续性与变革、个人发展与同一性等在内的 10 个方面 241 条成绩期望。

(1) 历史

全美学校历史学科中心(National Center for History in the School,简称 NCHS)在 1994 年文件《历史的经验：学生应该获得的基本理解和历史观点》基础上,通过历史标准计划,制定了三套课程标准：K—4 年级全国历史标准、全国美国历史标准和全国世界历史标准。

(2) 地理

1994 年出版的《为了生活的地理;全国地理标准》给出了由六个领域组成的课程标准。这六个领域分别是：空间中的世界;位置和地区;自然系统;人文系统;环境与社会;地理的效用。这是由地理教育标准计划(Geography Education Standards Project)勾画出的 K—4 年级、5—8 年级和 9—12 年级的地理课程标准。

(3) 公民

1994 年,公民教育中心(Center for Civic Education,简称 CCE)出版了《全国"公民与政府"课程标准》。这一文件给出了 K—4 年级、5—8 年级和 9—12 年级大约 70 条左右的标准。所有内容标准都列出了要达到标准所必须掌握的关键概念。这些标准由以下几个领域组成：公民生活、政治与政府、美国政治体制的基础、美国立宪民主的价值观与原则、美国政治与世界事件的关系、公民的角色。

6. 体育与健康教育

1995 年,健康教育标准联合委员会(Joint Health Education Standards Committee,简称 JHESC)出版了《全国健康教育标准》。它给出了七大标准,每项标准都包含 K—4 年级、5—8 年级、9—11 年级学生的"成绩指标"。这一文件也列出了与青少年危险行为相关的一些论题。

根据《2000 年目标：美国教育法》的要求,各州也着手制定州一级的课程共同标准。经过十多年的发展,所有州一级地方以全国性的标准为基础,并根据实际情况,都建立起了各州更详细和更具体的课程标准,总体上涉及的学科不止共同核心课程,包括了诸如英语、数学、科学、历史、地理、艺术、公民、外语、健康与体育教育、经济、生活技能、商业教育等科目。

如前所述,20 世纪 80 年代以前美国课程政策效率主义价值取向的另一重要方面——通过培养学生的职业技能而直接为社会生活服务的指向，在 80 年代以后的课程改革政策中似乎销声匿迹了。取而代之的，正如我们在课程政策中看到的，是为确保课程标准的有效的实施和教育质量的有效提升而将“共同标准”与“测验”进行捆绑，通过强化“测验”的作用进而形成学生成绩问责制度，从而充分显示出课程政策中效率主义价值取向的一面。我们可以看到，《国家在危急中》在提高学业成绩标准的实施建议中要求将由州和地方主持的标准化测验“作为全国性的制度的一部分加以实施”①；布什政府为达到既定的“国家教育目标”，《美国 2000 年教育战略》提出进行“全美成绩测验”，即与国家教育目标小组一起，以五门核心学科为基础，紧密联系新的世界标准，研制一种新型的（自愿的）全国性考试体制，同时还设立总统优异教育奖、总统成绩奖学金，并通过成绩报告卡向家长提供有关学校、学区、各州以及全国学生学业成绩的公开报告②——这是强调以学生测验成绩为基础的学校问责制的开始；而《不让一个儿童落后法案》则将问责制推向新的高度，从而更加凸现旨在通过测验提高课程改革效率的价值取向。值得一提的是，在这一过程中，如何将对学生在课堂学习中的过程性评价与问责制协调起来，成为一个受人们关注的研究课题。③

在第一章第三节曾提及，问责制受到基于“目标—成就—评价”的科学主义课程开发范式的影响，效率是它首先考虑的因素，它从提高社会效率的目的出发确定一定的课程目标，并利用评价的手段来检验课程目标的达成度，而评价的手段往往采用量化的方式。《不让一个儿童落后法案》所要求实施的问责制就鲜明地体现了这样的特点。法案明确提出要求增强有关学生学业成绩的绩效责任制度：提高成绩的州、学区和学校将获得奖励，失败的将受到处罚。法案要求州、学区和学校必须负责确保包括处境不利学生在内的所有学生达到高的学术标准，要求各州每年都要进行 3—8 年级学生的阅读和数学学业成绩评估，而且“要求到 2014 年

---

① The Commission on Excellence in Education (1983). *A Nation At Risk: The Imperative For Educational Reform*. Http: //www.goalline.org/Goal%20Line/NatAtRisk.html. 2005-05-08

② U. S. Department of Education. *Amenrica 2000: An Education Strategy*. Washington, D. C.: 400 Maryland Avenue, S. W., 1991, 11—12

③ John R. Frederiksen & Barbara Y. White. *Designing Assessments for Instruction and Accountability: An Application of Validity Theory to Assessing Specific Inquiry*. In Mark Wilson. Toward Coherence between Classroom Assessment and Accountability. Chicago, Illinois: The University of Chicago Press, 2004, 74—104

美国所有的学生都能在阅读和数学评估中达到最基本的熟练程度"[1]。联邦政府、家长、教师及其他公众判断中小学、学区和各州是否很好地完成了 NCLB 规定的这种责任,是通过 AYP 指标[2]实现的。因此,AYP 评估数据是学校实现学生学业成绩持续提高的重要诊断工具。同时,法案规定各州 4 年级和 8 年级学生必须每年参加全国教育评估(National Assessment of Educational Progress)计划所进行的阅读和数学课程评估,以确定州级考试的结果和水平是否符合或超越 AYP。联邦政府会对其中取得成功的学校、学区和州进行资金奖励——任何州在该法案实施两年内达到责任制要求(包括建立 3—8 年级年度评估制度),都将获得一次性奖金,且在缩小成绩差距方面成绩显著的学校和州将被授予"不让一个儿童落后"学校额外津贴奖金和州"教育成就"额外津贴奖金,没有达到指标的学校、学区、和州将会失去部分教育投资,而且那些在实现州级熟练目标方面未能达到每年取得一定年度进步的学区和学校,需要改进、纠错和重组。[3]

从这里我们不难发现,《不让一个儿童落后法案》围绕课程的高标准、以联邦教育经费作为筹码,试图将以学生学业测验成绩为基础的问责制之功效发挥到最大——既提高学校课程变革的质量,又实现教育的平等。然而事实上,目前美国很多的中小学教师和一些大学的课程研究专家都对在 2014 年 100%的学生达到最基本的学业熟练程度指标表示怀疑。因为第一,法案要求的是高的学术标准,所以这些指标本身的要求并不低;第二,要无一例外地让学生都达到这样的高标准似乎是一个神话,尤其是对于那些身心残障和不以英语为母语的儿童。[4] 所以,某种意义上说,它在寻求优异与公平的平衡过程中不是缩小了学生个体与群体之间的差异,而是潜在地扩大了这种差异。[5] 这一现实与自由主义价值取向是不相符的。事实上,

---

① Robert L. Lin (2004). *Rethinking the No Child Left Behind Accountability System* . Http: //ctredpol. org/pubs/Forum28July2004/BobLinnPaper. pdf. 2006 - 9 - 22

② 即根据学生通过州阅读和数学统一测试的情况来评估它们每年是否达到了事先设立的且逐年升高的学生学业成绩熟练程度指标。Kansas State Department of Education. *Adequate Yearly Progress (AYP)*. Http: //www. ksed. org/data/public reports/Adequate Yearly Progress (AYP). 2006 - 9 - 21

③ The White House President George W. Bush (2002). *No Child Left Behind* . Http: //www. whitehouse. gov/news/reports/no-child-left-behind. pdf. 2006 - 10 - 02

④ Drew Allbritten, Richard Mainzer and Deborah Ziegler. *NCLB: Failed Schools-or Failed Laws? Will Students With Disabilities Be Scapegoats for School Failures?* Educational Horizons, 2004,82(2):153—160

⑤ Barry L. Newbold. *The Faceless Mandates of NCLB*. Kappa Delta Pi Record, 2004,41(1): 7

具有效率主义价值取向的问责制对"测验"作用的强化，其真正的作用在于通过测验强化课程标准，从而强化共同核心课程在学校课程中的地位，最终的结果是使美国80年代以来课程政策中尊崇现代性学术学科的保守主义价值取向得到了加强。

在《不让一个儿童落后法案》试图通过加强测验以提高课程改革效率的过程中令我们不能忽视的是，由于AYP注重的是每年学生通过州阅读和数学测试的百分比，这种纯量化的评价使美国目前在中小学教学中已经出现了比较普遍的"应试教学"现象，即注重教授测试的内容，"教师把他们的注意力从非测试学科中移走而把更多的教学时间花在测试学科上"[①]，导致了课程实施中诸如"社会学习"等领域的缺失，[②]形成对学术性学科更加褊狭的重视。这样，学校和教师往往没有足够的精力去关注有利于儿童个性发展的其他课程，包括体育、外语、社会学习和艺术等；[③]或是在教学中死记硬背多过富有创造力的教学。[④] 更有甚者，还爆出相关的"丑闻"——例如2005年3月21日，国家公共广播电台报道了发生在得克萨斯州的一则"丑闻"：为了在统一测试中取得更高的分数，教师在行政官员的鼓励下帮助学生作弊。因为如果学校能提高测试成绩，教师和行政官员都将获得财政奖励（例如，一个学区的最高行政官员可以获得20000美元的奖金）。[⑤] 由此可见，课程与测验之间出现了由"前加载"与"后加载"而造成的冲突。一方面，从"前加载"的角度看，目前美国各州中小学的阅读、数学、科学等学科的课程标准是根据一些全国性专门权威机构所推荐的课程标准而制定的，相关的统一测试虽是由各州分别组织，但制定测试的基础是各州的课程标准。因此，归根到底，制定测试的基础是全国性的权威标准。所以，从这个角度看，全国性标准成为课程改革实践中的话语权主体。另一方面，从"后加载"的角度看，由于"后加载"是一种提高测试成绩的极佳方式，目前各州的教师

---

① G. L. Sunderman, C. A. Tracey, J. Kim & G. Orfield, *Listening to Teachers: Classroom Realities and No Child Left Behind*. Cambridge, MA: The Civil Rights Project at Harvard University, 2004,36

② National Public Radio. *Social Studies Goes to the Back of the Class*. Http://www.npr.org/templates/story/story.php? storyId=6092000. 2006-09-17

③ Kelly v. King and Sasha Zucher. *Curriculum Narrowing*. Harcourt Assessment, Inc., 2005,5—6

④ Jessica Wilson (2004). *No Child Left Behind... or Many*? Http://www.instruction.greenriver.edu/bahl/E112/WilsonFP.rtf. 2006-9-26

⑤ Kenneth T. Henson. *Curriculum Planning: Integrating Multiculturalism, Constructivism and Education Reform*. Long Grove, Illinois: Waveland Press, Inc., 2006,16—20

正在AYP的压力之下从事“应试教学”，为提高学生的测试成绩而在教学中沿着从测试到课程的路径创造着另类的“课程”。这是课程政策的保守主义价值取向在效率主义价值取向的作用下得到增强而需要我们关注的问题。

第三节　课程政策价值取向的争议与趋势

通过上文的分析，笔者认为可以基本得出这样一个结论：在美国20世纪80年代以来的中小学课程改革政策中，保守主义价值取向、自由主义价值取向和效率主义价值取向三者交互作用，但是由于具有自由主义取向性质的“择校”政策在实施过程中成为实现改革效率的一种手段，以及效率主义取向对保守主取向的加强作用，因此80年代以来课程政策的价值取向主要是明显的保守主义以及效率主义。课程政策价值取向的这种总体特征在《不让一个儿童落后法案》的实施过程中比较突出，但同时也因它造成了课程实践中的一些问题，从而引起人们对课程政策价值取向的进一步思考。

一、关于课程政策价值取向的争议

(一) 质疑课程政策的效率主义价值取向

对课程政策价值取向的一种反思，表现为对效率主义价值取向的质疑。在《不让一个儿童落后法案》的实施过程中，法案所要求的问责制作为一种“价值增值”[①]的课程评估制度，遭到了人们的质疑。这种质疑分为两种状态：一种是对这一价值取向提出明确的否定意见，从而影响到保守主义价值取向的式微和自由主义取向的增强；另一种状态是在遵循这一价值取向的前提下对具体的政策内容提出修正。

威廉·马西斯(W. Mathis)的观点属于第一种质疑状态的反应。他认为，基于课程标准的AYP政策存在九个方面的谬误：

第一，逻辑上的不可能性：在12年后100％的学生达到同样的高标准

① 这里的“价值增值”是指以某种方式解释学生的测验分数，以在一段时间内，通常是几个学年内，评价学生学业成绩进步情况。参见 Harcourt Policy Report. *Value-added Assessment Systems*. Harcourt Assessment, Inc., 2004,2

是可能的,因为大家都能达到的标准必然是"低"标准而不是"高标准";

第二,设置障碍性的高标准:对高标准的追求会使人们将标准设置得"相当高";

第三,以测验来衡量标准的幻想:这是指测验的狭隘性无法用来衡量课程标准的广泛性;

第四,基于"学校什么都能做到"的假设:事实上这是不现实的;

第五,忽视学生的不同背景,例如地域差异、兴趣差异、健康差异等;

第六,认为成绩进步是稳定的:这反映了一种官僚需要;

第七,事实上受惩罚的学校集中于贫困学校和少数民族学校;

第八,投资的不平等:从全国范围看,贫困程度高的学区比贫困程度低的学区投资少23%;

第九,学校中产生实然的"单一"课程,即聚焦于单一的认知测验,对国家创新力、想象力、福利和经济生产率的发展不利。

威廉·马西斯认为,这些谬误的存在使我们可以预见《不让一个儿童落后法案》所要求的问责制不可能取得成功,同时也将唤醒我们重新考虑学校的主要目标——培养具有公民素养的、健康的、有关爱之心的下一代。[①] 由此可见,马西斯从揭示AYP的错误出发而将问责制进行否定,同时指出学校课程的应有使命,从中透出他对课程政策效率主义价值取向的否定。若是这样的建议得以付诸实施,现有的课程政策保守主义价值取向必然受到削弱,相对地,自由主义价值取向会得到加强。

属于第二种质疑状态的反应,首先是那些要求增加诸如历史等科目作为测验科目的建议。[②] 针对《不让一个儿童落后法案》所要求的统一测验压力之下实际教学科目的"狭窄化"现象,这些建议的目的是要在问责制的轨道内为学生拓展实际课程的宽广程度。其次则如玛莎·富特(M. Foote)的观点,她是从另一角度对问责制的真正"效率"问题进行了思考。她认为,尽管不少人对《不让一个儿童落后法案》之下的问责制提出了批评和否定意见,但是也确实存在许多州的测验分数在不断地得到提高的状况,所以问题不在于问责制本身,而在于是这些"提高了的分数"是否确实反映了学生"增

① William J. Mathis. *NCLB and High-Stake Accountability: A Cure? Or a Symptom of the Disease?* Educational Horizons, 2004,82(2): 144—151

② Kathleen Kennedy Manzo. *Schools Urged to Push Beyond Math, Reading To Broader Curriculum*. Education Week, 2006,26(16): 11

加了的学习结果”。因此，她认为要使现有的问责制能真正地对提高学生的学业成就起到作用，需要一方面改善测验本身，例如经过更多的公开审查；另一方面要完善超越于测验分数的问责制，使对绩效的判断基于更广的依据；只有这样，才能正确地判断学生的学习成就，提高教学的质量，增加学校中学习的广度。[①] 类似地，克里斯蒂·吉福伊尔(C. Guilfoyle)也认为仅以测验分数作为衡量绩效的基础显得过于单一，提出要建立综合的、多元的问责制度。[②]

(二) 加强课程政策的保守主义价值取向

另一种对已有课程政策价值取向的反思，是对保守主义价值取向的维护和进一步加强。这集中表现为建议取消各州的课程标准，并倡导建立统一的国家课程标准。

在《不让一个儿童落后法案》实施满五周年之际，据美国《康特拉科斯达时报》(*Contra Costa Times*)2007 年 1 月 14 日报道，目前各州之间的课程标准差异相当之大，这违背了该法案所期望的让来自不同生活环境和背景的学生获得平等的教育的允诺。报道援引了著名的华盛顿教育改革集团——托马斯·佛德汗基金会(Thomas Fordham Foundation)政策副总裁迈克·派曲利(M. Petrilli)的话：“在波托马克(Potomac)河两岸的四年级学生正学着非常不同的数学课程，这是令人惊讶的。”该报道还进一步通过测验结果揭示了一些州课程标准设置的状况：如 2005 年密西西比州(Mississippi)89％的学生在州阅读测试中达到“熟练”水平，但是在 NAEP 的测试中，只有 18％的学生达到“熟练”水平；又如，俄克拉荷马州(Oklahoma)相应的比例为 75％和 29％；马萨诸塞州(Massachusetts)的课程标准相对较高，相应的比例显示为 50％和 44％。这充分说明各州所制定的课程标准相差悬殊。为此，报道指出，很多民主党成员认为对法案进行修补是无效或低效的，迈克·派曲利等人倡导在全国范围内实施统一的国家课程标准，他们认为这是解决问题的根本出路。[③]

---

① Martha Foote. *Keeping Accountabilty System Accountable*. Phi Delta Kappan，2007，88(5)：363

② Christy Guilfoyle. *NCLB：Is There Life Beyond Testing*？Educational leadership，2006，64(3)：8—11

③ Nancy Zuckerbrod. *National Education Standards under Review*. Contra Costa Times，2007(1)：14

另有一些学者在这个问题上持有相同的立场，认为目前各州的课程标准存在着不统一的地方，有些州高，有些州低，这导致了只对一部分学生实施高要求的课程教学，而使另一些学生在国际竞争中缺乏竞争力。他们认为，学生在州测验和全国性测验中成绩相差甚远，说明各州对"熟练"水平的定义存在不同，这影响了不同地方的学生接受同样严格与高质量的教育。因此，他们认为，改变这种状况的方法是实施严格的、统一的国家课程标准。统一的国家课程标准可以为所有的学校制定共同的课程目标，明确教师教学的任务；可以统一对"熟练"水平的定义，防止各州通过降低课程标准来提高测验通过率、从表面上迎合法案所提出的责任要求的企图，从而更加明确学校和学区的绩效责任；而且，也只有为学生设定更高的统一的期望标准，才能增加他们在经济全球化进程中的竞争力，真正实现让他们接受平等的教育的梦想。①

毋庸置疑，与实施全国统一的国家课程标准相联系的，必然是联邦政府权力的进一步加强。所以，此类观点是对课程政策保守主义取向的维护和进一步加强。

（三）转向课程政策的自由主义价值取向

转向课程政策的自由主义价值取向，是对既有课程政策的价值取向进行反思后所提出的又一种观点。

针对《不让一个儿童落后法案》以 AYP 作为衡量学校、学区和各州绩效责任的工具，而 AYP 又过分强调了基于课程标准的学科测验成绩，给各州、学区和学校的教师带来了极大的压力，一些学者提出要从这种"对学习的评价（Assessment to Learning）"中走出来，建立一种"为学习而评价（Assessment for Learning）"的评价体制。他们提出以下列价值观作为这种评价体制的主要基础，并认为这两种评价的目的是不同的，见表 2.1 和表 2.2。②

---

① Rudy Crew, Paul Vallas & Michael Casserly (2007). *The Case for National Standards in American Education*. Http: //www.edweek.org/ew/articles/2007/03/05/26crew.h26.html. 2007-04-08

② Stephen Chappuis, Richard J. Stiggins, Judith Arter, and Jan Chappuis. *Assessment For Learning*. Portland, Oregon: Assessment Training Institution, 2005, 24—33

表 2.1　“为学习而评价”的价值观基础

序号	价值观
1	学校的使命是在最大限度上使学生达到具体的学业成绩标准。
2	所有学生都能够学习，但学习的速度和最终达到的水平是不同的。
3	评价能促进所有学生的自信与乐观，以及继续学习的意愿与能力。
4	学习的动力来自学生自身。
5	教师的正确干预和学生的体验能提高学生的学习能力。
6	社会要理解并支持正确的评价实践。

表 2.2　评价目的的差异

评价者	为学习而评价	对学习的评价
学生	● 我有提高吗？ ● 我知道它对成功的意义吗？ ● 我下一步该怎么做？ ● 我需要什么样的帮助？	● 我达到了我应该达到的水平了吗？ ● 我有能力成功吗？ ● 学习值得这样努力吗？
教师	● 这个学生需要什么？ ● 这些学生需要什么？ ● 我该对我的学生如何分组？ ● 我教得太快了？太慢了？太多了？还是不够多？	● 在通报测试成绩时我会在哪个等级？ ● 学生需要什么特别的帮助？ ● 我要告诉家长什么？
家长	● 我们在家可以做些什么以帮助学生学习？ ● 我的孩子在学习新东西吗？	● 我的孩子跟得上吗？ ● 老师工作得好吗？ ● 这个学校（学区）好吗？
校长		● 教学提高学生的测试成绩了吗？ ● 学生准备好就业或是升学了吗？ ● 为提高测试成绩，该如何分配学校的资源？
学区行政官员		● 我们的教育项目使测试成绩提高了吗？ ● 每个学校都取得比较好的测试成绩了吗？ ● 哪些学校需要额外的资源？ ● 为提高测试成绩，该如何分配学区的资源？

续　表

评价者	为学习而评价	对学习的评价
州教育部		● 州里的教育项目使测试成绩提高了吗？ ● 每个学区都取得比较好的测试成绩了吗？ ● 谁达到了 AYP 的要求？谁没有达到？ ● 为提高测试成绩，该如何分配学区的资源？
公众		● 我们的学生达到社会对他们提出的要求了吗？

“为学习而评价”的观点试图从学生本身个性更全面的发展寻求评价体制的重新规定。虽然他们的很多具体策略并没有能完全摆脱法案所要求的问责机制，但他们的主张已经体现了要把评价的关注点从学校、学区和各州的外部绩效转移到学生的内部发展上面来，这种转移与课程政策的自由主义价值取向是密切联系的。

另一种更为彻底地体现要求课程政策向自由主义取向转变的观点，是提出在课程改革中要重新考虑“全人发展”的内涵。这种观点认为，《不让一个儿童落后法案》造成了课程实践过于集中强调测试某些科目，导致其余学科教学的缺失和教学中的死记硬背；然而，如果对其他因素不加以强调，那么学生学业成绩的提高是不可能的，因为学生的学业成绩不仅仅与知识、技能的获得相关，还与身体健康、人身安全和智力的发展有着紧密的关系。

美国课程开发与视导协会（Association for Supervision and Curriculum Development，简称 ASCD）于 2007 年 3 月发布了报告《学习契约的重新界定：号召行动起来》（*The Learning Compact Redefined*：*A Call to Action*），明确提出要把“全人（whole child）发展”置于学校教育的中心，号召以此重心的转移来克服当前学校课程的单一性，并改变已有课程政策的价值取向，改变仅仅以测验分数来衡量学生学业成就的做法。[①] 由此，报告提

① Vaishali Honawar (2007). *Curriculum-Development Group Urges Focus Shift to Whole Child*. Http: //www. edweek. org/ew/articles/2007/03/26/29ascd. h26. html. 2007－04－08

出，学校必须要提供“富有挑战性①和参与性②”的课程，同时认为学校课程的变革需要与学区、社区和政策制定者共同努力。总的说来，该报告认为《不让一个儿童落后法案》所要求的绩效责任制是与学生个性的自由发展相背离的，它造成了事实的对学生发展的理解偏差。所以，课程开发与视导协会的这一报告不仅在于号召包括政策制定者在内的全社会对这一问题引起高度重视，而且体现了试图通过影响课程政策价值取向的根本性转变以实现每个学生个性的自由发展。

二、课程政策价值取向的发展趋势

尽管对于既有的课程政策价值取向存在诸多争议，也有不少替代性的方案建议，然而，对于国家层面主导的课程政策价值取向的发展而言，原有的保守主义价值和效率主义价值取向得到了进一步的加强。

首先，布什政府出台的其他政策强化了《不让一个儿童落后法案》中所包含的保守主义和效率主义价值取向。2006 年 2 月 2 日，布什总统在白宫正式签署《美国竞争力计划——在创新中引领世界》(*American Competitiveness Initiative*: *Leading the World in Innovation*)。该计划指出：美国的经济强势地位和国际领导地位在很大程度上依赖于国家的竞争力，而竞争力依赖于科学研究、教育体系和良好环境的推动。因此，为保持美国在世界经济中的优势，有必要采取相应的措施。计划认为，虽然《不让一个儿童落后法案》已经在学生的数学和阅读方面取得了一些成就，但是如果要发挥学生的全部潜力，还需要寄希望于通过实施一系列的开拓性项目。在这些项目中包括了“小学生现在就学数学”项目、“初中生现在就学数学”项目，以及将科学评估纳入《不让一个儿童落后法案》，“旨在加强问责，确保孩子们正在学习必要的知识技能以成为 21 世纪成功的劳动者”。③ 布什总统的《中学改革计划》(*High School Reform Initiative*)向各州提供固定资金，确保高中文凭成为所有高中生——无论他们是进入劳动力市场还是进入高校继续深造——获得成功的“门票”。这一计划将在高中引入高标准和问责

---

① 指课程超越于“基础学科”的平衡而广泛的课程，以培养学生的全球意识，财政的、经济的和企业家的素养，公民素养，健康和生活技能等。参见 Http://www.wholechildeducation.org/challenged/

② 指要求教师使用诸如合作学习、项目为本的学习等多样的学习策略，使学生有机会参与多样的课外活动和面向社会的实践。参见 Http://www.wholechildeducation.org/engaged/

③ 赵中建.创新引领世界——美国创新和竞争力战略.上海：华东师范大学出版社，2007,22

制，使高中的学业目标和成绩与《不让一个儿童落后法案》联系起来。[①] 在美国联邦教育部2007年3月公布的《2007—2012年战略计划》中，提高学生的阅读和写作成绩、提高学生在数学和科学方面的水平，是该战略计划所提出的教学目标之一。[②] 2008年4月，美国教育部部长玛格丽特·斯佩琳(M. Spellings)签署发布了教育专题报告——《国家承担起责任：〈国家在危急中〉发布25年后》(*A Nation Accountable: Twenty-five Years after A Nation at Risk*)。虽然报告认为25年前《国家在危急中》所提出的令人担忧的状况很多还是没有太大的起色，但是报告肯定了之后的标准与问责运动，肯定了《不让一个儿童落后》法案的基本精神，并号召"百尺竿头，更进一步"。[③] 这无疑为继承和加强课程政策的保守主义和效率主义取向方面又添加了一个筹码。

其次，美国新任总统奥巴马(B. Obama)在大选期间就表明他非常支持《不让一个儿童落后》法案，他相信该法的目标是正确的，并认为该法案在过去没有得到联邦充足的资金，而他将努力提高其要求的考试质量，以实现该法案"未完成的承诺"。[④] 2009年2月17日，奥巴马签署了《2009美国振兴与再投资法》(*The American Recovery and Reinvestment Act of* 2009)，为新的一轮教育改革打下基础。其重要内容之一是采取措施鼓励各州通过实施标准与评价，确保中学毕业生为升入大学或走向职业生涯做好准备。[⑤] 2009年3月10日，奥巴马在拉美裔全美商会上发表讲话，提出美国教育改革的五大支柱，其中之一是要结束学校中的低效竞争，代之以鼓励更高标准和评价的积极竞争。他指倡导各州通过世界级的课程标准，要求针对学生低水平的考试分数实行强硬的、明确的标准，同时他明确指出："这就是我们今年晚些时候所要做的，我们将最终使得《不让一个儿童落后》法案名副其实——不仅仅通过让教师和校长得到他们想要的投入，而且要让这些投入

---

① U. S. Department of Education (2006). *Answering the Challenge of a Changing World Strengthening Education for the 21 st Century*. Http://www.ed.gov/about/inits/ed/competitiveness. 2009-08-08

② 王盈.全球化背景下美国基础教育政策的战略调整.世界教育信息，2008(12)：16

③ U. S. Department of Education (2008). *A Nation Accountable: Twenty-five Years After A Nation at Risk*. Http://www.ed.gov/rschstat/research/pubs/risk25.html. 2009-08-08

④ 戴伟芬.美国新一届总统的教育理念和政策.世界教育信息，2009(2)：24

⑤ U. S. Department of Education (2009). *The American Recovery and Reinvestment Act of* 2009. Http://www.ed.gov/policy/gen/leg/recovery/factsheet/overview.html. 2009-11-07

与成效挂钩。……这就是为什么我们在美国的学校栽种一种新的叫做‘问责制’的作物……的原因。”①

种种迹象表明，美国当前的课程政策将继续朝着加强保守主义和效率主义价值取向的方向前进。这是美国国家发展的整体策略的要求，课程的外在功能正好契合了国家发展的需要，故而在课程政策的制定中，以保守主义价值取向和效率主义价值取向为引领就是必然的选择。不过，不容忽视的是，由于进步主义教育运动在美国教育实践中所形成的关注儿童个性自由发展的传统，②自由主义价值取向还是在课程政策的制定中起着一定的作用，在当前的课程政策中对于不同文化背景学生的“公平”与“多元发展”也在一定程度上受到关注，这可以说明课程的内在功能没有被课程政策的制定者所忽略。但是，我们也清楚地看到了，三种价值取向在美国现行的课程政策中相混合，不过它们在其中的地位却是不一样的。这给我们提出了一个值得思考的问题：什么样的课程政策才能满足国家和个人发展的共同需要？这其中，恐怕处理好维护国家的持久发展与培养身心自由发展的个人之间的关系是课程政策制定中的关键问题。

---

① [美]贝拉克·奥巴马. 奥巴马谈美国教育改革的五个支柱. 王永康译. 基础教育参考，2009(4)：22

② 任长松. 如何看待对《不让一个孩子掉队》的质疑与批评. 比较教育研究，2009(2)：40—43

第三章 20世纪80年代以来英日俄课程政策的价值取向

第一节　英国课程政策的价值取向

20世纪80年代以来，英国课程改革政策的核心是实施“全国统一课程”(National Curriculum，又译“国家课程”)。在《1988年教育改革法》中，实施“国家课程”的政策被正式提出；这之前经历一个较长的政策酝酿时期。之后，针对这一政策在实践中出现的问题，“国家课程”又被作出一些调整。总体上，“国家课程”政策是20世纪80年代以来英国改革课程政策的集中体现，因此对“国家课程”政策的价值取向进行深入分析，便于我们更加深刻地理解当前英国的课程政策。

一、实施“国家课程”政策的原因及其酝酿过程

(一) 实施“国家课程”政策的原因

首先，实施“国家课程”政策是基于经济的原因。英国长期以来的经济繁荣在20世纪60年代末似乎走到了尽头。70年代初，国际固定汇率机制的土崩瓦解加大了经济的变数，1973年又爆发了世界性的经济危机，使英国经济遭受了重大打击。原来曾辉煌一时的英国在经济和科技上实力的下降，导致其不仅在欧洲国家中失去主导地位，而且在全世界面临着更大的压力和挑战。因此，在英国政府看来，要战胜世界上的竞争对手，就需要使本国的儿童和青少年受到良好的教育和训练。当时，英国政府和社会各界人士都认为，面对日趋激烈的世界竞争以及越来越快的时代变化，倘若英国学校教育不能为学生今后面对现实世界的生活做好准备，那么对儿童和国家

都将是有害的。因此,英国“国家课程”政策出台的一个重要原因,是为加强英国在世界上的经济竞争力。于是,政府把越来越多的注意力投向教育领域。

其次,在经济滑坡需要教育加强的同时,英国公众却开始对学校的教学质量和教师的素质产生严重的信任危机。一个重要的原因是人们普遍认为学校教育未能使学生做好参加工作的准备,所培养出来的学生令人感到十分失望。面对社会各方面的压力,英国政府开始逐渐加强对教育的外部控制,也开始意识到课程改革是提高教育质量的关键。1983 年英国公布了一份报告,比较了英格兰和当时的西德学生的数学成绩标准,比较的结果是,西德的能力处于后 50%的学生达到的水平相当于英国整个能力范围的学生取得的平均水平。此外,还有许多其他学生成绩的国际比较也显示出,英国学校在国际成绩名次表上的排名并不靠前。① 英国政府认识到:“在过去的三十多年里,我们建立并发展了学校体制,无论初等教育和中等教育都有明显改进。对于越来越多的艰难任务,很多学校完成得不错,有些完成得很好。但是,有些学校还存在一系列弱点,有些还很严重。政府认为,现在我国的学生取得的平均成绩,既没有达到应当达到的标准,也不能适应面对 21 世纪世界的需要。”②这更加大了英国政府监控教育质量的决心。

第三,长期以来,英国没有全国性的课程和教学大纲,教师在历史上一直享有比任何其他国家的教师更大的自治权。③ 正如丹尼斯·劳顿(D. Lawton)曾指出的:“英国的教师比世界其他地方的教师有更多的‘自由’,在决定教什么方面尤其是如此。在英国,没有从中央当局方面强加给学校的课程。”④教师的这种自治权主要体现在课程设置、教材和教学方法选用等方面,各个学校在课程设置和安排上一直沿袭着各自为政的传统。全国统一的课程似乎不是“不列颠的做事方式”⑤。因此,直到进入 20 世纪 80 年代,英国仍是整个欧洲唯一不设置国家统一课程的国家。这种情况引

① 陈霞. 英国 1988 年以来的国家课评价政策述评. 外国中小学教育,2003(5):2

② 吕达,周满生. 当代外国教育改革著名文献(英国卷·第一册). 北京:人民教育出版社,2004,4

③ [英]约翰·怀特著. 再论教育目的. 李永宏等译. 北京:教育科学出版社,1997,174

④ [英]丹尼斯·劳顿等著. 课程研究的理论与实践. 张渭城等译. 北京:人民教育出版社,1985,1

⑤ Clyde Chitty. The School Curriculum: From Teacher Autonomy to Central Control. In Clyde Chitty. *The National Curriculum: Is It Working?* Essex: Longman Group UK Ltd., 1993,1

起了英国政府和教育界人士的思考。由于教师自主开发的课程内容缺乏统一性，即便学生不转校，同龄的学生在不同学校学到的知识差异也很大，这造成了学生学习机会的不平等；①而且，与欧洲其他发达国家相比，英国学生整体上成就水准很低，教师对学生学业能期望也过低，没有达到他们应该而且可能达到的“成就目标(attainment targets)”。同时，因为国家没有统一的课程要求，所以学校原有的课程往往面很窄，开设得也不够平衡——造成学生往往根据自己的兴趣放弃了一些重要学科，例如很多男生在16岁之前放弃了现代语言，很多女生放弃了理科。针对这样的课程状况，政府认为如果实施全国统一课程，便可保障所有的学生接受一种面宽的、平衡的、符合一定标准的良好教育，使学生更好地为承担以后的责任和就业做好准备。② 而在70年代的教育大辩论之后，当时很多学校也都意识到：教师无论怎样认真地进行选择以提供平衡的课程，都不可能导致学生获得相关的经验或提供他们需要的所有机会。③

第四，实施“国家课程”也有政治的需要。为了谋求国际舞台上更大的政治空间，英国在1973年加入欧洲共同体；而为实现欧共体内最大的市场流通，设置技术性贸易壁垒，1986年2月由欧共体12国政府首脑正式签署了《单一欧洲法令》，并于1987年7月1日正式生效，其中含有大量的技术法规方面的条款。从1987年起，欧共体在其新标准和统一标准的基础上先后通过了二十多项有关产品技术标准的指令以及安全方面的指令，主要涉及卫生标准、安全标准、劳保标准、环保标准、社会标准、合格评定等方面。因此，处于欧共体内部的英国想要获得更大的方便和利益就要采纳这些标准，而在教育内部设立统一的考试标准、统一的课程，可以使劳动力的受教育程度、证书、资格等问题在整个欧共体内部得到承认。④ 也就是说，撒切尔夫人(M. Thatcher)执政以后，保守党面临着“欧共体”共同市场的竞争，如果不搞“国家课程”，就无法与其他欧盟成员国在教育上“接轨”，也无法提高英国学校教育的整体质量。另一方面，实行“全国统一的课程”也可以削弱长期以来在选举中一直支持工党的教师和大多由工党控制的地方教育当局，进而讨好和争取另外一大

① Ivor F. Goodson. *Studying Curriculum*. Buckingham：Open University Press，1994，97

② 石伟平. 关于英国《教育改革法草案》的若干问题. 外国教育资料，1988(6)：14

③ 汪霞. 国外中小学课程演进. 济南：山东教育出版社，1998，240

④ 吕立杰. 国家课程设计过程研究——以我国基础教育“新课程”设计为例. 北京：教育科学出版社，2008，22—23

选民群体——学生家长的支持。[①]

（二）"国家课程"政策的酝酿过程

英国的"国家课程"政策经过了一个长达十多年的酝酿讨论过程。1976年，在卡拉汉首相的指示下，教育和科学部出版了名为《英格兰的学校教育：问题和倡议》（*School Education in England*：*Problems and Initiatives*）的黄皮书，对当时的教育提出了批评，并提出了设立一个全国性的统一课程等一系列建议。[②] 黄皮书对课程问题的关注和后来卡拉汉演讲以及大辩论的主题是一致的。事实上，政府基本的思路是要加强对学校教学和教师进行外部控制，并希望通过设立全国统一课程和核心课程以及加强考试机构的调控来达到这个目的。[③] 为了进一步表明实施国家统一课程的构想，皇家督学团先后在 1978 年、1980 年发表了《11—16 岁的课程》（*Curriculum 11—16*））和《关于课程的看法》（*A View of the Curriculum*），建议设置一套能使学生接触某些领域经验的共同课程，包括审美与创造、伦理、言语、数学、体能、科学、社会与政治、精神等 8 个方面。相应地，在中学开设的共同课程为：英语、数学、现代语、科学、宗教教育与社会、艺术/工艺/音乐、生涯教育、体育活动。这是皇家督学团对于"国家课程"政策形成的重要贡献。[④] 上述作为课程基础的八个领域的知识与经验，到 1985 年被拓展为九个领域——增加了"技术"，并把"社会与政治"替换为"人文与社会"。[⑤] 同年，教育和科学部及威尔士教育局发表了题为《学校课程的一种框架》（*A Framework for the School Curriculum*）的咨询性文件，提出了"核心课程（core curriculum）"的概念，[⑥]认为英语和数学应该是整个义务教育每个学生都要修习的科目；此外，科学、宗教教育和体育被认为是义务教育阶段学生必须

---

① 于忠海．英国课程改革中的官僚主义与专业主义矛盾的历史反思．外国中小学教育，2007(4)：25

② Clyde Chitty. *Toward a New Education System*：*The Victory of the New Right*? London, New York & Philadelphia：The Falmer Press，1989，74—86

③ 张廷凯．战后英国课程改革与发展的历史考察．比较教育研究，1997(3)：30

④ Clyde Chitty. *Toward a New Education System*：*The Victory of the New Right*? London, New York & Philadelphia：The Falmer Press. 1989，111—115

⑤ Gordon Kirk. The Growth of Central Influence on the curriculum. In Rob Moore & Jenny Ozga. *Curriculum Policy*. Oxford：Pergamon Press. 1991，23

⑥ Clyde Chitty. The School Curriculum：from Teacher Autonomy to Central Control. In Clyde Chitty. *The National Curriculum*：*Is It Working*? Essex：Longman Group UK Ltd.，1993，9

修习的科目。①

1981年,英国教育和科学部发布题为《学校课程》(*The School Curriculum*)的文件,表达了与皇家督学团同样的对课程规划地关注。② 该文件指出,学校课程是教育工作的核心,中央政府和地方当局不仅要提供教育设施,而且要关心教育的内容和质量。在此文件中,中央政府第一次明确提出课程目标和中学应开设的课程的建议,③要求16岁以前的学校课程中英语、数学和科学三门学科的教学必须是充分的、时间安排合理的,并且还要有足够的时间安排外语教学;基于此,文件提出了各科教学的"最小时间限制"。④ 这被认为是政府对"国家课程"框架的第一次明确陈述。⑤ 随后,在1982年,政府解散了一直由教师控制的全国性组织——"学校课程和考试委员会"(Schools Council for Curriculum and Examination),取代它的是"学校课程编制委员"(Schools Curriculum Development Council)和"中学教育考试委员会"(Secondary Education Examination Council)。在这两个新成立的机构中,教师代表只占少数。⑥ 1985年3月,英国教育科学部、威尔士事务部向议会提交了《把学校办得更好》(*Better Schools*)白皮书,展现了政府进行课程改革的"两个渠道——课程与评价"。⑦ 该白皮书提出,学校的课程设置需具备"广博性、平衡性、相关性和因材施教"的特点,且以新的中等教育普通证书考试(GCSE)取代普通水平的普通教育证书考试、中等教育证书考试和16岁后的统考。⑧ 英国教育和科学部进而于1987年7月又发表一份题为《国家统一课程(5—16岁)》(*The National Curriculum* 5—16)的咨询文件,提出了统一的国家课程方案,包括十门基础学科,其中三门(英语、数学和科学)是"核心"课程,现代(外)语(不在小学设)、技术、历史、

① 王承绪,徐辉主编.战后英国教育研究.江西:江西教育出版社,1992:78.

② Clyde Chitty. *Toward a New Education System: The Victory of the New Right?* London, New York & Philadelphia: The Falmer Press,1989,119

③ 邱美琴.转型期英国教育改革的集权化趋向及其启示.当代教育科学,2007(5—6):70—73

④ Clyde Chitty. The School Curriculum: From Teacher Autonomy to Central Control. In Clyde Chitty. *The National Curriculum: Is It Working?* Essex: Longman Group UK Ltd. 1993,9—10

⑤ Gordon Kirk. The Growth of Central Influence on the curriculum. In Rob Moore & Jenny Ozga. *Curriculum Policy*. Oxford: Pergamon Press. 1991,24

⑥ R.柯文著.一九四四年以来的英国教育改革.石伟平译.外国教育资料,1991(2):22

⑦ Clyde Chitty. *Toward a New Education System: The Victory of the New Right?* London, New York & Philadelphia: The Falmer Press. 1989,121

⑧ 吕达,周满生.当代外国教育改革著名文献(英国卷·第一册).北京:人民教育出版社,2004,6—8

地理、艺术、音乐、体育为其他的全国统一课程；①并建议为7岁、11岁、14岁、16对的儿童设立针对每一学科的"成绩目标"，以及包含与时代需求相关的知识、技能和过程的、相应的"学习计划"，并安排相应学龄水平的考试来对学校质量进行检验。② 这份咨询文件发表后在全国范围内引起了广泛的讨论，国家统一课程的政策得到了多数人的认同和支持。③ 由此，以国家课程方案为核心的课程改革的舆论和政策准备已初步完成，为在中小学实施国家统一课程成为《1988年教育改革法》最重要的内容打下了基础，从而打破了以往教育法案从来不对学校课程作出具体规定的惯例。

二、"国家课程"政策及其价值取向分析

(一)最初的"国家课程"政策之主要内容

1988年7月29日英国颁布了《1988年教育改革法》。这是继《1944年教育法》之后英国最重要的教育修正法案，有关公立学校课程设置、考试和评定等内容的变革构成了该修正法案的主要内容。该法案正式提出要变革学校原有的课程，代之以新的"国家课程"——从1989年9月23日始逐步实行基础教育阶段的全国统一课程计划，从而成为英国学校课程发展的一个重大转折点。在该法案第一部分"学校"的第一章"课程"中，集中阐述了关于设置"国家课程"的相关政策：④

——法案要求公立学校的课程是一种平衡和基础广泛的课程，能促进在校学生在精神、道德、文化、心理和身体方面的发展，并为学生在以后的成人生活中获取机会、责任感和经验方面作准备。这一要求承袭了《把学校办得更好》白皮书中所阐述的公立学校课程设置的目的。

——在具体的课程设置中，公立学校的课程除了为所有学生开设的宗教教育外，其主体部分是"国家课程"，包括数学、英语和科学3门核心学科

① Gordon Kirk. The Growth of Central Influence on the curriculum. In Rob Moore & Jenny Ozga. *Curriculum Policy*. Oxford: Pergamon Press. 1991, 31

② R.柯文著. 一九四四年以来的英国教育改革. 石伟平译. 外国教育资料，1991(2)：22

③ 单中惠. 当代英国基础教育政策及其影响浅析. 外国教育研究，2007(2)：31—34

④ 吕达，周满生. 当代外国教育改革著名文献(英国卷·第一册). 北京：人民教育出版社，2004，150—156

(core subjects),以及历史、地理、技术与设计、音乐、艺术、体育和现代外国语(中学)7门基础学科(Foundation Subjects)。

——课程应包含具有法律效力的成绩目标(attainment targets)、学习计划(programs of study)和评定安排(assessment program),即要求规定不同能力、成熟程度的学生在每个主要年龄阶段结束时(5—7岁、7—11岁、11—14岁、14—16岁,即四个"关键阶段")分别应该掌握的各学科的知识、技能、理解力的明确目标,不同能力、成熟程度的学生在每个年龄阶段需要接受的事实、技能和活动,以及为了解学生在各主要阶段的成绩目标方面所达到的成绩而在每一个主要阶段结束或临近结束时对他们的评定安排。

——设立全国课程委员会及学校考试和评定委员会。前者的职能是:(1)对公立学校的课程设置进行全面审查;(2)在国务大臣提及或该委员会认为适当之时,就公立学校的课程问题向国务大臣提供咨询;(3)就学校课程设置的改革计划向国务大臣提供咨询,并根据国务大臣的要求协助他执行这些改革计划。后者的职能是:(1)全国审查考试和评定工作;(2)在国务大臣提及或该委员会认为适当的时候,就有关考试和评定的事宜向国务大臣提供咨询;(3)就有关考试和评定工作的改革计划向国务大臣提供咨询,并根据国务大臣的要求协助他执行这些改革计划;(4)出版和传播考试与评定工作方面的信息,以及协助这方面信息的出版和传播;(5)为调节评定安排中的评定工作作出适当的机构安排等。

此外,在《教育改革法案》的其他章节,该法还解除了家长为子女选择学校的人为限制,实行"开放入学",原来的总体上由地方教育当局规划入学人数的做法被家长择校所形成的"不可预测的体制"所替代。[①]家长可以自由选择学校,学校经费与招生人数挂钩。这样,学校就被纳入了某种形式的市场竞争机制中。学校必须取得好的名次,才有可能招收到更多、更好的学生。名次差的学校可能会因无人报考而被迫关门。[②] 实际上,法案是鼓励家长更加紧密地介入学校课程的运作,使家长承担更大的监督责任。同时,该法规定,任何由地方教育当局管理的郡立学校或民办学校,经家长投票同

① Rhys Griffith. *National Curriculum*: *National Disaster*? London and New York: RoutledgeFalmer,2000,10

② 何树.二战以来的英国中等教育改革.读书,2001(12):27

意和提出申请，并经教育大臣批准，即可脱离地方教育当局的控制，成为中央"直接拨款学校"。设立直接拨款学校的目的在于通过减少学校在财政上对地方教育当局的依赖来削弱并进而摆脱地方教育当局对学校的控制，同时又能加强中央在宏观上对基础教育的控制，[①]使"国家课程"政策能够更好地实施。

(二)"国家课程"政策的进一步发展

在《1988 年教育改革法》通过以后，应该说"国家课程"政策是逐步推行的。从 1989 年起，第一年先在小学一年级的数学、科学和英语三门课程，以及初中一年级的数学和科学两门课程中采用新制订的统一的教学目标和学习纲要。这样，一直要到 1994 年新制订的各学科的统一的教学目标和学习纲要才能基本上在各年级得到实施。统一考试则是从 1990 年起先后在 7 岁、11 岁、14 岁、16 岁各年龄段推行。然而，即便是如此的逐步推行，"国家课程"政策在付诸实施两年后就陷入了困境。在 1991—1992 年间，英国皇家督学团也曾进行过广泛的考察，发现"国家课程"的考试制度导致了教学和评价之间的关系发生了扭曲，很明显地出现了"为考试而教学"的现象，使学生的发展乃至整个基础教育受到了很大损害。

"国家课程"政策实施遭遇困境的原因是多方面的。首先，由于有些学科所制订的教学目标和学习纲要要求过高，内容过多、过难或过于复杂，或是缺乏严密性和规范性。因而，造成学生课业负担过重，尤其是在小学阶段。其次，在"国家课程"中，精神的、道德的教育，还有在英国被视为具有重要意义的宗教教育，普遍遭到了忽视。[②] 第三，对统一考试的非议，特别是对于 7 岁儿童的考试办法。持不同意见者认为，义务教育阶段的 4 次统考容易给儿童带来沉重的心理负担，而要求 7 岁儿童接受全国性考试，无疑会导致学习内容狭窄、死记硬背、不加理解、忙于应付考试，不利于儿童身心全面发展，过早地把儿童引导到正规的语文和数学技能学习上，这是不适宜的；小学生需要更多的探索和实践课程，为以后的学习奠定基础。[③] 第四，教师的不满。一方面，与传统的教师自主设计课程不同，"国家课程"显得对

① 易红郡. 英国保守主义政治思潮及其对教育改革的影响. 华东师范大学学报(教育科学版)，2008(9)：90

② 江山野. 英国实施"国家课程"和新考试制度中出现的问题. 课程·教材·教法，1995(3)：59—60

③ 袁桂林. 英国 1988 年教育改革法案述评. 外国教育研究，1989(1)：49—50

学校课程的规定过于具体,[①]它从细节上规定了应该教什么、学什么以及测验什么。[②] 因此,教师要全面执行国家课程标准,工作量必须增加到每周 50 小时以上,其中十分之一的教师要达到每周 60 小时。教师们认为国家课程降低了他们的职业感,他们的工作处于一种重压之下。另一方面,政府把考试成绩差归因于学校和教师,而没有考虑到学校和学生家庭所处的社会经济环境很可能是导致一些学生学业失败的直接原因,更是增加了教师的心理压力。[③]

针对"国家课程"政策的困境,教育大臣不得不宣布要对"国家课程"进行修订,集中考虑和解决精简"国家课程"、简化考试工作、改进相应管理等问题。1994 年初,英国出台了相应的修正措施:(1) 裁减全国统一课程的内容,简化考试科目,在 7 岁和 14 岁考试科目仅限于三门核心课程;将考试时间和教师相应的工作量削减一半;(2) 取消 7 岁和 14 岁学生的考试成绩排行榜,同时改进其他考试成绩排行榜的公布方式。[④] 修正措施的主旨基于认为应该有一个更加简单、规定更加宽松的国家课程,而且现行的课程内容应是可选修的,国家课程中每一门学科的法令应加以修改,把内容分为必须教授的和可以由教师自行决定的部分;同时,赞成使用所谓的"价值增值"的评价方法("value-added" assessment methods)作为评价学校表现的一种手段。因为原来只考虑考试原始数据的排行榜过于简单、机械,没有将学校与学区的表现与其所在社区的社会经济环境相联系,没有考虑它们在一年内所取得的进步,当局希望通过设立增值指标改变教师对全国统一考试的态度。[⑤] 可以说,这是对 1988 年最初的"国家课程"政策作出重要调整的开始。

1997 年布莱尔(Tony Blair)新工党政府成立以后,对于"国家课程"政策的调整工作继续进行。布莱尔上台后不久即 发布了一部长达 84 页的白皮书——《学校中的优异》(*Excellence and Schools*),将其作为新工党政府的早期教育议程。白皮书指出,提高标准将是一个漫长而艰巨的过程,优质

① Peter Ribbins. Telling Tales of Secondary Heads. In Clyde Chitty. *The National Curriculum: Is It Working?* Essex: Longman Group UK Ltd., 1993, 63—71

② Ivor. F. Goodson. *Studying Curriculum*. *Buckingham*: Open University Press, 1994, 105

③ 易红郡,赵红亚."撒切尔主义"对英国教育改革的影响.外国教育研究,2003(2):14

④ 汪利兵.九十年代以来英国中小学教育改革的新进展.比较教育研究,1995(6):8

⑤ 钟启泉,张华.世界课程改革趋势研究(中卷).北京:北京师范大学出版社,2001.367

的教学是提高标准的关键。[①] 1999年9月9日，英国教育大臣宣布，英国中小学将从2000年9月起开始实施新的国家课程，亦称“课程2000”。

新调整的“国家课程”在课程的整体构成上没有多大的改变，只是以新的“信息和交流技术”(ICT)要求取代了现有的“信息技术”(IT)要求，规定将ICT运用于各门学科(除第一、二阶段的理科)，通过ICT的作用促进各门学科的学习。[②] 此次国家课程调整的主要目的是要通过革新促进学校的工作，提高学生的学业成就，改善教育质量；其中大部分的调整都指向于制定更加清楚明了的教学要求，同时增强学校在依据学生和地区需求开发校本课程方面的自主权。[③] 因此，经过调整的新的国家课程比较注意统一性和灵活性的结合。一方面，它明确规定了所有公立学校教学都必须遵循的能力培养目标及等级，也对教学内容做了明确的规定——这使得课程内容具有较大的强制性和约束性；另一方面，国家课程又为学校和教师发挥积极性和创造性留下了相当大的自主决定空间，使新的国家课程方案在课程机制上更好地融入英国自身的学校自主的传统，例如对于学科教学时间的划分、对于如何组织学科教学等没有法定要求，学校可以根据自身的实际决定有关学科开设的顺序和要求，教师有充分的余地结合自己的教学风格、教学特点采取适当有效的教学方法开展教学。

高中阶段课程的调整是“课程2000”的重要方面。英国资格与课程局(Qualifications and Curriculum Authority，简称QCA)在《课程2000指导书》(*Guidance for Curriculum* 2000)中提出了四个高中课程改革的主要目标：使学生在课程方面有更多的选择机会；将学生的学术课程学习与职业课程学习有机地结合起来；注重发展学生的关键技能；使学生能够参与数量众多、内容丰富的活动。可见，新课程考虑到了学生的个别差异，注重了选择性，以追求每一个学生的适合于自身的成功，加强了课程的灵活性和宽广性；[④]同时又设立一定的标准——高级拓展证书(AEAs)，以保证在追求

---

① 许立新.英国中小学课程与发展(1944—2004)——课程政治学的视角.北京师范大学博士论文，2007，118—119

② 汪霞.国家课程和学校课程——英国中小学基础学科解析(之一).外国教育资料，2000(6)：14

③ 钟启泉，张华.世界课程改革趋势研究(中卷).北京：北京师范大学出版社，2001，369—372

④ 汪霞.21世纪英国高中课程取向探究.外国教育研究，2002(1)：37

平等的同时质量不至于因此而降低。①

因此，“课程2000”是“国家课程”政策在价值取向上的一次调整。之后，沿着增加课程灵活性的道路，2003年5月政府发布的《卓越与快乐》(*Excellence and Enjoyment*)概述了英国小学的发展战略，要求所有的学校都要在1997年以来取得的成就之上，达到更高标准；要继续把读写算技能置于战略的核心，并通过丰富多样和激动人心的课程，使每个科目的教学都相当出色，以多种方式促进儿童发展，而实现这一目标的关键措施在于使小学具有支配其课程的权利，使小学更具创新性，能发展自己的特色。因此，学校可基于为本校每个儿童的进步而确定的具有挑战性且比较现实的目标，确立自己的关于关键阶段2中水平4和水平5的目标。②2003年9月，英国政府又发布了题为《14—19岁：机会与卓越》(14—19：*Opportunity and Excellence*)的白皮书。该白皮书宣布了新修订的英格兰《关键阶段4国家课程方案》(*The Key Stage 4 Curriculum*)。这一新的《关键阶段4国家课程方案》主要的变化包括：新增科学项目的学习，并在2006年9月开始施行；取消对设计与技术、现代外语的强制性学习；授权学校开设新的课程领域，包括艺术、设计与技术、人文学科和现代外语；提出增加“工作导向学习”(work-related learning)的新要求，并提供了关于这一新的课程领域的非规定性指导框架。英国对关键阶段4的国家课程做出上述调整，其目的在于通过这些变革使学校能为学生提供更大的选择，同时确保他们获得以后学习和就业所必不可少的一般学习的核心知识与经验，并有助于学生发展有关各项能力的技能，如分析、问题解决、质疑和沟通。③

不过，2005年2月英国教育与技能部(Department for Education and Skills，DfES)公布的《14—19岁教育和技能白皮书》(14—19*Education and Skills White Paper*)要求确保为关键学段3(11—14岁)的教育提供更坚实的知识和技能基础，从而为关键阶段4的教育打好基础，使得学生到14岁时在基础方面达到更高的标准，获得有效彻底的教育，并且对所有课程的学

---

① 王凯. 英国“课程2000”的制定与实施. 外国教育研究，2002(9)：37

② DfES—0377—2003. *Excellence and Enjoyment*：*A Strategy for Primary School*. Http：//publications. teachernet. gov. uk/default. aspx? PageFunction = productdetails&PageMode = publications&ProductId=DfES+0377+2003&. 2009-11-12

③ 邱美琴. 转型期英国教育改革的集权化趋向及其启示. 当代教育科学，2007(5—6)：70—73

习充满热情。为了达到以上要求，《白皮书》提出“保留关键阶段3所有核心学科和基础学科，但要给学业低于预期水平的学生减少指定的内容以便他们能赶上来，并拓展能力”，同时将数学和英语作为14—19岁阶段课程的核心，认为这些能力在根本上有助于学生其他学科的学习，同时也是就业的根本。[①] 这样的规定既是对之前几个文件的支持，却也体现出与最初的“国家课程”政策基本精神的一致。

（三）“国家课程”政策之价值取向分析

《1988年教育改革法》所提出的“国家课程”是英国最初的“国家课程”。因“国家课程”的“诞生”，该法被认为是英国第二次世界大战以来最重要的教育法和最激进的一次教育变革。从“国家课程”政策的价值取向来看，这一政策体现着保守主义、效率主义和自由主义的内在张力。

“国家课程”政策保守主义价值取向的首要表现是重视特定学科、提高课程标准。该政策首先引人注目的是以全国统一的若干门学科作为各个学校必须开设的核心课程。作为国家课程的各门学科都是“基于知识”的，这些知识被认为存在于独立的时间和空间内，是价值中立的。[②] 这说明国家课程已经和20世纪60年代中期以后“关注儿童个性自由发展”的自由主义取向课程政策截然不同，已经转向重视特定学科的保守主义价值取向。尽管这种对学科的尊崇被认为一些人认为是一种“武断的”行为，[③]“国家课程”却是旨在恢复造成学生学业成绩标准下降的、在60年代被忽略的学科和基本技能教学。[④] 因此，“国家课程”政策的出台以提高标准、提高教育要求和质量为出发点，也体现了课程政策保守主义价值取向的本质特点。结合两者，我们不难发现，“国家课程”政策所基于的假设是：学科课程是提高教育质量的最佳途径，提供优质教育是课程改革的目的。

---

① 李艳.“满足每一个青年人的需要和渴望”——《14—19岁教育和技能白皮书》述评.外国中小学教育，2005(11)：10

② Rhys Griffith. *National Cirriculum*：*National Disaster*? London and New York：RoutledgeFalmer，2000，201

③ Peter Ribbins. Telling Tales of Secondary Heads. In Clyde Chitty. *The National Curriculum*：*Is It Working*? Essex：Longman Group UK Ltd，1993，60—63

④ Ivor. F. Goodson. *Studying Curriculum*. *Buckingham*：Open University Press，1994，20

“国家课程”政策的保守主义价值取向还表现在：加强中央集权，限制地方教育当局和教师的课程自主权。为使“核心”课程的设置和课程标准的提高得以实现，与之相联系的必然是削减教师在课程领域的专业自主权和地方教育当局管理课程的权限，同时加大中央对学校课程的外部控制。《1988年教育改革法》给予了教育大臣400多项新的权力，①“国家课程”取消了教师作为主要力量影响学校课程的传统自由，结束了教师自由组合课程门类、确定学科重点、设计课程内容的历史。同时，随着全国统一课程的实施。课程大纲、成绩目标和考试评价均由中央政府负责组织，而地方教育当局和学校的职责只是确保国家统一课程的实施。因此，通过“国家课程”政策，英国实际上把许多课程决策权交给了中央政府，给地方教育当局只留下了一点提供指导的权力。中央还鼓励部分学校脱离地方教育当局的控制而直接接受来自中央教育与科学部的拨款，以增强学校的独立性和自主权。“实施国家课程最显著的成效，也是最突出的特征就是英国政府加强了对课程的中央控制，使学校课程的管理朝中央集权化方向迈进。”②

“国家课程”政策的保守主义价值取向也因其效率主义的价值取向而得到加强。实施全国性的统一考试，是“国家课程”政策效率主义取向的重要体现。举行全国性统一考试的主要出发点是：(1) 便于确定所教的内容是否已经完全掌握；(2) 便于了解学生个体的学习情况以因材施教；(3) 可使学生家长得以把自己孩子的测验结果与其他班级、其他学校、其他地区乃至与其他国家学生的学业成绩作横向比较，从而有利于提高整个英国基础教育的质量。③。虽然趋于中央集权的“国家课程”的实施与以自由市场为导向的“择校”似乎不相容，但是考试的结果被列入了“比较表(League Table)”，家长根据学生的考试结果比较而作出择校的理性选择。④ 由于政府根据学生人数对学校拨款，使学生的多寡决定了学校收入的高低，促使学校在生源上竞争，激发学校不断提高教育质量，最终达到课程改革的目标。因

① Rhys Griffith. *National Cirriculum*: *National Disaster*? London and New York: Routledge Falmer, 2009, 9

② 徐学莹，黄忠敬. 当代英国中等教育的课程改革与存在的问题. 外国教育研究，1998(4)：14

③ 石伟平. 关于英国《教育改革法草案》的若干问题. 外国教育资料，1988(6)：15

④ Clyde Chitty. The School Curriculum: from Teacher Autonomy to Central Control. In Clyde Chitty. *The National Curriculum*: *Is It Working*? Essex: Longman Group UK Ltd. 1993, 14

此,“课程—统考—排行榜—择校”体系的始端和终端在中央政府,始端由中央政府控制课程,终端由中央政府支付拨款,学校、教师与家长只是中央实施指定课程的工具。所以,统一考试的执行突出了政府重视教育效率核定的价值取向,在“国家课程”政策之中起着保证与加强政策的保守主义取向的作用。评价被用来作为一种“控制”而不是一种“支持”,[①]因此看似以市场为导向、注重家长选择而减少国家干预的课程政策,在实际上是加强了中央政府的控制。[②]

很明显,《1988 年教育改革法》提出的“国家课程”以控制和效率为目标,维护着中央既定课程方案的权威:以提高教育质量为由,确立中央集权的控制职能,推行“国家课程”,确保整个课程体制改革的效率;注重“产出”,用统计资料彰显课程改革的效率;强化中央对学校和教师的直接控制,将“国家课程”作为核定公立学校及其教师效能的工具。

“国家课程”政策的保守主义价值取向和效率主义价值取向,招致了不少的批评。在著名课程学家劳顿看来,它更像官僚文件,关心的是对学校课程安排的控制而非如何改进教学质量;它的结构过于陈旧,忽视了一些重要的学习领域,如政治意识、健康教育和道德发展;教师的作用被降低至传达中央教学大纲的“日常操作工”的地位。[③] 不可否认,“国家课程”在实施中形成的一个客观事实是,它与英国学校传统的教师专业自主形成对峙。历史上,尽管地方教育当局和地方课程管理委员会会对学校课程作些基本规定,但是真正的课程决定权掌握在学校层面。每个学校可以根据自己的实际制定一套课程方案和课程的基本要求,教师则有权利选择具体的教学内容和广泛的授课空间。但是自“国家课程”实施之后,学校和教师的教学必须围绕国家课程的标准而展开。国家通过共同的课程使所有学校实际上享有共同的课程标准,虽然缩小了地区间教育质量的差异,同时还使学生在不同地区之间转学变得更加容易,但是它增加了学校和教师的责任。教师们普遍感到,学校在课程设置方面的权力和自由比以前要小很多,因为课程被规定得越是明确,教师的自主权就越小(见图 3.1)。因此,实施“国家课程”对教师的工作热情产生了一些不利影响。教师的专业活动被简化并被转化

---

① Peter Ribbins. Telling Tales of Secondary Heads. In Clyde Chitty. *The National Curriculum: Is It Working?* Essex: Longman Group UK Ltd.,1993,71—73

② 于忠海.英国课程改革中的官僚主义与专业主义矛盾的历史反思.外国中小学教育,2007(4):26

③ 石伟平.劳顿论当前英国课程改革.外国教育资料,1995(3):28

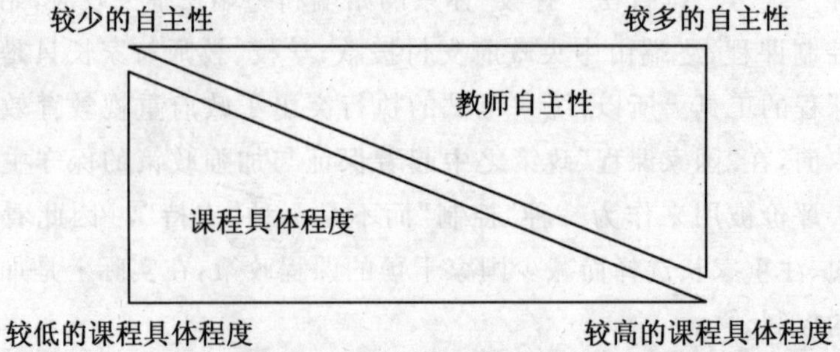

图 3.1　教师的自主权与课程的具体程度①

为传达中央的教学大纲,课堂活动被日益标准化和规范化,教师的自主性受到严重的制约,教师只是成为核定课程效能的工具而非推动课程改革的源泉和动力。大部分教师认为课程改革只是为了削弱其在课程中原有的地位,因而产生了抵触和抗争的情绪。

由于"国家课程"政策较强的保守主义价值取向和效率主义价值取向的共同作用,政策的自由主义取向式微了。虽然从某种角度看,"国家课程"是实际上的共同核心课程和课程标准;也因为此,"国家课程"得到一部分人的赞同,认为"国家课程"重视了所有儿童获得平等的受教育的机会,提供了与义务教育目的和目标尽可能一致的 5—16 岁儿童的课程体系,也能使公立学校通过共同的课程传递共有的文化。② 不过,这些"核心"课程却因中央确定的目标、大纲与评价没有能为儿童提供"共同文化",或充其量只是"部分"的"共同文化","国家课程"的公平性也因此而打折扣。另一方面,家长"择校"本基于公平,且意在"关注儿童个性自由发展",并通过把个人的选择权和受教育的责任都交还给个人,从而摆脱对国家的依赖,但是要选择好的学校,家长需要依据某种信息,而在"国家课程"的实施过程中,这种信息通过国家统一考试来提供的,学生在各主要学习阶段结束时须进行考试,即"7 岁考试"、"11 岁考试"、"14 岁考试"和"16 岁考试"。为使公众了解一所学校和一个地方教育当局的成绩,考试成绩将公布于众,考试的结果形成"学校排行榜"(即 league table),家长根据排行榜上的学校名次而做出最佳选择。因此,随着统一考试的推行,考试体系变成了主要的学生评价方式,这

① David Squires. *Aligning and Balancing the Standard-based Curriculum*. Thousand Oaks, California: Corwin Press, 2005, 6

② 张廷凯. 战后英国课程改革与发展的历史考察. 比较教育研究, 1997(3): 32

种情况的唯一解释就是考试计划的主要目的不是为了促进教育进步，而是进行课程控制。[①] 与此同时，家长“择校”事实上成为“国家课程”政策实施过程中用以评价学校绩效的工具和杠杆，与美国的情况相似，它最终背离了自由主义价值取向而最终走向效率主义价值取向，且为保守主义价值取向呐喊助威。这就如劳顿所言的那样，“假如教学效能核定被解释成学校间的更大竞争，那么，加强教学效能核定的思想是与平等主义的理由不相容的。而这些正是最终发生的”[②]。

由此可见，总的说来在《1988 年教育改革法》中最初提出的“国家课程”政策明显以保守主义和效率主义价值取向为主导，体现出此两者与自由主义价值取向之间的矛盾性。有学者认为，这种矛盾性来自“撒切尔主义”。因为《1988 年教育改革法》贯穿着撒切尔主义的两个指导思想：一方面，在教育中推行新保守主义的文化右翼纲领——强调教育中的标准、传统、秩序、权威和等级制度，比如实行全国统一课程和全国统一考试等的教育国家化措施；另一方面，增强了教育中的市场经济成分，比如实行学校自治、多样化与选择以及教育私有化等的教育自由化措施，[③]通过竞争，学校将产生优胜劣汰，差学校最终将被关闭。

在梅杰政府时期，撒切尔时代的国家课程政策得到进一步的延续——除了在课程和评价机构上做出了一点改变之外，几乎没有什么新的建树和课程创新之举。[④] 不过，从 20 世纪 90 年代初对“国家课程”政策所作的调整来看，笔者认为，课程政策的价值取向在总体上虽没有大的变化，但是价值取向之间的矛盾状态有了少许的缓和，或者说是开始有了缓和，即开始削弱了保守主义和效率主义的价值取向，从而使自由主义价值取向有了进一步发展的空间。到了布莱尔政府时期，课程改革遵循“第三条道路”[⑤]思想的影响，强调政府调控与市场机制之间的平衡、经济发展与社会公正之间的

① A. V. Helly. *Curriculum：Theory and Practice*(*Fifth Edition*). London：SAGE Publications，2004，136

② [英]D. 劳顿. 1988 年以来的英国“国家课程”. 华东师范大学学报(教育科学版)，1996(4)：49

③ 易红郡. 撒切尔主义与《1988 年教育改革法》. 湘潭大学社会科学学报，2003(7)：24

④ 许立新. 英国中小学课程与发展(1944—2004)——课程政治学的视角. 北京师范大学博士论文，2007，110

⑤ 是指一套适应当代科技、经济、社会、阶级、环境等在知识经济时代中全球性变化的“中间偏左”的民主社会主义政治哲学，它超越了传统右翼政党信守的自由竞争思想和传统左翼政党主张的国家干预主义，主张建立既强调市场功能又强调政府作用的混合型经济模式。参见：易红郡.“第三条道路”与当前英国教育改革. 外国教育研究，2003(4)：1

平衡、权利和责任之间的平衡、国家利益与国际合作之间的平衡。① 因此总体上，在“国家课程”政策的调整上所体现的价值取向是试图走向“平衡”，主要的着眼点是通过适当放松中央政府的权力、增加地方教育当局和教师的自主权而实现的，很多新出台的政策内容都试图体现出课程的多样性与选择性。然而，问题也许并没有那么简单，布莱尔政府虽然能容许学校和教师在课程内容上拥有更大的自由度，但在教学方法上则采取了更多干预的立场，②一方面结合了分权、多样化、选择、甚至私有化，另一方面则采取了中央控制、监督、甚至教学指令（pedagogical prescription）等政策。③ 这说明在本质上布莱尔时期的“国家课程”政策与撒切尔时期的“国家课程”政策在价值取向上没有大的差别，只是如梅杰政府一样，在继续进行一些修正，但终究还没有改变“国家课程”政策中三种价值取向的基本地位。

最后值得一提的是，英国新首相戈登·布朗（G. Brown）2007 年上任后试行了“个性化教学”，将教学建立在学生所处发展阶段的基础上而不是根据他们的年龄划分，使所有的儿童接受适合他们需求的教学：从 2007 年 9 月开始，英国在全国选定的 484 所学校进行“个性化教学”试验，项目中的教师将跟踪学生的进步以确保知道学生的学习走到了哪儿，下一步应该怎样做，以保证没有一个儿童在任何阶段停滞或者落后。④ 这样的试验体现着较强的自由主义价值取向，关注着儿童自身的发展，教师在其中也拥有更大的教学自主权，与布莱尔时期的“教学指令”形成反向运动。类似的试验究竟在英国“国家课程”政策的变革中会起到多大的影响作用，还需要拭目以待以及更多研究。

第二节　日本课程政策的价值取向

进入 20 世纪 80 年代之后，日本在全面总结历史经验教训的基础上，根

① 马忠虎.“第三条道路”对当前英国教育改革的影响.比较教育研究，2001(7)：50—54

② 许立新.布莱尔政府国家课程改革评析.比较教育研究，2008(9)：74

③ 许立新.英国中小学课程与发展(1944—2004)——课程政治学的视角.北京师范大学博士论文，2007，122

④ 王晓平.教育改革立足于提高国际竞争力——英国新政府基础教育改革述评.中国教育学刊，2008(7)：22

据国情展望未来，出台了一系列新的课程政策，开启了面向21世纪的课程改革。这一轮课程改革中所颁布的各次课程政策总的说来是一脉相承的：80年代以临时教育审议会的四次审议报告为起点，以解决"教育荒废"现象为出发点，要求完善青少年的"人格"培养；90年代，继续提出在"宽松教育"中培养"生存能力"。只是到最近——2008年，新的《学习指导要领》对先前的"宽松教育"政策进行了修正，提出要培养学生的"扎实学力"，但先前课程改革的基本旨趣还是得到一以贯之的认可。

一、20世纪80年代的课程政策及其价值取向

(一) 20世纪80年代日本开始新一轮课程改革的背景

20世纪70年代以后，日本出现了越来越突出的"教育荒废"现象。所谓"教育荒废"现象，是指"激烈的入学考试竞争、欺负弱小同学、逃学、校内暴力、青少年行为不良等"[①]现象。之所以在日本的中小学校园里这些现象屡见不鲜，是因为其原有的学校教育在社会飞速发展的势头下出现了一些不和谐的"病灶"。

之前，日本的学校教育存在激烈的考试竞争。自明治维新以后，日本在赶超欧美先进工业国家的过程中逐渐形成了偏重学历的传统，因而素有"学历社会"之称。因为企业实行终身雇佣制度和年功序列制，而且人们过于看重毕业学校的名气，所以个人从学校进企业时，若有较好的学校的毕业证书及较高的学历，在某种程度上就意味着能取得较好的待遇。这致使人生的竞争实际上从小学就开始展开了。在一个人的学校教育经历中，而决定一个人命运的最大机会莫过于升大学的考试，因此升学考试的竞争越来越激烈。由于考试与个人出路、学历与个人前途有着密切的关系，因此日本社会激烈的竞争考试也始终未能得到根本的改善。[②] 家长、教师和学生都被卷入偏重学历、偏重考试竞争、偏重分数、偏重知识的学校教育中去，从而忽视青少年的身心健康和个性发展。

同时，之前的日本学校教育存在"划一"的弊端。日本在实现"现代化"的过程中，在教育制度上追求"划一主义"。这种"划一"的教育给学校课程

---

① 吕达，周满生. 当代外国教育改革著名文献(日本、澳大利亚卷). 北京：人民教育出版社，2004，4

② 陈永明. 试述日本教育发展的三大特征与三大弊病(下). 外国教育资料，1994(2)：59—60

带来了刻板、僵化等问题。在日本的学校里，教师必须按照文部省提出的教育大纲和所规定的教科书来完成教学，学生不能去读课外参考书，教师不能教与教科书无关的内容。这样长期下来，学生的思考范围和视野，就变得越来越窄。教条主义的教育方法，将学生的思维束缚住，使其无法扩展自己的知识面，从而导致对常识性的知识不感兴趣。①

与此相对的则是，日本社会在不断地发展，信息化、国际化的特征与学习的终身化②趋势不断加强。

进入20世纪80年代，日本社会在科学技术日新月异的变革中凸显了信息化的特征——知识的信息量达到了在任何部门都多得不能充分管理与传递的程度，信息的流通渠道也因为信心流通方式的发展与改善，变得越来越多样化与复杂化。社会的信息化给教育带来了挑战，如何才能培养出适应如此高度信息化社会的人才，成为学校教育所需考虑的一个重要问题。

而且，日本社会为了将来在国际事务中发挥更有影响的作用，要求国民在国际交往中加强人与人、人与物以及人与信息之间更紧密地交流，明确彼此的相互依存关系；要求国民既深刻理解本国的传统文化，加强爱国心，又要充分理解外国文化的多样性，以宽容的态度与外国人相处，并具备同外国人友好交往与充分沟通的能力。如何通过学校教育培养学生具备这样的能力，也成为日本学校教育面临的一个新课题。

同时，随着时代的变迁，学习的终身化逐渐成为日本国民的一种需要。一周五日工作制的实施、家用电器的普及以及半成品食品的增多，加上日本社会逐渐步入老龄化，日本民众拥有了越来越多的闲暇时间，有条件进行各种学习。同时，随着日本产业结构和就业结构的变化，人们逐渐改变了"毕业立即工作"和"终身雇佣"等旧有观念，在职业生涯中转换工作为人们所认同，因此职后培训日益寻常。于是，如何在学校教育中培养学生具有可持续的学习能力以更好地完成终生学习，成为学校教育必须关注的一大主题。

由此，在社会变迁的挑战面前，日本原有的学校教育显然出现了差距："教育过多地培养了以死记硬背为中心的、缺乏主见和创造能力的、没有个性的模式化人才，这些人往往很缺乏作为日本人的责任感。……特别是近几年来……被称作教育荒废的现象越来越突出，事态的发展令人及其忧

① 启森. 日本中小学"教育病理"诊断——蹲下身来看日本的教育. 外国教育研究，1999(5)：43—44

② 石井光夫. 日本教育改革的现状及课题. 比较教育研究，1994(1)：43—44

虑。”[①]这种由于经济的增长、物质财富的增加而使人的传统意识淡薄、人际关系淡化所造成的心灵枯竭现象，引起了人们的高度重视。课程改革就被寄予希望以改变这种状况。

（二）临时教育审议会四次审议报告中的课程政策及其价值取向

临时教育审议会是中曾根首相的咨询机构。从1984年8月到1987年8月，临时教育审议会连续提出四个审议报告。从这四个审议报告的政策开始，日本的学校课程开始朝着“个性化”、“多样化”、“自由化”的方向发展，从而表现出强烈的自由主义价值取向。然而，应当指出的是，这一时期的课程政策依然具有保守主义的价值取向。

对于课程政策中的保守主义取向，主要体现在报告对于教育现状和未来教育的理解上。报告认为，出现“教育荒废”现象的一个重要原因在于第二次世界大战以后的课程改革否定了本国固有的传统文化特点和长处，使得在完善人格、尊重个性方面存在许多不足之处。因此，“在考虑未来教育的时候，应当着眼于把握住‘超越时代而不变’的东西并把它传授给下一代；与此同时，还要敏锐地把握‘随时代的变化而变化’[②]的东西，使这二者有机地联系起来”[③]。报告强调教育中要传授“超越时代不变”的东西，认为学校课程的价值在于文化的传递和保持，因而从这个一点上说，新的课程政策带有保守主义价值取向的成分。基于此，在课程改革的原则中，报告强调了“重视基础”，认为“丰富多样的个性是建立在扎实的知识基础上的，教育荒废现象恰恰说明忽视了对孩子们成长中所需要的基本的基础教育”。[④]不过，报告对于那些“超越时代不变”东西的理解，又与自由主义价值取向有着千丝万缕的联系，“由于过分强调要顺应社会的变化，而尊重个性和自由、教养和纪律、对他人的关心体谅、丰富的情操、协调个人和集体的关系、敬畏大

---

① 吕达，周满生．当代外国教育改革著名文献（日本、澳大利亚卷）．北京：人民教育出版社，2004，4

② 报告以适应国际化和信息化的社会作为课程改革其中的两个基本原则，提出要教育人们树立起只有做一个真正的国际人，才是一个出色的日本人的思想，因此在发展爱国主义和继承日本文化传统的同时，还必须确立能够理解外国文化、外国传统。同时，信息化的实现需要对学校教育的机能作再一次的认识，除了使其真正发挥效能，也要关注如何对待信息化而带来的消极因素；同时要思考在教育内容、教育方法等方面如何应用信息科学、信息技术的成果。

③ 吕达，周满生．当代外国教育改革著名文献（日本、澳大利亚卷）．北京：人民教育出版社，2004，28

④ 吕达，周满生．当代外国教育改革著名文献（日本、澳大利亚卷）．北京：人民教育出版社，2004，9

自然和信仰自由，往往被忽略。这些，恰恰又是可以超越时代、对于人类来说是不可缺少的东西"①。可见，"超越时代不变"的东西是作为一个人存在的基本人格修养。也正因如此，报告将"基础"界定为德、智、体协调发展，再加上实践与技能的培养、教育，并强调课程改革要以"重视基础"为基本原则，"在学校里，要特别注意贯彻德、智、体各方面协调发展的基本基础教育，还要培养关心他人的精神、爱惜生命的精神、爱护大自然的精神、责任感和相互自立的精神、自制力、礼貌、善良、丰富的感情，等等；……在重视健康的同时，在当今信息化的社会里，还应当注重实践能力和技能的提高"②。

20世纪80年代四次审议报告中的课程政策，更为突出的是其所蕴含的自由主义价值取向。报告在承认以往教育改革取得的很多成就的同时，正视日本社会出现的不容忽视的问题——"教育荒废"现象，以及学生创造性思维欠缺、尊重学生的个性不够、教育内容和教育的国际化等方面跟不上时代要求的现象，并深入分析了造成这些问题的原因，认为教育制度的划一和不灵活是产生问题的另一个重要根源。因此，报告提出，课程改革最主要、也是贯穿于其他诸原则的基本原则是重视个性的原则，并这样界定"个性"："所谓个性，不仅指个人的个性，同时还意味着家庭、学校、社区、企业、国家的文化和时代的特性"③。这里，对"个性"的多层次理解，有着积极的改革意义：强调社会、国家层面的个性与继承日本本国的传统文化是一致的，而强调学校、社区、家庭的个性是与打破划一的、填鸭式的教学方式相一致的。同时，报告还认为："各个个性之间不是毫无关系而独立存在的。只有真正地认识自我的个性，培养和发展它，并做到尽职尽责，才能更好地尊重他人的个性，发挥他人的个性。自由的含意根本不同于放纵、不负责任、无纪律、无秩序。自由伴随着对社会的神圣的责任。……这是贯穿在个人、社会、国家间一切方面的不变哲理。"④在此，报告进一步指出了"个性"的各个层次间的辩证关系。在充分发挥个性的基础上，报告认为课程改革还要以"培养创造性思考能力和表达能力"为基本原则，认为教育不仅仅是单纯获得知识和信息的途径，还必须重视独立思考、创新、活用的能力，因此学校

---

① 吕达，周满生. 当代外国教育改革著名文献（日本、澳大利亚卷）. 北京：人民教育出版社，2004，8

② 吕达，周满生. 当代外国教育改革著名文献（日本、澳大利亚卷）. 北京：人民教育出版社，2004，9—10

③ 吕达，周满生. 当代外国教育改革著名文献（日本、澳大利亚卷）. 北京：人民教育出版社，2004，9

④ 吕达，周满生. 当代外国教育改革著名文献（日本、澳大利亚卷）. 北京：人民教育出版社，2004，9

教育应当特别重视在打好基本基础的同时，培养学生的创造性、逻辑思维能力、抽象思维能力和丰富的想象能力与表现能力。从这里我们可以看到，在保守主义和自由主义价值取向之间，报告更偏重于后者。同样，这一情况也能从审议报告对于课程改革的目标阐述中看到。

从学校课程改革的目标看，审议报告认为是要在克服“教育荒废”的过程中，实现学生“人格的形成”。具体表现为三个方面：(1) 宽广的胸怀、健康的体魄、丰富的创造力。这是要对学生进行在身心两方面的均衡发展的教育，要在精心培养学生德、智、体协调发展中寻求“真、善、美”的“宽广的胸怀”和“健康的体魄”。丰富的创造能力指在艺术、科学和技术各个领域的创造性能力。(2) 自由、自律与公共精神。自由、自律精神要求学生具有总结自己的思考、提出判断、作出决定、敢于负责的能力、意愿和态度。公共精神要求学生要有为公共事业尽职的精神，有对他人关心、为社会服务的精神，有爱国爱家乡之心，有尊重社会规范和法律秩序的精神。“公共精神”只有在“自由、自律”精神基础上才能确立起来。(3) 世界之中的日本人。要站在全人类、全世界的视野，培养能够在艺术、学识、文化、体育、科学技术、经济社会等各个领域上为国际社会作出贡献的日本人。① 从这里，虽然我们能够看到课程政策以培养“新”人而为增强国际竞争力服务的动机，但是我们更能强烈感受到的是，课程政策注重将学生培养成为一个个性自由发展的“人”，而不为僵化的课程所控制。因此，其自由主义的价值取向是溢于言表的。所以，对于报告所提课程政策建议的保守主义价值取向，笔者认为甚至可以这样来理解，即报告是站在自由主义价值取向的立场上，吸纳了保守主义价值取向的有价值的因素。

基于这样的价值取向立场，报告提出了关于课程改革的具体策略：②

首先，对于中小学的课程内容，报告认为应主要从以下方面入手进行改善和充实：(1) 重视掌握基础知识：小学阶段重视读、写、算的基础训练，低年级可实行教学科目综合化；中学阶段要在基本知识学习的基础上，把握性格方向，确立未来升学和职业去向意识；从打好终身教育的基础出发，高中的技能训练宜发展横向联系，努力扩大成人学习机会，并从基础教育阶段起，培养自觉学习的能力；(2) 力求以发展个性为目标的实现教育内容多样

① 吕达，周满生．当代外国教育改革著名文献(日本、澳大利亚卷)．北京：人民教育出版社，2004，49

② 吕达，周满生．当代外国教育改革著名文献(日本、澳大利亚卷)．北京：人民教育出版社，2004，37—55

化，并引进参加社会活动等；建议高中开设“课题研究”课，提高学生学习兴趣；高中阶段设内容丰富的选修课；(3) 教学内容要符合各年龄阶段儿童、少年的身心发展规律与特点，注意传授知识的连贯性与完整性；(4) 充实国语教育，培养创造力、思考力、判断力和表现能力；(5) 充实德育，改善道德教育内容，重视公共道德、情操及基本生活习惯的培养；加强青年时期“生活目的”的指导；(6) 充实健康教育，增强体质；(7) 探讨中学阶段“社会”、“家庭”、“技术与家庭”等课程的内容构成。

其次，关于教学方法，报告建议改善教学方法，提倡实施多样化教学，重视符合个性的指导方法，允许留级、跳级。

第三，关于应对国际化与信息化的策略包括：(1) 改革外语教学，尤其是英语教学，提高外语师资队伍素质；(2) 充实日语教学工作，尽快培养包括外国人在内的日语教师和日语研究人员，加强日语教学法和教材开发工作；(3) 在高中应及早开设信息教育课；培养信息教育课教师，提高他们的质量；(4) 在初等教育、中等教育中运用信息手段，培养和提高使用信息的能力。

第四，加强课程的地方分权。报告提出，为充分发挥教育机构的独立性、自主性和创造性，国家要把能够下放给都、道、府、县的权限和都、道、府、县能够下放给市、镇、村的权限，分别予以下放，例如新建六年制中学①和学分制高中②，并实施灵活的、富有个性的课程体系。

临时教育审议会的四次审议报告在提出后引起了日本国民的极大关注。于是，1987 年 8 月，日本内阁设立了“教育改革实施总部”，负责落实“临教审”的改革方针。从 1989 年起开始修订幼儿园、小学、初中以及高中的“学习指导要领”，并分别于 1990 年度、1992 年度、1993 年度、1994 年度开始实施。③ 但是，总的说来，80 年代日本课程改革的动作不大，也没有见

---

① 合并原有的初中教育和高中教育，作为青年期的连贯教育。它适合于艺术、体育、外国语等连续较强的学科教育、跨学科教育，以及对数学、自然科学、信息科学等学科有强烈兴趣的学生的教育。在最后一年，不拘于学科范围，实施综合学习及进行特别项目的学科研究或补课性教育。

② 为适应考生的要求、学历、生活环境的不同情况，使高中教育更易于进行，设立可获得各门课程、科目的学分，并根据学分累计，承认其毕业资格的新型高中。在学分制高中里，学生根据自己的需要选修科目，达到规定成绩者给予该学科应得的学分。在高中以外的其他教育机构（包括在外国的教育机构）所取得的学习成果，在一定条件下可作为高中学分计算。授课尽可能安排在学生所希望的时间里进行。因此，采用周日、夜间上课、短期集中授课或在其他教育机构上课等多种方式。

③ 武村重和. 日本教育课程改革的概要. 上海教育科研，1994(6)：4

到什么明显成效。[①] 直到 90 年代,课程改革才有了进一步进展。不过,80 年代的这四次审议报告为 90 年代日本的课程改革政策奠定了基本方向。

二、20 世纪 90 年代的课程政策及其价值取向

(一)《日本第 15 届中央教育审议会第一次咨询报告》

在临近 21 世纪之际,日本进一步深刻反思所处的国际国内形势以及教育现状,发现:第一,自 20 世纪 90 年代以来,中小学生中的欺负人、逃学、上课秩序混乱、暴力犯罪、甚至卖淫等问题不仅没有改善,反而愈演愈烈;第二,日本社会的人口结构向老龄化和少子化发展,日本的初等、中等教育机构将面临生源不足的现实,各个学校需要办出特色以吸引学生;第三,在 21 世纪全球化的浪潮中,知识创新、科技创新、教育创新关乎一个国家的生存发展,日本过去形成的只热衷于技术开发而轻视基础科学研究,只追求高效率大批量生产而忽视产品的个性化,只重视忠诚和合作精神而忽视独创性的经营战略和观念,已经不能适应时代的需要,需要更新人才培养的模式和理念。所有这些,都亟待包括学校课程变革在内的进一步的教育改革。[②]

日本政府在 1996 年 7 月 19 日公开发表了《日本第 15 届中央教育审议会第一次咨询报告》。[③] 这是 20 世纪 90 年代日本教育改革最重要的一个文,是 20 世纪 80 年代临时教育审议会四个审议报告精神的延续和发展。

首先,在这个咨询报告中,对于未来教育发展,日本政府继承 20 世纪 80 年代的基本观点,强调了未来教育的"永恒性"和"时代性"。所谓"永恒性"是指教育中具有无论社会如何变化而"超越时代的不变的价值",具体表述为:培养具有丰富人性、正义感和公正心、能够自律、善于与他人协调和替他人着想、尊重人权、热爱自然的青少年,是无论什么时代、哪个国家的教育都必须重视的。鉴于此,日本政府继续重视让后一代继承民族的优秀传统,使他们充分掌握优美的日本语,学习本国发展的历史、先辈留下的艺术、文学、民间故事等等,并使之继往开来。所谓"时代性",是指灵活地对待教育中伴随时代的变化而变化的因素。对此,咨询报告是这样陈述的:在今天这

① 崔世广. 浅议当前日本的教育改革. 日本学刊, 2002(2): 99

② 崔世广. 浅议当前日本的教育改革. 日本学刊, 2002(2): 99—100

③ 孟庆枢,于长敏. 面向 21 世纪日本教育发展趋向——《日本第 15 届中央教育审议会第一次咨询报告》浅析. 日本学论坛, 1998(1): 29—31

种急剧变化的社会里，各种知识的“老化”现象提前了，只保持在学校里学到的东西已经不行了，必须不断地进行继续教育；并且，在这很难做出明确预测的社会里，根据当时的状况进行思考和判断的能力显得更加重要；在以多媒体为代表的信息化的过程中，知识和信息的存取变得方便，现在迫切需要的是，根据已得到的知识及信息能够归纳出新的生存价值东西的创造性。

基于教育的“永恒性”和“时代性”，咨询报告将培养“生存能力”作为学校课程变革的目标，并这样界定“生存能力”：这是一种在今后急剧变化的社会的各种场合里都能够与他人相协调并能自律地进行社会生活的人类实践能力；这不仅仅是书本知识，应该说是生活的“智慧”，是以关于文化和社会的知识为基础，并且在社会生活中实际运用的能力；也不单是过去知识的记忆，而是分析和解决问题的素质和能力；是能够从不断涌来的大量的信息情报中选择自己需要的信息进行自主思考的能力；也不单是理解判断和理性思维，应该包括对美好事物和大自然的感动之心、憎恶扬善的正义感、公正之心、尊重生命和人权之心等基本的伦理观，还包括善于体贴他人的亲切之心，能够从他人的立场考虑问题并产生共同理解的温暖之心，志愿服务社会的奉献精神，以及坚韧不拔地生存的健康与体力。可以说，以“生存能力”作为课程改革的目标，较之20世纪80年代具有更强烈的自由主义价值取向，因为它更突出了人之为人的“人性”一面。

基于这样的课程目标，报告提出了相应的课程改革政策建议：(1)在“轻松宽裕”的环境中开展“轻松宽裕”的活动；(2)在课程内容上“沿着基础知识和基本能力的方向”，开展“使学生容易理解并能提高他们生动活泼的学习愿望”的教学；(3)用“多元尺度”来衡量学生，努力发现并发挥每个学生的优点和发展的可能性；(4)配备“有优秀人品、专门知识、技术和良好教养的有实践指导能力”的教师；(5)创造一种“对孩子说既是共同学习的场所，又是共同生活的场所”的“轻松宽裕”的教育环境；(6)根据地区、学校、学生的实际，开展有特色的教育活动；(7)加强学校同家庭和社区的合作，建成共同培养青少年的“开放式学校”等。①

(二) 1998年、1999年颁布的“学习指导要领”

在这一咨询报告之后，为贯彻落实“在宽松愉快环境中提高和培养自学

① 尹秋艳.培养“生存能力”——21世纪日本教育的基本走向.外国教育研究，2000(2)：29

与自我思考的能力”的目标，日本文部省于 1998 年 11 月和 1999 年 3 月分别颁布了新的初中、小学以及高中的“学习指导要领”。这次新改订的“学习指导要领”以在宽松的气氛中培养每一个学生的生存能力作为基本出发点，体现了以下课程改革的基本原则：(1) 培养学生丰富的人性、高尚的人品和社会性，让学生自觉意识到自己是国际社会中生活的日本人；(2) 培养自己学习、独立思考的能力；(3) 在开展具有丰富内容的教育活动中力求让学生牢固掌握基本、基础知识，并充分发展学生的个性：(4) 发挥各个学校的创造性，鼓励有特色的教育，创办有特色的学校。① 总的来说，这次课程政策的重心是从过去过重的学业负担和竞争中解放出来，让学习变成轻松的学习；从注重知识和技能的传授转变为重视能力的培养；从重视被动的课堂教学转变为重视学生主体性的体验和探求，从而使课程政策的自由主义价值取向在课程实践中大行其道。

具体地，针对原有的学校课程，新的《学习指导要领》主要在以下几个方面进行了调整，包括：②

1. 缩减课时

由于在大量灌输知识的课堂教学中对所学内容不能够充分理解的学生为数不少，因此，新《要领》要求平均每周减少 2 学时：小学 4—6 年级一周由 29 学时减至 27 学时，初中由 30 学时减至 28 学时；要求把所有学生共同学习的内容严格筛选为将来社会生活必需的基础。③ 虽然各个学科有所不同，但教学内容与原有的相比大约削减了 30%。这样便于使学生能轻松、踏踏实实地学习，使“基础”能够确确实实地牢固掌握。

2. 愉快学习

要按照学生的理解情况、熟悉程度、兴趣、爱好等进行个别辅导，如组织小组学习，由几个教师实施分组上课等方法，加强个别指导；初中采取扩大

① 杨毅，杨易林. 日本教育课程改革的新举措：设立“综合学习”时间. 比较教育研究，2002(9)：26

② 胡定熙. 面对新世纪，日本教育改革的重大举措. 四川教育学院学报，2000(5)：16—18

③ 如算数、数学和物理、化学等课程惯于走追求高深知识，这次课程改革把这些学科中凡是和其他课程以及和高一级学校重复的教学内容都被彻底删除。算数的教学重点是小学掌握日常生活中必需的计算知识。分数概念的出现由小学三年级推迟到四年级。多位数的复杂计算则被删除。圆形的叠合和缩图等内容，也推迟到初中阶段学习。而初中阶段物理、化学课程中的离子和遗传规则等内容被归并到高中课程。在英语教学方面，“学习指导要领”规定在初中三年教学时间内掌握的单词从 1000 个减为 900 个，其中必修的单词量从 507 个减少为 100 个，其余 800 个则由教科书的编写者和学校教师灵活选择。小学各年级要求学习的汉字，首先要求会读，下一个学年才要求会写这些汉字。参见：李其龙，陈永明. 教师教育课程的国际比较. 北京：教育科学出版社，2002，156—158

选择学习的范围等措施，学生可以主动地按自己的兴趣爱好选择教学科目和课题，体验学习的快乐感和成就感。而选修课应按照学生特性开展包括课题学习、补充学习、发展性学习等更加多种多样的学习活动。

3. 强调体验

要求学校要重视体验性的学习活动和解决问题的学习活动，并积极地把这些活动引入教学中，如观察、实验、参观、调查，演讲、讨论、辩论，由学生亲自调查、总结、发表自然体验和自愿参加的社会体验，以及制作物品和生产活动等。这旨在培养学生终生学习的基础能力，即独立思考、用自己的语言准确表达自己思想的能力，把知识灵活地运用于实际生活中的能力。这些能力的培养要在实际中依靠学生自己的实际感受来加深理解。

4. 加强适应国际化和信息化的教育

初中、高中外语为必修课，而且不是要学生一味地背语法和英语单词，重点应放在实际的听、说练习，进行面对实际场景能够使用的外语教育。即使在小学，在"综合学习时间"等课程中，也要逐步开展英语会话。在初中的"技术、家庭"课中要学习电脑的应用等有关信息获取的内容，高中要新开设"信息"必修课以学习通过如电子邮件的使用、因特网的应用等方式掌握信息。即便是在小学，也要在"综合学习时间"和各教科的学习中，引导学生熟悉电脑、热爱电脑。

5. 新设"综合学习时间"

这是本次课程改革的重点，使之成为与"学科教育"、"道德"以及"特别活动"并列的第四大课程板块。所谓"综合学习时间"，是指根据地区、学校和学生的实际情况，发挥学校的创造性，开展有特色教育的学习时间；是国际交流、信息、环境、福利和健康等领域跨越传统课程，进行相关课题学习的时间。在这个时间内，学生要联系所学各学科知识加以综合运用，实现横向的、综合性的、实践性的学习，培养学生发现问题、思考问题、解决问题的能力。"综合学习时间"课的时间安排和学分规定为：小学三年级以上每周 3 学时，初中每周 2—4 学时，高一至毕业安排 3—6 学分。而且，在不同学校有不同的类型：有主体学习型、体验学习型、教育研究型、系统学习型、自主设计型等；在不同的学习阶段有不同的侧重点：小学以生活学习为基础，组织学生参加时事性问题的综合学习，且 1—3 年级在课外活动中让学生进行基础性的接触和参与，4—6 年级从本年级、本学校日常生活中遇到的问题和发生的事件中选择问题；中学以时事性综合学习为主，在组织文化节等课外活动中有目的、有意识地提出地域性课题，在时事性综合学习的同时，开展理论性综合学习，在综合学习的过程中重点引导和解决好“和平”、“公害”、“种族歧视”和“性”四个问题；高中的综合学习则根据学生的主体性要求来构思、展开活动，深化知识与技能以及学生对人生观、未来发展方向的思考。①

与上述课程改革相配合，中小学实行五日制，每周放假两天。这一措施是为了抑制学校课程的膨胀化现象，增加学生在家庭和社区的活动时间，既强化家庭和社区的教育作用，同时也是为了创设更多的益于学生体验的环境，并使学生有更多的自主时间来安排自己的学习与活动。

可见，“轻松”、“体验”、“综合”、“实践”、“自主”等关键词可以为这次新颁布的“学习指导要领”贴上标签。这些关键词所体现的无疑是课程政策的自由主义价值取向，关注学生自身的发展。“宽松教育”是一种重视和鼓励学生的个性自由发展的教育，宽松的教育氛围有利于人的个性得到充分的张扬；也是一种有利于创新的教育，可以使学生对创造性、开拓性的未来充满自信和乐观。这对于改变日本划一僵硬的教育体制、增加课程的自由度和弹性空间有重要的意义。这次“学习指导要领”的修订与实施，是 80 年代以后课程政策自由主义价值取向的一次彻底贯彻，是对原来偏重保守主义价值取向的学校课程政策的一次反击。不过，任何事物都有两面性。在课程政策价值取向的历史运动中，我们已经知道矫枉过正的危害。日本这次新“学习指导要领”的全面实施，在几年之后便带来了教育上的自由放任，导致了学生的学力下降，终于在 2008 年开始实施又经修订的“学习指导要领”。不过，这一次新的“学习指导要领”的修订并没有否定尊重人性培养个性的理念，而是对一个全面发展的“人”有了更加深刻和完整的理解。

三、21 世纪的课程政策及其价值取向：2008 年“学习指导要领”

日本在 2008 年 3 月 28 日颁布了新的“学习指导要领”，规划小学在 2011 年度更新所有课程，初中和高中则分别在 2012 年度和 2013 年度全面实施。

这是日本近 30 年来最大的一次课程调整，在这次调整中，培育“生存能力”的教育理念得以传承。在“学习指导要领”的修订中，立足于今日“知识

① 施雨丹. 教育个性化：日本教育改革的战略选择. 外国中小学教育，2003(10)：10

社会”的背景，“生存能力”的界定得以进一步明确，并强调了如下三点：第一，作为应对变革社会的应变力，必须养成儿童发现问题、解决问题的能力；第二，知识、技能不是凝固不变的，而是新陈代谢的，因此重要的是不断创新知识、技能的学习意欲和学习态度；第三，尊重他者和不同社会的价值观并与之共处，重视自然和环境并与之共生的精神。① 不过，本次“学习指导要领”的修订还指向每一个儿童的“扎实学力”，并培养以此为基础的“生存能力”。可以说，重视“扎实学力”是这次新的“学习指导要领”区别于 1998 年、1999 年“学习指导要领”的地方。

在这次“学习指导要领”的修订中，关于“扎实学力”的具体内涵作了如下的界定：(1) 一切学习之基础——“语言能力”的涵养；(2) 拥有国际水准的“数理能力”的培养；(3) 日本先人积累起来的“传统文化”的传承；(4) 当代儿童不可或缺的自然体验、福利体验和劳动体验等“多样体验”；(5) 伴随国际化进展，“从小学开始的英语学习”的实施。当然，这种“扎实学力”必须涵盖反思能力，规范意识之类的道德精神和审美能力之类的“丰富心灵”；在此基础上，培养“健全体魄”也是不可或缺的。基于这种基本认识，谋求学力、心灵、身体三位一体的教育，从而实现每一个儿童个性的全人的成长，是这次《学习指导要领》修订的基本立场。② 因此，从总体上来看，这次新的“学习指导要领”仍然秉承了自由主义的价值取向，仍然把儿童的个性发展作为课程改革的最基本目的。不过，与十年前颁布的“学习指导要领”相比，在具体的课程改革政策内容中，这次的“学习指导要领”更加重视保守主义的价值取向而相对淡化自由主义的价值取向，具体表现在：③

第一，削减“综合学习时间”的课时，大幅增加学科学习的课时。特别是 10 年前“学习指导要领”修订中课时大幅度减少的国语、数学、理科，大体恢复到原来的水准。小学(国语、社会、算数、理科、体育)增加约 10％的课时，初中(国语、社会、数学、理科、外语、保健体育)增加约 12％的课时。

第二，充实教学内容。突出语言活动的充实、数理教育的充实、传统文

---

① 钟启泉. 新《学习指导要领》的理念与课题——日本教育学者梶田叡一教授访谈. 全球教育展望，2008(8)：7

② 钟启泉. 新《学习指导要领》的理念与课题——日本教育学者梶田叡一教授访谈. 全球教育展望，2008(8)：8

③ 钟启泉. 新《学习指导要领》的理念与课题——日本教育学者梶田叡一教授访谈. 全球教育展望，2008(8)：8

化教育的充实、道德教育的充实、体验活动的充实和小学教育阶段外语活动的设置等。另外，出于应对社会变化而展开对跨学科教育的改进，主要包括信息教育、环境教育、物品制作、生计教育、饮食教育、安全教育等。10年前被大幅度削减的各科重要的内容得到相当程度的恢复。特别是在算数、数学、理科和社会科中，这种恢复是显著的。例如，在算数中，原来初一的"圆柱与圆锥的体积"、"对称图形"、"反比例的列式与图像"和初二的"概率"回归小学六年级，原高中数学内容的"运用不等式的表达"、"球的表面积与体积回归至初一"、"解二次方程的公式"回归至初三，原高中理科中的"生物的进化"下放至初二，"离子"、"遗传规则"回归至初三。在社会科中，"47个都、道、府、县的名称和位置、世界主要的大陆和海洋、主要国家的名称和位置"等已在小学教科书中得以复原。同时，作为新的亮点，诸如在小学国语中纳入"简易古文、汉诗和汉文"，在初中体育中增加男女生必修的"舞蹈"和"武道"，高中理科的科目也有所调整。增加课时的目的，在于通过反复练习，充实基础知识和基本技能的"习得"，同时旨在借助观察、实验、撰写实验报告、撰写论文等，"活用"这些基础知识和基本技能。

不过需要指出的是，"综合学习时间"的基本旨趣并没有被否定。"综合学习"作为一种超越了学科框架的跨学科的探究活动，旨在通过儿童的体验活动，从自身的问题意识出发展开自身的追究和探究，形成自己的"知识体系"。此次"学习指导要领"试图探索的关键问题在于如何避免综合学习的"放任自流"，如何实施教师的有效指导。从这里，我们又一次看到这样一个问题：尊重和张扬每一位学生的个性、创造性与保障其基础学力水平之间应该如何处理？新近的"学习指导要领"，反映了一种打破"应试学力"——偏重"知识、理解"的死记硬背、在试卷上写出所记忆的"正答"——的学力观，一种重视每一个学生的"兴趣、爱好、动机、态度"并求得"兴趣、动机、态度"与"知识、理解"的均衡学力观，尊重每一个学生的个性，重视创造力的发展。①

有鉴于此，笔者认为，日本2008年颁布的"学习指导要领"不是主张简单地加强基础知识和技能的学习，而是更加注重基础学力对于人的综合能力和素质提高的价值，要求在提高基础学力之上提高人的综合素质。这不是课程政策简单地从一种价值取向向另一种价值取向的转移，在某种意义

① 钟启泉. 论"教学的创造"——与日本教育学者佐藤学教授的对话. 教育发展研究，2002(7—8)：34

上可以认为是试图将自由主义价值取向和保守主义价值取向进行平衡与融合。当然，应该承认的是，在这种平衡与融合之中，“关注儿童个性自由发展”还是新课程政策仍然坚守的最根本的价值立场。

第三节　俄罗斯课程政策的价值取向

俄罗斯的课程改革政策建立在苏联的课程政策基础之上，也因此而凸显其自身的特征。苏联是一个中央集权制的国家，与之相适应，其课程体制也是高度集中统一的。1991 年苏联解体后，俄罗斯从专制集权的政治国家过渡到民主的市场经济的社会，引起了课程体制与学校课程政策的巨大变化。课程政策变化的根本因素在于其价值取向的变化。

一、俄罗斯课程改革的背景

(一) 20 世纪 80 年代后期苏联的课程政策

俄罗斯学校课程政策变革的一个重要原因当然在于苏联的解体。但是，从教育体系内部来看，其改革的思想与 20 世纪 80 年代后期苏联的课程政策有着某种延续性。

1985 年，自戈尔巴乔夫上台后，苏联进行了政治体制和经济体制改革，并于 1988 年 2 月在“新思维”的指导下做出了《关于教育体制改革的决定》。《决定》指出：“在苏共中央四月会议(1985 年)以前提出的改革方针没有充实以国民教育系统民主化的措施”①，并认为“教育的目的和任务的统一应当同学校的多样性、教学计划和教学大纲的灵活性有机地结合起来，立足于先进的教学实践以及教学与教育的革新方法”，“必须首先关心发展学生的个人能力，根据学生的需求和爱好扩大有区别的教学方式”②。

1987 年，苏联教育部公布了新的实验教学计划，供教师、教学论和教学法专家讨论。该计划主要基于对学生的能力、兴趣，以及学校条件的多样性考虑区分教学，增加教学计划的人文性，整合学科以减少学科门数、减轻学生负担，组织丰富多彩的课外活动等。③

---

① 吕达，周满生. 当代外国教育改革著名文献(苏联-俄罗斯卷). 北京：人民教育出版社，2004，100

② 吕达，周满生. 当代外国教育改革著名文献(苏联-俄罗斯卷). 北京：人民教育出版社，2004，102

③ 汪霞. 国外中小学课程演进. 济南：山东教育出版社，1998，174

同时，在1988年全苏国民教育工作者代表大会上，苏联国家国民教育委员会主席根·亚戈金作了题为《通过人道主义和民主化达到教育的高质量》的报告，其中阐述了有关基础教育课程改革的若干原则——连续性、个性化、人文性、民主化。[①] 这些原则影响了这之后苏联课程改革的基本基调。

报告认为，各阶段学校课程应具有"连续性"，这需由教学大纲[②]来保证。第一阶段——小学，教儿童交往、学习，教授个人卫生基本知识，进行美育、品德教育和体育。在这一阶段保证获得读、写、算的必要能力，培养参加经常性劳动的习惯，树立最初的价值观；重要的是，要使学生获得在学校第二阶段学习所必需的技能和技巧。第二阶段的任务是形成关于自然、社会和人的概念，以及唯物主义世界观和全人类道德标准的基础，保证使个人接受完全中等教育所必需的一般文化素养得到发展。第三阶段完成中等教育。除了学习必修科目，学生有可能根据个人的能力自主地选择一系列科目，以加深在人文、数理、生化、技术、农业或其他领域的学习；并设想在这一阶段的必修课中列入语言、祖国文学、社会学、当代历史和自然的综合性课程。

关于"个性化"，报告指出："发展个性是我们的主要任务"，必须将儿童、少年、青年的个性置于全部教学教育工作的中心，应当结合他们的个人特点去组织这一过程，例如对于劳动教学，报告反对"简单化"和"千篇一律"的做法。报告还强调：在教养和教育上的个别对待对所有儿童都非常重要，而对那些天生素质偏向某方面，以及因天生的或后天的生理或心理缺陷而无法在通常学校顺利学习的孩子，则尤为重要。

对于"人文性"，报告认为，教育的目的是应当保障在学龄期就有充实的促使儿童和青年发展的生活，因此应当克服包括数学、物理在内的所有科目在内容上的狭窄性和无谓的复杂性，加强其人文的、"灵魂塑造"的和实践的方向。其中，社会科学和人文科学在个性形成过程中占有极其重要的地位。正是人文科学知识使克服技术至上和狭隘职业性思维成为可能，人文科学

① 吕达，周满生.当代外国教育改革著名文献(苏联-俄罗斯卷).北京：人民教育出版社，2004，113—140

② 俄罗斯没有"课程—curriculum"这一术语，而是用"教育内容"表示课程涵义，包括指导中小学教育教学的三大类文本：教学计划、教学大纲和教科书。参见：白美玲.当代俄罗斯基础教育改革研究.华东师范大学硕士学位论文，2006,1

知识能培养精神充实、面向全人类财富、具有发达的政治和道德责任感的个性。所以，报告认为不能同意把社会科学的学习变为选修的观点，不应当减少人文和社会学科，而是要改变它们的内容，完善教学结构、方式和方法；在修订社会科学大纲时，应当加强其人道主义的思想，应当特别注意美育和情感的培养在个性形成中的重要作用，应当培养每个学生阅读文艺作品、唱歌、跳舞、绘画的兴趣，教他们懂得欣赏绘画、音乐作品、建筑、戏剧，给他们有关艺术史的知识。

"民主化"也是报告所倡导的重要原则。报告提出：(1) 半数以上的教育内容要由各加盟共和国和地方机关确定，以便在教学中反映民族特色和地区特点；(2) 应当在教学过程中考虑农村生活的特点；(3) 坚决支持扩大学校、地方苏维埃和共和国在完善民族化、民族历史和民族语言教育方面的权力；在教学语言问题上，应当保护学生和家长自由选择的民主原则，但同时必须创造条件，大力鼓励所有生活在该共和国境内的其他民族的学生学习当地民族的语言；(4) 国民教育管理的民主化，要求对各管理机构间的职能和权限的再分配作出认真的改变。各共和国和地区管理机关的基本方针是结合全国的要求、民族和文化历史特点、各地区社会经济的条件，发展当地的教育体系。

之后，苏联国家教育委员会于 1989 年 7 月 7 日批准了《苏联普通教育学校暂行条例(示范)》[①]，较好地体现了亚戈金报告的主题思想。

在"学校的结构和工作原则"部分，《条例》规定：普通中等教育学校由三个阶段组成：第一阶段——小学(3—4 年)；第二阶段——基础学校(5 年)；第三阶段——高中(2 年或 3 年)，由加盟共和国国民教育部(共和国国家教委)决定。第一阶段学校的使命是保证初步形成儿童的个性，发现并全面发展儿童的才能，培养他们的学习技能和学习愿望。在小学里，学生应获得必要的学习技能和技巧，学会读、写、算，掌握进行理论思维的要素、言行修养，以及个人卫生和健康的生活方式方面的基本知识。这个阶段的教学科目具有各门课程一体化的性质。这些课程使学生获得关于自然界、社会、人和人的劳动的一般概念。第二阶段学校应为毕业生继续学习和完全合乎条件地参加社会主义社会生活所必需的普通教育知识打下基础；应保

① 吕达，周满生. 当代外国教育改革著名文献(苏联-俄罗斯卷). 北京：人民教育出版社，2004，141—154

证使学生的个性、爱好和自我确定社会地位的能力得到发展；保证使他们深刻掌握科学基础知识和形成科学世界观。在这一阶段，应开设选学科目（不包括由苏联国家教委确定的必修科目）、选修课程，开展一系列课外活动。其目的在于更充分地发展学生的爱好和才能。基础学校的教学在征得学生及其家长的同意后，可按不同水平的大纲进行。该类大纲的核心部分由苏联国家教委和加盟共和国国民教育部（共和国国家教委）制定。第三阶段学校应保证在广泛而深入地进行区别教学的基础上使学生受完普通教育，并为最充分地考虑学生的兴趣，使他们自觉和积极地投入社会生活创造条件。为此，在第三阶段学校的教学计划中除了必修科目外，还应包括自选的科目。

《条例》在这一部分还指出：普通中等教育的开放性和可变性，面向民族传统和区域特点的方针，由形成教育内容的下述结构来保证：由苏联国家教委确定的全苏的基础部分；由加盟共和国国民教育部（共和国国家教委），以及学校所隶属的其他部确定的教育内容部分；由地方国民教育管理机关、学校、教师确定的教育内容部分。

在"教学教育过程的组织"部分，《条例》规定：教师对教学计划，教学大纲，教学和教育的手段、形式和方法的选择应经过教育学论证，并在此基础上组织教学教育过程；学校的一切教育工作均应考虑到学生的兴趣、爱好和才能，并在互相尊重和合作的原则基础上进行；劳动教育应根据当地的条件和需要进行；每天的教学科目、授课时数和上课顺序，均由校长批准的课程表规定，教学周的长短和每门科目在教学计划规定的学时限额范围内的授课时数，由校务委员会决定；不一定要布置家庭作业。如要布置家庭作业，则应考虑到心理生理学对教学的要求以及每个儿童的个人特点；小学一、二年级只采用是否能够达到教学大纲要求的质量评分法，三、四年级可补充采用以下评分制："5"分（优）、"4"分（良）、"3"分（及格）、"2"分（不及格），学年结束时应评定总分。

综上所述，20 世纪 80 年代后期苏联的课程政策与之前较长时期内具有强烈保守主义价值取向的、"唯国家化"的课程政策相比，根本区别在于自由主义价值取向逐渐凸现，因而在具体的课程政策上充分表现出灵活性，给予地方和学校以较大的自主程度，关注学生个性的自由发展，课程管理上的权力逐渐开始分化，从而打破了原先课程"大一统"——统一的课程计划、统一的教学大纲、统一的教材——的局面。这种自由主义价值取向在课程政策中的创生与发展，为苏联解体以后俄罗斯的课程改革政策奠定了重要的方向。

（二）《俄罗斯联邦教育法》的出台

苏联解体后，俄罗斯于 1992 年迅速制定了《俄罗斯联邦教育法》。“按照俄官方的说法，《教育法》中确定的国家教育政策基本条文具有特殊意义，它体现了社会对人道主义教育本质的新观点，将民主国家所特有的新教育模式用法律形式确定下来，彻底摆脱了过去僵化的意识形态的桎梏。”①该法作为俄罗斯的基本教育大法，其中所阐述的相关问题，是制定俄罗斯课程改革政策的总的指导思想，具有引领和限制作用。

在第一章“总则”中，该法对“国家教育政策的原则”作了明确说明，规定了教育的“人道主义性质”、“教育的自由和多元化”，以及“教育管理的民主性和国家—社会性、教育机构的自主性”。② 关于“国家教育标准”，该法规定：俄罗斯联邦有确定的国家教育标准，其中包括联邦、民族、地区等组成部分；以联邦（中央）国家权力和管理机构为代表的俄罗斯联邦在其职权范围内制定国家教育标准，以确定基础教育大纲内容的最低限度、受教育者负担的最高限度以及对毕业生的要求。③

在第二章“对教育内容的总的要求”条款中，该法要求教育内容应以保证个人的自我选择并为其自我实现创造条件、发展公民社会、巩固和完善法治国家为最终目的；应保证使受教育者形成符合世界标准的教育程度和知识水平，养成符合世界标准的社会总的文化修养和职业修养水平，达到个性在世界文化和民族文化体系中的一体化，培养出与现代社会相适应并以完善此社会为己任的具有个性的公民，复兴和发展社会的人才潜力；某一具体教育机构中的教育内容由该教育机构自行制定、通过并实施的教育大纲来确定，国家教育管理机构保证在国家教育标准的基础上制定示范性教育大纲。该法规定了“对教育过程组织的总的要求”，明确教育机构中教育过程的组织是由该教育机构自行制定并通过的教学计划（将教育大纲内容按课程、科目和年级而进行划分）、年度校历和课程表来体现的；国家教育管理机构制定出示范性的课程、科目的教学计划和大纲；教育机构可自行选择对学

① 肖甦，单丽洁. 俄罗斯教育政策与国家发展. 比较教育研究，2005(11)：10

② 吕达，周满生. 当代外国教育改革著名文献(苏联-俄罗斯卷). 北京：人民教育出版社，2004，224

③ 吕达，周满生. 当代外国教育改革著名文献(苏联-俄罗斯卷). 北京：人民教育出版社，2004，226

生进行阶段测试的间隔时间、形式、方法以及评分办法。①

此外,该法以四个条款规定了各共和国、地方自治机关以及作为教育机构的学校本身的权限和职责,其中给予学校在学校管理方面以更多的自主权。

由此可见,俄罗斯政府"明智地选择了在继承与变革、继承与创新的矛盾中寻求统一的策略"②。《俄罗斯联邦教育法》在某些方面继承了苏联80年代后期课程改革政策的基本思想及自由主义的价值取向,使之后俄罗斯具体的课程改革政策朝着"多样化"、"民主化"、"人文化"的方向继续发展、深化,从而形成俄罗斯课程改革政策自身鲜明的价值取向特征。

二、俄罗斯的课程改革政策及其价值取向

继《俄罗斯联邦教育法》之后,俄罗斯陆续出台了一些文件,对学校的课程作出了政策性的规定。总体上看,这些政策的一个突出的特点就是蕴涵着强烈的自由主义价值取向,对苏联遗留下来的保守主义价值取向形成冲击,具体体现在以下几个方面:

(一)注重个性发展的课程目标

在俄罗斯有关课程改革的政策文件中,我们可以从不同侧面看到注重学生个性发展成为重要的目标性内容。首先,1994年俄罗斯批准的《普通教育机构共同章程》,使我们可以从各级学校的培养目标中了解到学生的个性发展对于课程改革的意义。《章程》规定③——

普通初级小学的培养目标是:要保证学生的全面发展,使他们掌握学习活动所需要的,诸如读、写、算的基本技能和技巧,理论思维的要素,自我监督学习行为的常用习惯,文明的行为和语言,以及良好的卫生和生活的方式。普通初级小学要为进入普通基础学校打下基础。

普通基础学校的培养目标是:要保证学生掌握普通基础学校,培养并

---

① 吕达,周满生.当代外国教育改革著名文献(苏联-俄罗斯卷).北京:人民教育出版社,2004,230—231

② 高金岭.社会转型时期的教育改革:在矛盾中寻求统一——苏联解体后的俄罗斯教育改革.清华大学教育研究,2003(4):64

③ 白月桥.俄罗斯课程改革的具体剖析及其借鉴意义(上).首都师范大学学报(社会科学版),2000(6):107

形成学生的个性品质及其社会自主的意向、兴趣和能力。普通基础学校要为升入普通中等（完全）学校或升入初等及中等职业学校打下基础。

普通中等（完全）学校的培养目标是：普通中等（完全）教育是普通教育培训的最后阶段，要保证使学生掌握普通中等（完全）教育，发展学生牢固的认知兴趣和创造能力，在区别教学的基础上培养独立学习的习惯。学生的自我选修课要列为必修学科，目的是发展学生个人的兴趣、才干和潜能。在具备相应条件的情况下，从学生及其家长的意愿出发，普通中等学校可以实行不同职业和不同方向的教学。普通中等（完全）教育要为升为中等职业教育或高级职业教育打下基础。中等职业教育的教学要按教育大纲施教。

由于培养目标直接制约着课程内容的选择、编制方法以及评价等。从这个意义上说，俄罗斯各教育阶段的不同培养目标是课程改革的重要前提。同时，这样的培养目标基本上继承了苏联 80 年代后期以来的课程改革思想，在重视基础知识和基本技能培养的同时注重培养学生的个性，与《俄罗斯联邦教育法》的基本精神一脉相承；而且，该《章程》还显示，学生应该是在具有连续性的学校课程中得到个性发展的，因此，培养良好个性发展的课程应该是各阶段衔接良好的课程。也因此，课程的衔接性成为政策关注的一个重要方面。①

另外，由俄罗斯联邦政府 2001 年 12 月 29 日第 1756 - P 号命令批准、俄罗斯教育部 2002 年 2 月 11 日第 393 号指令发布的《2010 年前俄罗斯教育现代化构想》使我们能够从教育现代化的层面了解到俄罗斯在改革中对学生个性培养问题的重视："教育的基础环节——学校普通教育的现代化不仅是要学生掌握一定量的知识，而且要发展学生的个性、认识能力和创造能力。"②

2004 年 5 月颁布的第二代"俄罗斯普通教育课程标准"则是明确地陈述了有关学生个性发展的课程目标。小学国家课程标准要求实现的目标是：发展学生个性、创造力和对科学的兴趣，形成学习愿望和能力；培养道德感和美感，培养对自己和周围世界的情感、价值态度、立场；掌握系统知

① 2000 年年 4 月发布的《俄罗斯联邦教育发展纲要》披露：学前教育与初等教育缺乏衔接性，初等普通教育与基础普通教育也缺乏衔接性，普通教育与高等职业教育的衔接性出现脱节的问题尤为严重。参见：王义高. 从《联邦教育发展纲要》看俄罗斯教育发展新态势. 外国教育研究，2002(3)：3

② 吕达，周满生. 当代外国教育改革著名文献(苏联-俄罗斯卷). 北京：人民教育出版社，2004，262

识、能力和技能，完成各种活动的经验；保证孩子的身心健康；优先形成基本能力和技能，为以后的学习打下基础。初中国家课程标准要求实现的目标是：让学生在获得知识、能力技能和实践方法的基础上形成对世界的总体认识；获得各种实践的经验，认识和自我认识的经验；选择受学术教育或是职业教育。高中国家课程标准要求实现的目标是：培养公民责任和正确的自我意识、独立性、创新精神和社会化意识；因材施教，根据高年级学生的能力、倾向和要求，利用机会应用个性化教育项目培养学生；保证受教育者将来的职业教育和职业活动的平等机会，包括考虑到劳动力市场的需要。① 可见，注重学生的个性发展依然是该政策的核心，而这被认为是俄罗斯实现教育现代化的重要内容，因而“必须将与时代相适应的教育标准付诸实施，尤其要使教育内容符合最高的国际水准”②。

从以上的政策内容中，我们不难发现，注重儿童个性自由与全面发展的课程改革目标，是与重视学生获得基础知识、基本技能的目标交织在一起的。这表明，自由主义的价值取向在俄罗斯的课程改革政策中不是“独立”存在的。它之所以成为俄罗斯课程改革政策的一个重要特征，是因为苏联时期课程政策的保守主义价值取向太过凸显，而对儿童个性发展的重视，背离了原有的浓厚的知识与集权取向，使经验、情感、态度等进入课程政策的内容之中。这不能不说是一种巨大的变化。

（二）“不变”与“可变”的课程结构

1993 年，俄罗斯普通教育和职业教育部制订了俄罗斯第一个基础教学计划——《普通教育学校基础教学计划》。该计划于 1998 年作了一些修订，不过仍然保留了 1993 年计划的主要内容结构，没有根本性的变化。《基础教学计划》的一大重要特点是规定学校的课程结构由“不变部分”和“可变部分”组成。“不变部分”保证与全人类的理想和文化传统相适应，形成学习者的个性品质，保证在全国领土上形成教育空间的统一；“可变部分”的课程设置目的考虑到俄罗斯土地辽阔，民族、地区和地方的社会文化特点及传统，保证学生的发展与其天赋和兴趣相适应。③ 因此，“不变部分”是完全实现国家教育标准的联邦课程部分，也就是联邦课程，其统一标准包含了学年

① 白美玲. 当代俄罗斯基础教育改革研究. 华东师范大学硕士学位论文，2006，12—14

② 姜晓燕. 普京强调俄罗斯的教育优先发展战略. 比较教育研究，2003(8)：93

③ 朱佩荣. 俄罗斯公布中小学教学计划. 外国教育资料，1994(1)：24

总的和每个年级的教学连续性、每周教学负担、学生每周最大限度的教学课时数，以及国家投资的教学学时的总量，[①]其根本目的在于保证使学生掌握一般文化知识和民族价值，约占学校课时总数的70%。1997年通过的《普通基础教育国家教育标准（草案）》中所规定普通初级小学应开设的必修学科有“国语俄语”、“语言和文化”、“艺术学科”、“社会学科”、“数学学科”、“自然学科”、“体育学科”和“工艺学科”等8类课程，并且关于各学段的学生对每一类课程应达到的基本水准，《草案》都作了具体明确的规定。[②] 需要在此强调的是，该《标准（草案）》所规定的基本要求属于最低限的必修内容，各地各级学校对学生和毕业生培养的水平要符合这一最低限度的标准，不能降低水准，但可以根据学生的意愿提高要求水平。应该说，这一部分课程继承了苏联学校课程的统一性，就其本身而言，具有保守主义的价值取向；但是，它打破了苏联课程政策中保守主义价值取向的极端性，“最低标准”的设定使统一的课程变得更富有“人性”；而且，在学校的课程结构中，还设有“可变部分”。

所谓“可变部分”，是指用以保证满足地区需要、发展学生个性、实现办学特色的部分。可变部分的课程约占到学校课时总数的30%，教学组织形式丰富多样、生动活泼，分为三种：一是“民族地方课程”，如为保证各民族的特殊需要和反映民族文化特点课程，有民族历史和区域地理等；二是“学校课程”，为了使学校办出自己的特色，由学校独立制订教学计划和编写教材所安排的课程，如体育学校的体能训练课，音乐学校的乐理课等；三是“个性特长课程”，这是为发展学生的个性或爱好而为个别学生所编排的课。可变部分的课程类别有限定选修课、任意选修课、小组活动课、个人兴趣课，[③]而且，“可变部分”与“不变部分”还有相互交叉的内容，必修的可变部分课时可用来学习基础教学计划可变部分的学科，开设补充课程（生态学、经济学、伦理学、韵律体操、发展课等）、10—11年级学生任选课程，为天才学生设置个别教学计划的课程。[④] 可见，“可变部分”课程的存在，使得学校课程能够

---

① 叶玉华.俄罗斯普通学校的课程结构改革.全球教育展望，2003(3)：69

② 白月桥.俄罗斯课程改革的具体剖析及其借鉴意义（上）.首都师范大学学报（社会科学版），2000(6)：108—112

③ 白月桥.俄罗斯课程改革的具体剖析及其借鉴意义（上）.首都师范大学学报（社会科学版），2000(6)：111—112

④ 朱佩荣.俄罗斯公布中小学教学计划.外国教育资料，1994(1)：25

根据不同的民族、地区和学生个人的需要"量身订制",从而更好地符合不同区域学生个性发展的多样化,深入体现课程政策的自由主义价值取向。

(三) 统分结合的课程管理

与《俄罗斯联邦教育法》相一致,《基础教学计划》根本改变了苏联时期高度集中的一种教学计划统得过死的局面,实行了三级课程管理,下放了中央的课程管理职权。

俄罗斯的三级基础教育课程计划由三部分构成:一是俄罗斯联邦(中央)普通教育基础教学计划;二是地区普通教育基础教学计划;三是普通学校的具体教学计划。中央级基础教学计划确定基本的教学科目和各类课程的最低限课时数,规定学生的学习负担;地区级基础教学计划,由地区国家教育管理机关根据中央级基础教学计划规定,它对本地区的普通教育学校具有推荐实施的性质,地区教育管理机关,既可亲自制定,也可以采用中央级基础教学计划;学校具体可操作计划是由学校制订的。各种不同的学校甚至普通中小学,都要在中央或地市基础教学计划指导下,充分运用教学计划中的可变部分课时,制订本校的教学计划。①

可见,这样的课程计划在整体上使地方和学校具有选择性、适应性和灵活性,能够更好地贴近学校和学生的具体需求,使课程管理权具有"去国家化"②的趋势,从而使中央一统课程的局面不复存在,代替它的是中央、地方和学校均成为课程政策的主体而享受并承担着各自的课程权力与职责。

(四) 提高课程的综合化与人文化程度

1990—1991 年苏联中等普通学校标准教学计划中规定的学科门类共为 21 个,在 1993 年的教学计划中则只有 10 个门类。最明显的是新的教学计划中已找不到原来的自然常识、地理、生物学、物理、天文、化学诸学科,他们被整合为一科,即"自然科"。而"社会科"则包容了传统的历史、法律、社会知识、公民学、伦理学和心理学分科课程。传统的制图、劳动课、职业课合并为"工艺学"。③ 因此,学科课程的数目减少了。这降低了学校课程中对

---

① 白月桥.俄罗斯课程改革的具体剖析及其借鉴意义(上).首都师范大学学报(社会科学版),2000(6):111

② 张男星.俄罗斯课程权力:从"唯国家化"到"去国家化".全球教育展望,2005(9):52

③ 刘振天.试析当前俄罗斯教育改革的总体态势.外国教育研究,1995(2):18

学科课程的尊崇，标志着课程政策保守主义价值取向的减弱。

同时，为了顺应人们在科技发达时代对回归人文精神的呼吁，俄罗斯联邦继续推行“人文化”的课程政策。在苏联，人文学科的课时量占总课时的45%左右，自然学科的课时量占总课时的55%左右；而在新的俄罗斯联邦中小学课程方案中，人文学科的课时比例提高到50%左右，大体与自然学科持平。[①] 1995年度，教育部制定了适用于人文方向的学校的自然科学类教学大纲和教科书，编写了统合的理科课程。[②] 对人文学科的重视，是与重视培养学生个性发展的课程目标相一致的，其目的是减少科学技术的“工具性”对人的培养所具有的负面影响。

从上述几个方面我们不难看出，俄罗斯的课程改革政策走出了苏联时期那种具有浓厚保守主义价值取向的课程政策的“唯国家化”倾向，其显著的特点是在课程政策中融入了自由主义的价值取向，在具体政策内容上从课程目标、课程结构、课程管理、课程形态等不同侧面体现着这一价值取向，从而使课程政策能更好地关注到学生个体身心的全面发展，从价值取向上使俄罗斯的课程政策逐渐走向平衡。

① 刘彦文.当今俄罗斯课程概况.外国中小学教育，1999(1)：15

② 高文.个性的发展与培养——俄罗斯教育发展的战略目标.外国教育资料，1999(2)：17

第四章 课程政策价值取向与课程平衡

在学校课程发展史上，林林总总的课程改革政策与课程改革运动形成了人们所熟悉的课程的“钟摆”现象。这一现象表明了课程处于不断的矛盾运动之中，这是因为“在背负政治、经济、社会的不寻常的重压之时，学校的课程变革可能走向循环的另一极，会根本性地发生改变”①。但是，如果从现象上看，一方面不同国家在不同的时期强调着不同的改革重点，另一方面，由于历史文化传统的差异和现实国情的不同，各国的课程“钟摆”在同一时期的摆向可能有所不同，有时甚至相反。即便是具有相同摆向的国家和地区，课程钟摆的摆位即课程发展的水平和阶段也有很大差异。例如20世纪80年代以来，美、英等具有分权传统的国家，重新开始强调“国家标准”、“国家课程”，加强必修课程并提高课程的学术性与统一性，总的趋势是由分散、多样向集中、统一发展；而日本、俄罗斯等具有中央集权传统的国家则显示出权力下放的趋势，开始加强地方和学校的作用，力图提高课程的多样性和灵活性，总的趋势是由集中、统一走向分权、多样。② 各国这种基于其课程改革政策而出现的课程“钟摆”现象，受到课程政策价值取向的内在驱使，反映课程政策对于课程平衡的追求。

第一节 课程政策中的课程平衡

课程改革是关注课程平衡问题的一个契机。一 些国家，如美国、英国和日本，都在课程改革中明确提出了课程的平衡问题——

---

① John Goodlad. *The Changing American School*. Chicago, Illinois: The University of Chicago Press, 1966, 32

② 吴刚平. 课程开发中的矛盾运动与钟摆现象探析. 华东师范大学学报(教育科学版), 2000(6): 15—16

1957年,美国因苏联人造地球卫星成功发射而受到震撼,紧接着在1958年美国颁布了《国防教育法》,并在随后开始了结构主义课程改革。在改革的过程中,1961年美国课程开发与视导协会(Association for Supervision and Curriculum Development)认为在这四年左右的时间里,课程政策与课程实践依然未能很好地体现课程的平衡性。于是,其该年的年度报告以"课程中的平衡性"为题,指出平衡性是任何时候在课程中必须考虑的问题。

在英国,1985年3月由教育与科学部和威尔士事务部向议会提交的《把学校办得更好》白皮书提出了四项课程设置原则,其中之一就是"平衡"原则,即"每一部分都应占有一定时间,以发挥其专门作用,但又不能挤占其他基础部分";其余三项原则虽未冠以"平衡"二字,但依然蕴含着对课程平衡的重视,它们是——"广博性:课程设置要使学生获得广博的知识、理解力和技能;相关性:科目教学中要说明这些科目在学生和成人生活中运用的情况,并适当侧重实践方面;因材施教:教什么,怎么教,要与学生的能力和性向相适应"。该白皮书进而认为,"现在是改变课程设置中的平衡关系及其教学重点的时候了"①。这一关于课程平衡的思想体现于《1988年教育改革法》,该法承袭了《把学校办得更好》白皮书所体现的关注课程平衡的设置原则——在第一部分"学校"的第一章"课程"中,要求公立学校的课程是一种平衡和基础广泛的课程。

日本在面向21世纪的课程改革中,基于越来越突出的"教育荒废"现象,于1985年《日本临时教育审议会关于教育改革的第一次审议报告》中提出:"必须强调德、智、体协调发展,再加上实践与技能的培养","要特别注意贯彻德、智、体各方面协调发展的基本基础教育",②从而将教育内容的平衡摆在基础教育课程改革的首要地位——课程改革最重要的是要丰富学生的"Kokoro",即态度和价值观,其次是知识和技能。这一方针使日本人尊重儿童精神、道德、智力和体格发展的平衡,这样的教育被称为"人的全面发展教育"③。美国联邦教育部教育研究和改革办公室在对日本教育的研究报

---

① 吕达,周满生.当代外国教育改革著名文献(英国卷·第一册).北京:人民教育出版社,2004,7—8

② 吕达,周满生.当代外国教育改革著名文献(日本、澳大利亚卷).北京:人民教育出版社,2004,9

③ 吕达,周满生.当代外国教育改革著名文献(日本、澳大利亚卷).北京:人民教育出版社,2004,244

告《日本的教育现状》中认为,“这是通过一个平衡的、完整的课程来完成的”。[①]

国外一些关于课程改革的政策关注到了学校课程的平衡问题,但是从政策的具体内容看,它们所体现的“课程平衡”却不尽相同——它们分别从课程目标、课程结构、课程内容等不同方面体现出各国对于“课程平衡”的追求,从而显示出由课程改革政策所导致的学校课程那种“钟摆”式的运动试图趋向于平衡的努力。

一、课程目标的平衡

衡量课程平衡,首先可以从社会和个人两个方面进行。从社会方面来看,课程平衡与社会文化发展与科技进步有关,因此,课程平衡必然对学校所服务的社会和学校在社会中所扮演的要求给予充分的考虑;另一方面,对于个人,课程平衡意味着实际上被每个个体学生所选择或所体验的课程平衡,这种意义上的平衡是从儿童身心发展的特点出发的。[②]

首先,从国外中小学课程的发展来看,课程目标的平衡体现着社会需求与个体需求之间的平衡。

在学校课程发展过程中,课程目标的确定受当时一定条件下社会需求的影响,也受儿童自身发展需求的制约。这两种力量经常在课程发展的舞台上彼此竞争,影响着课程开发者平衡地确定课程目的。例如前面提到的美国20世纪50年代末、60年代初的课程改革,它试图纠正之前存在于课程中的“放任主义”,将培养第一流的科技人才作为公立中小学学校课程改革的课程目标,强调对数学和科学的学习。这是受当时社会需求强烈影响的结果。然而,古德莱德(J. Goodlod)严厉地指出了教育改革中的这种不平衡状态,[③]因为社会需求并不总是被个人视为其自身适当的需求。在1983年,美国著名的教育改革报告《国家在危急中:教育改革势在必行》则又一次以国际军事、经济、科技挑战下的社会需求,对当时为满足儿童个体

---

① U. S. Department of Education. *Japanese education today*. Washington DC: U. S. government printing office, 1987,70

② Association for Supervision and Curriculum Development. *Balance in the Curriculum*. Washington DC: ASCD, 1961,7—9

③ David J. Flinders & Stephen J. Thornton. *The Curriculum Studies Reader*. New York and London: Routledge Falmer, 2004,61—71

需求而设置的"自助餐"式的课程提出了否定。从加拿大安大略省的学科课程政策文件——各科《课程指南》中，我们也可以看出这一点：无论是小学的课程设置还是中学的课程设置，均要求以个人发展和社会需要作为考虑的出发点和归宿：一方面强调课程需促进学生知识、技能、工作习惯、创造力和学生对自己学习的责任意识的发展，强调课程需适合学生不同的学习需要和能力；另一方面强调课程对学生社会变革的适应与回应，培养学生能够获得或创造令人满意的职业，使其实现中学毕业后的各种出路目标，成为独立的、有生产能力的和有所贡献的社会成员。

其次，课程目标方面的平衡性体现着各种社会需求与各种儿童个体需求内部的平衡。

各种社会需求内部的平衡，主要体现在课程开发中各种社会意识之间的平衡。在20世纪80年代以后，课程学家们广泛运用现象学、存在主义、解释学、后结构主义、解构主义、后现代主义、女性主义等哲学社会学思潮对课程进行探究，产生了对课程新的理解——政治的理解、种族的理解、性别的理解、现象学的理解、后现代的理解(包括后结构主义理解与解构主义理解)。这些新的理解不同程度地影响着中小学课程的开发。以美国为例，目前学校课程受政治与种族的理解影响较深，因为从90年代后期课程标准化及学校问责运动不断深入，教学中多元文化问题(少数民族和英语非母语人口)得到较高程度的关注，从而试图在教育公平与教育优异之间找到平衡点。各种儿童需求内部的平衡体现在知识、技能与人性、人格之间的平衡，前文提及的日本课程改革中对"Kokoro"的重视就是一例，而英国《1988年教育改革法》将"促进在校学生在精神、道德、文化、心理和身体方面的发展，并为学生在以后的成人生活中的机会、责任感和经验方面作准备"作为公立学校课程设置的目标，则又是一例。

在课程政策中从社会与个人两个方面考虑课程目标的平衡性，其根本在于考虑并设法解决政策价值取向上保守主义和效率主义价值取向同自由主义价值取向之间的矛盾与冲突。课程政策以社会发展为重而确定相应的课程改革目标，注重的是课程的外在价值与功能，是以课程作为社会发展的手段、以课程的变化来提高社会发展的效率，因而效率主义价值取向必然是课程政策主导的价值取向之一。同时，由于学科知识与技能有着能为人们所利用的工具性价值，通过集权化的道路采取措施提高掌握它们的要求与可能性，也是课程更好地为社会发展服务的重要途径，由此，保守主义的价值取向也必然是课程政策主导的价值取向。而如果，课程政策以个人的发展为重来确定相应的课程改革目标，则注重的是课程的内在价值，它旨在通过课程使个人的身心得到自由、全面发展，所关注的问题必然是如何确定个人身心发展的需求、以什么方式发展个性，因而相应的政策内容必是体现出自由主义的价值取向。

由此，在有关课程改革目标的政策内容之中，效率主义、保守主义和自由主义的价值取向是相对立的。但事实上笔者认为，两者存在沟通的可能。因为个人是“一切社会关系的总和”，社会性是个体不可否认的属性，所以个人需求必然有社会性需求的因素与内容，而个人的社会性需求一定是与其所生活的社会、国家的发展状况和发展前景有着密不可分的关系。

二、课程结构的平衡

课程结构的平衡是课程目标平衡的必然要求，包括各类学科之间、各种课程类型之间的平衡，如必修课程与选修课程比例的消长，学科课程与综合课程、核心课程、活动课程的结合，学术性课程与职业性课程的协调等。从课程政策的价值取向看，实行必修课程、学科课程、学术性课程受保守主义的价值取向影响较多，注重职业性课程受效率主义价值取向的影响较大，而推崇选修课程、综合课程、核心课程、活动课程等更多的是受了自由主义价值取向的驱使。因此，课程结构的变迁也反映着课程改革政策价值取向的变迁，而课程结构的试图平衡便是各种价值取向求得平衡的外在表现。

（一）必修课程与选修课程的消长

如果学校所提供的课程在学习机会上是广泛的、多样的和灵活的，那么这种被选择或体验的课程对于个体来说可能是较为平衡的，如果所提供的课程是有限的、僵化的，那么学习机会选择的可能性也是很小的，这种课程可能是失衡的。

必修课程与选修课程的消长在20世纪90年代以来的俄罗斯以课程的“不变部分”与“可变部分”的产生而凸现。在另一些发达国家的课程改革政策中，设置共同的核心课程是保证或增加必修课比重的一种途径。美、英等国80年代以来的课程政策要求设置若干门学科为学校的核心课程，这些在前面已有阐述，而在此，笔者将以法国为例再作一说明。

在法国，初中的核心课程称为“共同基石”。1990年，法国成立了由费里

(L. Ferry)领导的国家教学大纲委员会(CNP,又译“国家课程委员会”)。1994 年 9 月,CNP 在应教育部部长要求而提交的《在初中学习什么》的报告中认为,学校在义务教育阶段应该保证所有的学生“掌握知识与能力的共同基石”,使他们成为合格的公民,而初中课程应立足于“共同基石”的概念。所以,CNP 在《为初中教学大纲的指导思想》中提出初中应该围绕学科极,即指向某一主题的几门学科组合,来组织“共同基石”,并对原有的初中教学大纲进行修改。CNP 所提出的初中应设立的三个“学科极”是:(1) 表达。这一学科极旨在使学生获得基本的语言能力,以达到表达与理解上的自治。属于这一学科极的学科有法文、艺术实践、外语、数学。(2) 关于人的知识。这一学科极旨在使学生了解从人类生活到社会的多种体验。属于这一学科极的学科有历史、文学、人文地理、艺术、技术、理科。(3) 关于世界的知识。这一学科极以科学和技术教育为中心,旨在使学生熟悉实验和技术的步骤,掌握自然和生命科学使用的方法,了解当今社会技术和科学的成果。属于这一学科极的学科有物理、化学、生物、技术(含计算机)、数学。① 以“学科极”的概念设置共同核心课程,这与美、英等国主要从学科角度出发设置核心课程有所不同。

法国高中的“核心”课程称为“共同文化”。1998 年 4 月 28 日—29 日,法国教育部在里昂举办以“高中应当教授哪些知识”为主题的全国研讨会。会上,组织委员会主席梅里厄教授提交了一份综合报告,提出了关于高中课程改革的建议。关于教学内容,报告提出了一个“共同文化”的概念。“共同文化”包括认识世界与履行公民义务的基础知识和参与社会生活所必需的技能,应包括各个领域:文学、人文科学、艺术、科技、外语、体育。基于“共同文化”,报告在原则上规定了各学科的基本范畴:

- 法语:书面表达、口语表达、文学史、法文与外文著作学习等;
- 历史与地理:按年代与地理分布展示全部文明,重点学习现代史;
- 公民与法律及政治教育:法律史、政治制度、共和国体制、劳动法、公共辩论中数字信息的应用、社会重大问题、口头辩论;
- 体育:体质训练、个人身体保护;
- 艺术表达:戏剧、舞蹈、电影、体操、音乐等(任选至少两种);

① 汪凌. 掌握知识与能力的共同基石——法国基础教育课程改革趋势. 全球教育展望, 2001(4): 33—34

上述学科在各学习系列和所有年级中实施。

此外，所有高中都要传授基础科学文化，因为这是掌握当代世界变化的关键。在所有高中的毕业年级，都要开设哲学思考课，帮助青年探讨“人类生存条件”的普通问题，掌握社会融合的真正工具。所有高中学生还要掌握计算机的基本技能，如文字处理、绘制图表、网络操作等。当然，科学技术和外语也是所有学生必须学习的。①

如上所述，“共同基石”是面对所有初中学生的，它是知识与能力的统一，包括实践的与反省的；它在尊重各学科本身的逻辑的同时，认识到学生的个体性，而学科的多重性又应该在学生身上得到统一；“共同文化”则是面对所有高中学生的，体现于高中所授的所有学科，同时又重视把学生未来学习与职业生活所必需的技能与相应的文化知识联系起来。可见，“共同基石”与“共同文化”的要旨是以人的发展为根本从而促进课程的平衡发展，这与法国 1992 年制定的《课程宪章》的要求是内在统一的，体现了《课程宪章》的基本精神，即“协调：单一学科与全部学科的协调；学生发展阶段与速度的协调；知识与能力的协调；客观要求与主观态度的协调”②。

同时，在另一些发达国家，通过实行必修课程选修化来试图增加课程选择的灵活性，以实现必修课程与选修课程之间的平衡。

例如韩国，在 1996 年开始的第七次课程改革中，为挖掘学生的个人潜力，充分考虑学生的能力、特点、需要、爱好等差异，采用了不同标准的教育课程，包括：学习内容比较分明的阶段型课程；以基本内容为中心的深化补充型课程；课程内容多样化、难易程度不同的选择型课程：③

- 阶段型课程：首先在英语和数学中采用不同标准的阶段型课程，再过渡到国语和科学课程。数学课从小学一年级到高中一年级 10 年的课程分为 10 个等级阶段，英语分为 12 个等级阶段。同一年级的学生可根据其学习各科的能力和知识水平分别学习不同阶段的内容，学生可与任课教师或班主任协商后选择适合自己的课程学习。
- 深化补充型课程：从小学一年级到高中一年级，除英语、数学以外的课程教学中要采用不同标准的深化补充型课程。教学内容要根据不同年级

---

① 王晓辉.法国中小学课程的演变与改革.教育参考资料，2000(10)：30

② 王晓辉.简评法国的《课程宪章》.课程·教材·教法，1994(6)：53

③ 国家教委教育管理信息中心.韩国确立主导世界化、信息化的新型教育体制.教育参考资料，1996(12)：28—30

学生的中间水平来确定，其中既要有适合优秀学生学习的难度较深的内容，又要有适合差等生学习的补充辅导内容。

● 选择型课程：这是指在高中二、三年级根据学生的不同的兴趣开设多种不同标准的课程，使学生能够根据自己的水平和能力及未来发展方向选修。例如：语文可由国语1、2、3、4，韩国现代文学1、2，韩国古典文学1、2等构成；数学可由基础数学1、2，数学1、2、3、4和应用数学等构成；科学由科学史，物理1、2、3、4，化学1、2、3、4和生物1、2、3、4等构成。

又例如，加拿大安大略省1999年题为《安大略的中学9—12年级：课程计划于毕业要求》(*Ontario Secondary Schools*, *Grades* 9 *to* 12: *Program and Diploma Requirements*)的教育改革政策文件提出对于课程设置的意见：9—12年级的课程既以学生的兴趣与能力为基础，又以他们所期望的中学毕业后的出路(升入学院、大学或是学徒培训和直接工作)为基础，实行必修课程选修化，由系列1、2、3和4四种类型组成——①

● 系列1：系列1提供的课目不以学生中学毕业后的出路为导向，他们为学生提供进行广泛学习的机会，以不断修整他们教育的、个人的和职业生涯的计划。课目以传统学科为主，如商业研究、体育与健康教育、家庭研究，或者是学科间的理论与实践的应用，如有关信息/通讯技术与媒体素养的课目。

● 系列2：系列2提供的课目是为了学生能升入大多数的学院、进入学徒培训和/或直接工作而准备的。课目的编制与上课的方式强调课目内容的具体应用。学习的经历是通过项目驱动并以活动为基础的。

● 系列3：系列3提供的课目是为学生升入大学和一些特殊的学院而准备的。课程的编制和上课方式强调理论方面，也包括一些通过项目驱动和以活动为基础而形成的学习经历。

● 系列4：系列4课目的功能是为了使学生能在系列2和系列3课目之间进行转换，以适应他们改变中学毕业后出路计划的需要。系列4也被用于为那些即将离开或重新进入中学的学生提供适当的课目。与其他系列相比，许多情况下，这些课目更短(0.5学分)、更集中，上课方式也更灵活。系列4在毕业要求中是作为选修学分而要求的。

---

① Ministry of Education and Training (1999). *Ontario Secondary Schools*, *Grades* 9 *to* 12: *Program and Diploma Requirements*. Http://www. edu. gov. on. ca/eng/document/curricul/secondary/oss/oss. pdf

目前安大略省的中学课程设置体现了这一政策思路。安省的中学课程实行学分制，课程设置总体上分为两个学段：9—10 年级和 11—12 年级。9—10 年级的课程设置一方面考虑小学到中学的过渡性，另一方面为中学阶段的进一步学习打下基础。11—12 年级的课程设置则主要着眼于学生中学毕业后的不同出路准备。因此，9—10 年级的课程在类型上相对比较单一，而 11—12 年级的课程则类型相对较多。学生可以根据自己的兴趣、志向、能力的不同，在每一年级选择其中某种类型的一个课目进行学习。在附录部分，本书提供了安大略省 9—12 年级英语、数学、科学、商业研究、技术教育等必修课程的选修化科目。

（二）学科课程与其他课程形态的结合

基于学科课程本身的局限性，课程政策中对于课程结构的调整无疑会涉及学科课程与其他类型课程的结合问题。

日本 1998 年课程政策方案新增了"综合学习时间"，以展开超越学科的、横向的、综合的学习。国家只规定综合学习时间的目标、课时，不规定具体内容，各个学校可以就学生关注及有兴趣的课题，或是横向的、综合的社会问题，具有学校、地区特色的课题等，设定适当的课题和活动，创造性组织跨学科的学习；其主要形式有体验性学习和问题解决学习等。在整个偏重学科课程的学校课程体系中融入综合课程，一定程度上实现了学科课程与其他课程形态的结合。①

在加拿大安大略省，11—12 年级的学生需要学习"跨学科研究"的课程。这是课程政策试图以"跨学科研究"的方式弥补学科课程自身不足的反映。该省各学科课程指南强调：学科中任一课目的主题都能与其他学科的一个或多个课目主体相结合构成一个新的跨学科课目。在跨学科研究课程的课目中，学生将有意识地应用一个以上学科的概念、方法和语言来探索问题、发展技能和解决问题。这些课目旨在反映学科之间的相互联系与相互依赖，以及相应的概念、技能和应用，大于这些学科的简单相加，鼓励学生选择个人学习的新领域，成为独立的终身学习者，不但知道为什么学习，而且知道如何评价自己的思维、想象以及在决策中的机敏。

① Ministry of Education, Culture, Sports, Science and Technology (1998). *Synopsis of the Curriculum Council's Midterm Report*. Http://www.mext.go.jp/english. 2006 - 11 - 03

该课程的课程指南中给出了一些跨学科研究课目的例子，有单学分课目和多学分科目：①

＊单学分课目有——

(1) 应用新闻，11 年级，开放型；

(2) 信仰、信念和想象，11 年级，开放型；

(3) 成功生活的信息管理，11 年级，开放型；

(4) 信息研究导论，11 年级，开放型；

(5) 运动与社会，11 年级，开放型；

(6) 考古研究，12 年，大学准备型；

(7) 建立财政安全，12 年级，大学准备型；

(8) 人权问题，12 年级，大学准备型；

(9) 音乐与社会，12 年级，大学准备型；

(10) 教育研究，12 年级，大学准备型；

(11) 乌托邦社会：愿景与现实，12 年级，大学准备型；

(12) 老龄化与社会，12 年级，开放型；

(13) 建筑学研究，12 年级，开放型；

(14) 信息与公民的权利与义务，12 年级，开放型；

(15) 信息管理与社区领导，12 年级，开放型；

(16) 学习与数学，12 年级，开放型。

＊多学分课目有——

(1) 应用设计，11 年级，开放型，2 学分；

(2) 社区环境领导，11 年级，开放型，5 学分；

(3) 信仰与文化，11 年级，开放型，3 学分；

(4) 招待管理，11 年纪，开放型，3 学分；

(5) 地方研究与社区联系，11 年级，开放型，4 学分；

(6) 小型商业运作，11 年级，开放型，2 学分；

(7) 生物与人类发展，12 年级，大学准备型，3 学分；

(8) 生物技术，12 年级，大学准备型，3 学分；

(9) 儿童文学，12 年级，大学准备型，3 学分；

---

① Ministry of Education (2002). *The Ontario Curriculum Grades* 11 *and* 12: *Interdisciplinary Studies*. Http://www.edu.gov.on.ca/eng/curriculum/secondary/interdisciplinary1112curr.pdf. 2009-11-12

(10) 信息与公民的权利和义务,12 年级,大学准备型,3 学分;

(11) 知识管理与学习型组织,12 年级,大学准备型,3 学分;

(12) 数学模型与应用程序,12 年级,大学准备型,3 学分;

(13) 艺术管理,12 年级,开放型,3 学分;

(14) 生物技术,12 年级,开放型,3 学分;

(15) 信息时代的土著人,12 年级,开放型,3 学分;

(16) 科学与社区,12 年级,开放型,3 学分。

(三) 学术性课程与职业性课程的平衡

对于此,我们亦不妨从安大略省的"职业生涯指导课程"窥见一斑。①1999 年和 2000 年,安大略省教育部分别制定课程政策文件:9、10 年级《职业生涯教育与指导课程指南》和 11、12 年级《职业生涯教育与指导课程指南》。2004 年,安大略省教育部又补充出台 10、12 年级《职业生涯教育与指导开放课程(草案)》,并要求于 2004 年 9 月起配合上述两个文件一起实施。这些文件增强了以学术性课程为主的中学课程的职业性特征。

在 1999 年与 2000 年的课程指南中,"职业生涯教育与指导"课程由五个课目组成,2004 年的《职业生涯教育与指导开放课程(草案)》为 10 年级和 12 年级分别增加了《发现职场》和《驾驭职场》两个课目,如表 4.1 所示。

表 4.1　9—12 年级职业生涯教育与指导课程课目

年级	课目名称	课目类型	课目代码	学分	先决条件
9	学习策略 1:在中学获得成功的技能	开放	GLS1O	1.0	无
			GLS1O (特殊教育)		校长推荐
10	职业生涯研究	开放	GLC2O	0.5	无
	发现职场	开放	GLD2O	1.0	无
11	设计你的未来	开放	GWL3O	1.0	10 年级的职业生涯研究
	领导与同伴支持	开放	GPP3O	1.0	10 年级的职业生涯研究

① 杨燕燕. 加拿大安大略省中学《职业生涯教育与指导》课程述评. 比较教育研究,2005(12):73—77

续 表

年级	课目名称	课目类型	课目代码	学分	先决条件
12	高级学习策略：在中学后获得成功的技能	开放	GLS4O	1.0	10年级的职业生涯研究
			GLS4O（为有IEP的12年级学生修订）		校长推荐
			GLS3O（为有IEP的11年级学生修订）		校长推荐
	驾驭职场	开放	GLN4O	1.0	无

注：IEP是指 Individual Educaton Plan（个人教育计划）。

在表4.1中，课目《学习策略1：在中学获得成功的技能》主要探究学习策略，帮助学生成为更好的、更独立的学习者，并增加他们在学校和其他环境中有关个人管理的技能。学生将学习如何发展并运用广泛的策略以改善他们的学习、提高他们的成绩，尤其是读写、计算、交流与规划的能力。该课目能增强学生的自信、增强学习动机、增长学习能力。

课目《职业生涯研究》探究学生在中学后的各种学习选择，帮助他们形成将来处理工作与生活中各种变化所需的能力。它教学生如何在学习与工作中制定并达成个人目标，以及如何为社区的发展作贡献。学生将学习评价自己的知识、技能、个性特征，学习考察经济趋势、了解工作单位、洞悉工作机遇、寻找就业途径；学生也将为达成自己的目标而设计行动计划。

课目《发现职场》将为学生提供机会去发现并获得成功就业所需的职场基本技能和工作习惯。学生将通过使用真实的职场材料，通过在学校和社区实际的动手经历形成对工作的理解；将通过对工作地的参观、工作经验等发现自己感兴趣的职业。同时，它帮助学生制定继续学习和工作的规划。

课目《设计你的未来》为学生成功进入中学后的工作、教育或培训而作准备。通过学习，学生在提升自己就业技能、学习如何管理自己的职业生涯的同时，还将探索现代职场的现实情况与机遇。学生要选择适当的中学后教育或培训目标实施一个行动计划。

课目《领导与同伴支持》培养并激励学生在学校与社区中领导他人和给他人以支持。学生将获得在交流、人际关系、教练式指导、领导、团队合作、冲突处理等方面的技能，并在个别指导、顾问式指导、学生会参与等角色中得以运用。该课目也将使学生学习社会多元的价值观与复杂性，认识到终身为社区作贡献与帮助他人的重要性。

课目《高级学习策略：在中学后获得成功的技能》旨在提高学生的学习技能，为他们成功转入中学后学习与工作作准备，培养他们成为独立的、终身的学习者。学生将学习评估自己的学习能力，通过使用批判性阅读、时间管理及其他技巧来促进有效的学习。另外，学生需要考察有关就业以及中学后教育或培训的学习需求，并制定中学后的学习计划。

课目《驾驭职场》为学生提供机会去拓展能在各种类型的职场获得成功所需的基本技能与工作习惯。学生将通过真实的工作经历探索感兴趣的职业与职业生涯，制定今后继续学习与工作的规划，并考察平稳地转移至中学后目标所需的资源与支持。

上述七个课目的关系可以用图 4.1 表示。

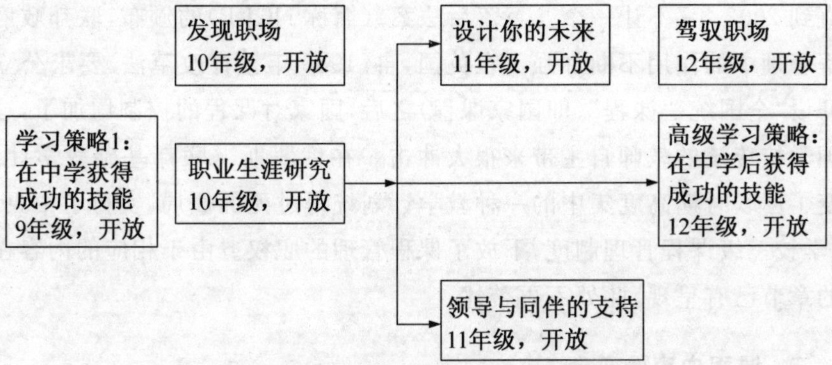

图 4.1　9—12 年级职业生涯教育与指导课目条件图

此外，课程指南也指出：可以与其他学科的课目结合，创造出跨学科的课目。

对于这一课程，笔者认为，其课程目标具有明显的职业性，但它不仅仅为了学生将来的就业（获取某一职业），而是要为学生进行职业生涯的规划而作准备。它强调职业生涯规划的制定与实施，既要求学生通过设定目标、拟订计划、按计划行动、评价与修改计划等程序尝试对自身职业生涯规划的制定与实施，同时又要求学生结合现实的工作经验来探寻自身的职业前景；它也强调职业与职业生涯的区别，一定程度上使这一中学的职业课程避免了单一的工具性，帮助学生明确职业在职业生涯中的地位，并促使学生自中学阶段起就充分思考自身今后整个职业生涯的规划，从而使学生能够更好地理解人生、理解自身在各种社会角色中的责任。同时，这一课程十分注重发展学生的终身学习能力，从而帮助其实现终身学习的目标。这一课程指向学生终身的教育或培训，指向学生结束中学教育后在工作和学习中所需要的一般技能，即几乎在每一种职业和日常生活中都需要被运用的基本技能，用以帮助学生在知识社会中更好地生存与发展。它以学生通过有效的终身学习达成自身的职业生涯目标为主旨，设计了循序渐进的课目系统，表达了课程对学生进行终身学习的明确意义。因此，该课程对于以学术性为主的学校课程来说，无疑是一种重要的补充和权重的制衡。

此外，课程结构的平衡还表现在国家、地方、学校三级课程管理的平衡上。先前表现为地方分权管理倾向的国家，逐渐强化了国家层面上的统一管理；反之，原来表现为高度中央集权管理的国家，则逐步下放课程管理权。在美国，1958 年以前学校的课程与教学决策由教师、校长、学区以及地方政府掌控。《国防教育法》颁布以后，随着 1965 年《中小学教育法案》的出台，一直到 2002 年《不让一个儿童落后法案》(简称 NCLB)的颁布，联邦政府在课程管理中的作用不断加强。在英国，自《1988 年教育改革法》要求公立学校开设“全国统一课程”(即国家课程)之后，国家对课程的控制增加了，这给英国学校传统的教师自主带来很大冲击。在俄罗斯，《联邦基础教学计划》改变了苏联时期高度集中的一种教学计划统得过死的僵局，实行了中央、地区、学校三级课程管理制度，下放了课程管理的职权。由于相应的内容在前面的章节已有呈现，此处不再赘述。

三、课程内容的平衡

课程内容的平衡包括间接经验与直接经验之间的平衡。以间接经验为课程内容是课程政策保守主义价值取向与效率主义价值取向所倡导的，它们推崇外在知识的价值，推崇人对外在知识的被动接受。自由主义价值取向则注重学习者的直接经验，推崇主体积极、主动的学习。因此，寻求课程内容间接经验与直接经验的平衡，也是课程政策各种价值取向矛盾斗争的反映与结果。

在一些发达国家的课程改革的政策规定中，涉及增加学生的直接经验以补充对间接经验的学习。如前所述，日本学校课程中“综合学习时间”的主要形式有体验性学习和问题解决学习等。这里的体验性学习指自然体验和社会体验，包括观察、实验、参观、调查、讨论、制作与生产活动。而加拿大安大略省中学的“职业生涯指导与教育课程指南”也强调与社区的联系，使学生有机会在一些工作环境中通过与雇主和雇员的互助获得相关直接经验，将所学应用到课堂及其他环境中，并评估自己取得的进步。由此，学生能很好地学习为学校与社区作贡献，以成为积极的、有责任感的公民。① 这里，课程的内容不是传统的间接经验，而是学生在学习过程中获得的直接经验，构成对传统课程内容的补充与制衡。

课程内容的平衡还体现于某一学科内容的连续性与发展性，以及学科内容间的联系性两个方面。这既基于学习者个体身心发展需要而在课程政策中有所体现，也是由课程内容所反映的社会的发展所决定的。对于此，还是以加拿大安大略省为例。

首先，根据各科课程纲要，某一学科内容的连续性与发展性表现为小学课程到中学课程教学内容异中有同，有延续有拓展。

例如小学的《科学与技术》课程包括四个领域的内容：理解生命系统、理解结构与机制、理解物质与能量和理解地球与太空系统。具体 1—8 年级的内容如表 4.2 所示。②

表 4.2　1—8 年级科学与技术课程的内容

	理解生命系统	理解结构与机制	理解物质与能量	理解地球与太空系统
1 年级	生命体的需要与特征	物质、物质与日常结构	生物体中的能量	每日与季节的变化
2 年级	动物的生长与变化	运动	液体与固体的属性	环境中的空气与水
3 年级	植物的生长与变化	强的与稳定的结构	产生运动的力	环境中的土壤
4 年级	栖息地与社区	滑轮与齿轮	光与声	岩石与矿物质
5 年级	人的器官系统	作用于结构与价值的力	物质中的属性变化	能量保存与资源
6 年级	生物多样性	飞行	电与电的设备	太空
7 年级	环境中的运动	组织与功能	纯物质与混合物	环境中的热
8 年级	细胞	作用中的系统	流体	水的系统

① 杨燕燕. 加拿大安大略省中学《职业生涯教育与指导》课程述评. 比较教育研究，2005(12)：76

② Ministry of Education and Training (2008). *The Ontario Curriculum Grades* 1—8: *Science and technology*. Http://www. edu. gov. on. ca/eng/curriculum/elementary/scientec18currb. pdf. 2009-11-25

在中学，上述四个领域的课程内容有了进一步的发展与深化，如表 4.3 和表 4.4 所示。

表 4.3　9—10 年级科学课程的内容①

课目	9 年级学术型	9 年级应用型	10 年级学术型	10 年级应用型
生物	可持续生态系统	可持续生态系统与人类活动	生命体的组织、器官和系统	组织器官和系统
化学	原子、元素和化合物	探索物质	化学反应	化学反应及其实际应用
地球与空间科学	宇宙研究	空间探索	气候变迁	地球的动态气候
物理	电的特性	电的应用	光与几何光学	光与光学应用

表 4.4　11—12 年级科学课程的内容②

课目	内容 1	内容 2	内容 3	内容 4	内容 5
生物（11 年级大学型）	生物的多样性	进化	遗传过程	动物：结构与功能	植物：解剖、生长和功能
生物（11 年级学院型）	细胞生物学	微生物学	遗传学	哺乳动物解剖	自然界的植物
生物（12 年级大学型）	生物化学	新陈代谢过程	分子遗传学	平衡	人口动力学
化学（11 年级大学型）	物质，化学趋势与化合作用	化学反应	化学反应中的量	溶解与可溶性	气体与大气化学
化学（12 年级大学型）	有机化学	结构与物质属性	能量变化与反应率	化学系统与平衡	电子化学
化学（12 年级学院型）	物质与质量分析	有机化学	电子化学	化学计算	环境中的化学
地球与空间科学（12 年级大学型）	宇宙学	行星科学	记录地球的地质史	地质	地理过程

① Ministry of Education (2008). *The Ontario Curriculum Grades* 9 *and* 10: *Science* (*Revised*). Http://www.edu.gov.on.ca/eng/curriculum/secondary/science910_2008.pdf. 2009-11-25

② Ministry of Education (2008). *The Ontario Curriculum Grades* 11 *and* 12: *Science* (*Revised*). Http://www.edu.gov.on.ca/eng/curriculum/secondary/2009science11_12.pdf. 2009-11-25

续　表

课目	内容1	内容2	内容3	内容4	内容5
环境科学（11年级大学/学院型）	当代环境挑战的科学解决办法	人体健康与环境	可持续农业与林业	减少与管理浪费	能量保存
环境科学（11职场型）	人类对环境的影响	人类健康与环境	能量保存	自然资源科学与管理	安全与能回应环境的职场
物理（11年级大学型）	运动学	力	能量与社会	波与声	电与磁
物理（12年级大学型）	动力学	能量与动量	重力、电和磁场	光的波动性	现代物理的革命：量子力学与相对论
物理（12年级学院型）	动量及其应用	机械系统	电与磁	能量转换	水与气的系统
科学（12年级大学/学院型）	医药技术	病原体与疾病	营养科学	科学与公共健康问题	生物技术
科学（12年级职场型）	职场中危险	消费品中的化学物质	疾病与预防	家庭钰工作中的电学	营养科学

从表4.3和表4.4可见，有关生物、物理、化学、地球与空间科学方面的知识、技能是中小学科学课程共同的关注点，但相关领域的知识、技能在中学阶段得到进一步发展，如在小学探讨的是“动物的生长与变化”和“植物的生长与变化”，在中学则要探讨“生态系统”，前者是比较直观的、表面的现象，关注部分；后者则是更深入、具体的研究，关注整体。

又例如英语课程，在小学阶段，主要内容包括语言的三个主要运用领域，它们分别是：写作、阅读、口头交流与视觉交流。① 所有年级的课程内容都是为了发展学生必要的阅读技能、写作技能和口头言语技能，包括为拼写和语法打下坚实的基础；是为了培养学生欣赏文学作品的能力；也是为了帮助学生掌握准确、有效地使用口头言语的技能。在中学阶段，课程内容包括阅读与文学研究、写作、语言、媒体研究四个方面，除了进一步深化在阅读、写作、口头交流等方面的学习之外，中学英语课程强调“文学研究”与“媒体研究”两个方面：一方面，文学研究是英语课程的中心内容，它为学生提

① Ministry of Education (2007). *The Ontario Curriculum Grades* 1—8: *Language* (*Revised*). Http://www.edu.gov.on.ca/eng/curriculum/elementary/language18currb.pdf. 2009-12-03

供发展智力与读写能力的机会。作为生活与经验的一种积极展示，文学对于过去及现在的人类状况提出了重要问题。随着学生对各种文学作品以及不同的时代、事件、文化与价值观的认识逐渐增多，他们将深化对人类思维与人类经验的多方面的理解。另一方面，由于印刷媒体与电子媒体在生活中的广泛影响，学生学习如何理解与解释作品就非常重要。在英语课程中，学生需经常有机会分析媒体交流的各个方面，也应通过使用各种技术创作自己的媒体作品来研究媒体。通过各种媒体来交流自己的观点，学生将发展批判性思维技能，并理解媒体作品如何影响其对象并反映创作者的思想。①

其次，某学科内容的发展性也表现为同一阶段中教学内容的递进。

例如 9—10 年级的商业研究课程是 11—12 年级的商业课程的导论，11—12 年级的商业研究课程则为学生提供学习自己感兴趣的有关商业的方方面面。学生在对商业领域的主要方面——企业创办、国际贸易、信息与交流技术、会计学、市场营销、商业领导等有了一个基本的认识之后，可以在 11—12 年级选择最能满足他们与特殊兴趣的领域进行学习。②

又如《社会研究与人文学》课程中的家庭研究领域，从其所组成的课目内容看，9 或 10 年级的《食物与营养》课目探索影响对事物的态度以及决定的因素，考察最新关于形体及食物销售的各种问题，并给予营养学方面的良好教导。学生将学习如何明智地选择食物，如何准备食物，并考察加拿大的食物文化遗产与食品工业以及全球的食物问题。《个人的和家庭的生活》课目探索所有人面临的变革：如何满足基本需求，如何与他人联系，如何管理资源，如何成为社会有责任的成员。学生将获得人际交往的技能、决策的技能和与日常生活相关的实用技能并探索家庭的功能以及社会中各个家庭之间的差异。在 11—12 年级，学生将学习有关家庭生活更具体的内容。其中的《与儿童一起生活》课目关注家庭与社区环境下儿童的健康，学生将通过观察及与儿童的互动来研究在父母及社区其他成员关系背景下儿童的行为及其发展。《管理个人及家庭的资源》课目探索如何有效使用人力、物力

---

① Ministry of Education (2007). *The Ontario Curriculum: English*. Http://www.edu.gov.on.ca/eng/curriculum/secondary/english.html. 2009-12-03

② Ministry of Education (2006). *The Ontario Curriculum Grades 1—8: Business Studies (Revised)*. Http://www.edu.gov.on.ca/eng/curriculum/secondary/business910currb.pdf. 2009-12-03

及社区资源，如何在服装购买、财务、食物与营养、住房与交通等方面作出明智的选择。《管理个人资源》课目为学生独立生活和与他人一起成功地工作作准备。学生将学习管理他们的个人(包括才智、金钱和时间)，发展人际交往技能，理解对工作问题的经济影响，以作出明智的、负责任的个人及职业选择。《时尚与创造性表达》课目探索服装在穿着方面所传递的信息，以及服装如何通过设计与生产过程成为一种创造性的和经营性的产出。学生将通过实际经验学习时尚设计的性质、纤维与织物的特征、服装的构造、生产及销售；学习如何为个人的外表、活动、职业、生活考虑适当的穿着。《居住空间与居所》课目分析不同的居住空间及不同形式的居所如何满足人们身体的、社会的、情感的、文化的，如何反映建立在社会价值观基础上的不同生活形态以及经济和技术的发展。学生将学习如何对于在哪里居住这一问题作出实际的决策，学习如何创设功能齐全且舒适的环境，并将探索与住房及其设计相关的就业机会，也将学习与住房研究和考察相关的技能。《为人父母》课目的重点是促进儿童积极健康的营养所需的知识与技能，尤其强调人的早期发展。学生将学习如何满足幼儿的发展需求，有效地与儿童交流、约束儿童，并引导早期行为。《食物与营养科学》课目考察影响人们饮食选择与习惯的营养的、心理的、社会的、文化的和全球的因素。学生将学习当前加拿大和世界范围内与食物相关的问题、如何做适当的节食选择以及准备食物的技术。《多元社会中的个人与家庭》课目应用人类学、心理学、社会学的当前理论与研究成果来研究个人发展、家庭行为、性关系、父母—孩子关系，以及在加拿大社会中家庭之间的互动方式。《为人父母与人类发展》课目为学生寻找与年龄稍大儿童——重点是学龄儿童和青少年——相关的职业、为担负为人父母的责任作准备。学生将在社区中通过实际经验学习儿童的早期发展如何影响后来的发展，学习父母与儿童之间的关系如何发生变化，并获得相应的研究技能。《时尚产业》课目以历史的视角来看待时尚与设计，探索时尚的起源、影响和重要性，理解它是国家的、文化的、宗教的、个人身份的一种表达。学生将学习加拿大时尚产业的许多方面，包括大、小规模的经营企业及其与世界各地的联系，并获得在服装设计、生产、保管方面的实际经验，也培养学生研究与考察时尚产业各个方面的技能。同时，在11—12 年级《社会科学与人文学》课程的教学内容中，所关注的不只是家庭研究领域，还有普通社会科学、哲学和世界宗教。①

对于从内容上注重学科内容间的联系，以在中学科学课程的课程指导所作的明确要求最为典型：科学与其他各个学科有着重要的但不同的联系，与许多国家（包括加拿大）的经济有联系，并在社会许多领域的个人及公共决策（如与可持续发展相关的决策）中发挥重要的作用。因此，“科学”不能单独地而必须与其他学科相联系进行教授。显然，数学、技术教育、地理及其他社会研究领域中的许多主题都与科学课程中的主题相重叠。科学课程中那些比较新的方面——尤其是那些关注科学、技术、社会和环境(STSE)的方面——要求学生处理科学对社会和环境的影响，包括对自然环境与工作环境的影响。这一要求带来了关于人类价值观的问题。因此，科学不能被视为“事实”问题，而是一门学生学习考量由科学技术发展所带来的现代社会关于事实与价值观的复杂结合问题的学科。社会科学与人文学课程指南也有类似的要求：该课程与中学其他的许多学科在知识与技能方面均有联系，这一课程会使学生在学习历史、地理、英语等学科时拥有更广阔的视角，学生将跨学科地在原有学习的基础上融合相关知识、应用学习技能。虽然没有具体列出相应的课程内容，但是要求对课程内容进行跨学科联系是显而易见的。②

以国外中小学课程改革的一些政策为例，从课程目的、课程结构、课程内容等方面对于不同国家力图体现“课程平衡”的课程政策的分析与阐述中，我们应该能够看到，在不同国家的课程政策中追求“课程平衡”的具体表现有不同的地方，也有相似或相近的地方；从中我们也能感受到，“课程平衡”是一种政策理想，或许不可能真正地达到，即便达到了，也是相对的、暂时的。这不仅因为暂时达到和保持的“平衡”在新的压力与需求下必须不断地被重新确定，而且因为各种机构不能立即适应文化变动的新需求，课程平衡往往总是缺乏的，或者说朝着“平衡的课程”运动才是适当的说法。所以，所谓的课程平衡实际上是课程目标与课程实现过程本身的构成要素及其相互关系动态发展的一种衡量尺度。这种衡量尺度的存在，使我们看清了课程政策内在的价值取向的变化，从而可能为课程政策的决策过程提供启示。

---

① Ministry of Education and Training (1999, 2000). *The Ontario Curriculum : Social Science and Humanities*. Http://www.edu.gov.on.ca/eng/curriculum/secondary/sstudies.html. 2009-12-03

② Ontario Ministry of Education (1999, 2000, 2008). *Curriculum Documents*. Http://www.edu.gov.on.ca/eng/curriculum/secondary/subjects.html. 2009-12-03

第二节　价值取向与课程政策[1]的生态主义视角

如前所述，在一些发达国家的学校课程改革历程中，由于受不同课程政策价值取向的影响，或是受不同价值取向影响的程度不同，课程政策对于学校课程的变革总是表现出从一端向另一端的往复运动。不过，在这往复运动的过程中，虽然课程改革的政策规定体现出对“课程平衡”理想的追求以及所作的努力，但是客观上学校课程的运动总是很快地越过平衡点而走向钟摆的另一端。作为一定阶段课程改革的客观结果，各国的学校课程往往不乏存在失衡的状态。这是在课程政策的决策中各种价值取向相互斗争、矫枉过正的结果，从而使得付诸实施的“学校提供的既定课程”未能很好地体现各种平衡性关系。

然而，一些发达国家 20 世纪 80 年代以来的课程改革政策却向我们显示，课程政策之中的价值取向是“多元混合”的。这种“多元混合”的局面，是在课程政策的制定逐渐脱离传统思维与方法的基础上形成的——在美、英、日等国，出现了新右派[2]力量试图以生态主义的视角使传统的保守主义、效率主义和自由主义价值取向同时在课程政策中占有一席之地。虽然由于各种价值取向在政策主体心目中分量不一，从而使出台的课程政策尚未能使学校课程的功能达到最理想的状态，但是所出台的课程政策却已经彰显出他们在政策过程中于不同价值取向的生态主义视角。这是一种旨在平衡各种课程政策价值取向的视角，是一种实现学校课程生态主义价值功能的视角。

一、课程政策生态主义视角的基础：生态主义的课程价值取向

因为价值是课程的逻辑起点，是课程选择、编制、实施和评价中首先应予以考虑的前提条件，所以课程决策者所持有的课程价值取向则需尽可能避免课程价值的冲突，而对于课程价值的周全考虑则有可能促进课程的平衡，从而取得整体的育人效应。[3] 生态主义的课程价值趋向便是这样一种希望。

---

① 在此，“政策”不仅作“文本”理解，也作“过程”理解。

② 英文为 the New Right。在美英日等国，“新右派”是指存在矛盾的一种意识形态、政治思潮和治国方略，它既强调市场价值又强调社会秩序。

③ 林冬梅，张君. 课程平衡初探. 沈阳师范大学学报(社会科学版)，2003(4)：80

(一) 生态主义课程价值取向的特点

生态主义课程价值取向兴起于20世纪70年代以后,是在对工业文明进行深刻反思——追问生态危机的深层根源和危机解决对策的全面思索——的基础上逐渐形成的,表现为对笛卡儿—牛顿力学所规范的世界图景中课程危机的批判,包括对异化的课程价值与功能、原子化的课程目标、片断化的课程结构与内容、控制取向的课程实施、目标本位的课程评价等的批判。①

生态主义的课程价值取向也以生态学在当代的发展为前提。当生态学作为一门科学的学科体系日趋完善,其他许多领域纷纷借鉴生态学的理论和方法。在社会科学领域,人们对生态思想的形而上的思考形成了生态主义(ecologism)。从生态学角度思考课程问题促进了课程理论自身的发展完善,从而形成了生态主义课程思潮,形成了对课程方方面面的生态主义价值理解。概括起来,生态主义的课程具有其自身的特点:②

第一,课程的整体性:(1) 生态主义课程各要素相互联系共同构成一个有机整体;(2) 生态主义课程的研究方法是系统整体的方法;(3) 生态主义课程目标是促进学生在一个社会、自然、文化有机统一的环境中身心获得全面发展;(4) 生态主义课程的内容亦是一个有机整体。

第二,课程的开放性:(1) 生态主义课程与自然环境、社会、文化、学生个体之间的信息交流,通过这种信息交流,生态主义课程获得发展的资源和动力,并能推动自然环境、社会、文化与学生个体的和谐发展;(2) 生态主义课程目标、课程内容、课程实施、课程评价等系统之间的信息交流,通过这种交流,生态主义课程各子系统构成一个完整的有机整体。

第三,课程的丰富性:(1) 生态主义课程具有丰富的课程资源,涵盖了自然环境、社会、文化和学生个体等各种要素,扩展了课程资源的范围;(2) 生态主义课程不局限于学科、教材以及学习计划,涵盖了显在课程和潜在课程两个方面,包括了学生的行为改变和内在感受两个层面;(3) 生态主义课程主张知识依赖于情境,倡导灵活的策略和多元的选择,尊重学生个体差异,并促进他们个性的多样发展。

---

① 安桂清.整体课程论.上海:华东师范大学出版社,2007,32—35

② 王牧华,靳玉乐.生态主义课程研究范式刍议.山东教育科研,2002(4):19—20

第四，课程的发展性：生态主义课程的发展性是指其目的主要在于促进学生的一般发展。它以学生的全面发展为突破，围绕学生发展这一中心来整合自然环境、社会、文化的各个课程资源，以推动自然环境、社会、文化、学生个体的和谐发展为最终目的。

从上述生态主义价值取向的课程所具有的基本特征，我们可以看出课程的生态主义价值取向与传统的保守主义、效率主义和自由主义价值取向存在迥然的差异。在此，笔者以列表概括在表4.5中。

表4.5　四种课程价值取向的差异

差异的维度	保守主义价值取向	效率主义价值取向	自由主义价值取向	生态主义价值取向
课程目标	传承知识	实现效率	儿童个性自由发展	自然、社会、文化和儿童和谐发展
课程内容	知识	知识	经验	依赖于情境的知识
课程实施	权力控制	权力控制	主体探究	对话/信息交流
课程评价	基于高标准的考试	基于同一标准的考试	多样化	全面化

从表4.5中，我们可以发现，课程的保守主义、效率主义价值取向和自由主义价值取向几乎各执一端，相较之下，生态主义价值取向更能融合这三者之间的矛盾与冲突。之所以存在这样的差异，是因为生态主义的课程价值取向反映了生态主义的基本世界观——整体有机论，反映了其对工业社会技术理性的反对，反映了对西方传统哲学中主客体二元对立观点以及还原论方法的反对。可以说，生态主义的课程价值取向所基于的世界观、价值观和认识论、方法论都与传统的课程的保守主义、效率主义和自由主义价值取向相区别，这是时代进步在课程领域的一种体现。

（二）生态主义课程价值取向的核心

生态主义的课程价值取向是课程价值范式的一种转变，它试图消弭课程内在价值与外在价值的不和谐，因而其核心是关注课程平衡。

那么，什么是课程平衡呢？“平衡”一词在英语中为“balance”，有均衡、和谐之意。“课程平衡”作为一种课程的价值追求，在课程研究领域中有着不同的界定。

着眼于课程各组成部分的量的和谐，国外学者麦克卢尔(R. MaClure)认为，选入学校课程中的各科目主次分明即课程平衡，例如合理调配包括人文学科在内的文科和各种自然学科的比率。还有另一与此相类似的界定，即课程平衡是指课程编制者和实施者对基础科学文化知识，社会科学，实用性、职业性学科这三面内容的重视程度，以及这三方面内容在课程整体结构中所占的比例。① 约翰·古德莱德(J. Goodlad)所认为的课程平衡则具体是这样的：用18%的时间学习文学和语言，18%的时间学习数学和科学，社会与社会学习、艺术、职业教育这三个方面需分别占用15% 的时间，近 10%的时间用于体育，还有 10% 的时间用于学生的个人选择。② 我国学者汪霞所认为的课程平衡也从这一角度进行定义。她认为"课程平衡"有三层含义：其一，不论具体培养目标如何，各级各类学校为保证教育质量，都应全面地设置德智体美各方面的课程；其二，保证普通科目与职业科目的平衡性；其三，必修课程和选修课程、学科课程和活动课程并重，各部分都应成为课程结构的组成部分，彼此配合、相互补充、形成合力，从不同方面为实现培养目标服务。③

还有对于"课程平衡"的界定更注重课程的质的平衡。课程学家普尔·哈尔文森(P. Halverson)认为，课程平衡是指在课程的范围和实现方式上有助于达成教育目的的结构与次序，并认为课程的平衡性与学校所处的相对稳定或变动的社会文化有很重要的关系——在文化稳定的时代，学校课程比较能保持一贯性和平衡性；在社会变革时期，课程的落后成为亟待解决的问题，课程的不平衡成为学校的显著特征。④ 罗纳德·多尔(R. Doll)从以学习者个体的角度为立足点考虑课程的平衡性，认为平衡的课程必须要能满足个体的生长与发展。⑤ 彼得·奥利瓦(P. Oliva)则从课程开发的角度给"课程平衡"以更为深入的阐述。他认为，虽然给予"课程平衡"一个精确的定义是很难的，但是课程规划者可以在不同的变量之间寻求平衡。这些变量是：⑥

---

① 江山野. 简明国际教育百科全书·课程. 教育科学出版社，1991，104—106

② John I. Goodlad. *A Place Called School*. New York：McGraw-Hill. 287

③ 林冬梅，张君. 课程平衡初探. 沈阳师范大学学报(社会科学版)，2003(4)：78

④ Association for Supervision and Curriculum Development. *Balance in the Curriculum*. Washington DC：ASCD，1961，3

⑤ Ronald C. Doll. *Curriculum Improvement：Decision Making and Process*. Boston：Allyn and Bacon，1995，186—187

⑥ Peter F. Oliva. *Developing the Curriculum*. Boston：Pearson Education，Inc.，2005，431—434

(1) 儿童中心课程与学科中心课程；

(2) 社会的需求与学习者个体的需求；

(3) 普通教育与专门教育；

(4) 课程的广度与深度；

(5) 学习者个体的认知、情感与精神层面；

(6) 个体教育与全体教育；

(7) 个别教学与群体教学；

(8) 革新与传统；

(9) 逻辑与心理；

(10) 普通儿童和特殊儿童的需求；

(11) 天才儿童与普通儿童的需求；

(12) 方法、经验与策略；

(13) 时空的临近性与久远性；

(14) 学习与游戏；

(15) 学校与社区；

(16) 各个学科之间；

(17) 各种课程之间(大学准备教育与职业技能教育、商业教育、通识教育)；

(18) 学科内部。

奥利瓦认为，在上述十八组变量中力求取得平衡是课程规划者的一项主要职责。

如果说奥利瓦对"课程平衡"的理解还带有技术主义色彩的话，那么在整体课程论者米勒(J. Miller)眼中的"课程平衡"更具有"后现代"的意味。他认为，对课程平衡的关注应该至少表现在以下八个方面：①

(1) 个人与小组的关系：在课程学习中既要加强个别学习，又要为小组合作学习提供机会与可能。

(2) 内容与过程的关系：过去对内容的记忆常常是课程学习中的重点。知识的迅猛发展和信息时代的来临要求我们将重点放置于学习的过程，引导学生学习，让学生学会学习和获取信息。

---

① J. P. Miller. *The Holistic Curriculum*. Revised and Expanded Edition. Toronto: OISE Press, 2001, 4—5. 转引自汪霞. 从生态后现代主义的视角理解课程. 教育理论与实践, 2004(10): 44

(3) 知识与想象的关系：使知识与想象联系起来，知识是建构的、可变的，不是固定不变的，它依存于我们的诠释能力与建构能力，而这两者均需要运用我们的想象。

(4) 理性与直觉的关系：现代教育体系和文化倾向于侧重理性和解决问题的线性方法。整体的方法要求理性和直觉的结合，加强两者的联系将极大地丰富学生的思维能力。

(5) 定量评价与定性评价的关系：定量评价的作用毋庸置疑，但定性评价对促进学生的学习和发展更有重要的意义。

(6) 技艺与观念的关系：论及课程与教学，人们关心的往往首先是技艺，过于关注如开发方法、设计方法、教学策略等方面，而忽视了更大范围中的学习观，如作为一个整体，课程意味着什么，学习是什么，学生是什么，有什么需求，有什么变化等等。

(7) 评价与学习的关系：当视评价为考试和成绩报告时，它实际上就失去了对真正学习的关心，尤其是那些自然的、有机的学习。儿童应该通过环境的自然反馈来学习。如果课程为考试所驱动，那么就有可能导致学习成为机械的、与己无涉的过程。

(8) 技术与计划的关系：课程学习中技术只能作为辅助的工具，需要将技术置于特定的背景中。儿童应该树立更广泛的规划理念、方案理念、研究理念，课程学习是研究取向而不是技术取向的，是视野开阔而不是狭窄的、有限的。

传统的保守主义主义、效率主义和自由主义的价值取向单一地关注课程对于知识传承、社会发展，或是儿童发展的价值，导致课程价值在社会、知识、儿童的“三角”中的分裂。关注课程的平衡性价值，是从整体上审视课程的价值，关注课程各个部分的有机组成，以及课程与知识、社会、文化、儿童的联结与转化，不仅拓展了课程的范围，也使课程与社会、知识、文化和儿童得到整体的发展。因而，关注课程的平衡性价值，是生态主义课程价值取向核心的本质体现，是生态主义课程价值取向的基本特征。

二、课程政策的生态主义视角

课程政策的生态主义视角谋求生态主义的课程价值取向的实现，因此它表现为课程政策对于课程生态主义价值取向的观照，即对于课程的平衡性价值的观照。

基于保守主义、自由主义和效率主义三种课程政策价值取向的不同源起，以及它们在一些发达国家的课程改革政策历程(尤其是20世纪80年代以来)中的不同作用，我们可以看到保守主义价值取向、自由主义价值取向和效率主义价值取向在学校课程政策的发展中充满着矛盾与冲突。这是因为，不同的课程政策价值取向对于课程的价值与功能偏好是不同的。课程政策保守主义价值取向是如下的一种偏好：(1) 从知识观来讲，它关注外在的、客观的知识；(2) 从课程目标来看，它关注国家竞争力的提升；(2) 从课程形态来看，它关注学科课程；(3) 从课程内容来看，它要求基于课程的高标准；(4) 从课程结构来看，它关注必修课程；(5) 从课程管理上说，它关注中央集权。课程政策自由主义价值取向则与之有着很大的差异：(1) 从知识观上看，它关注内在于主体的、主观的知识；(2) 从课程目标来说，它关注于儿童本身的个性自由发展；(3) 从课程形态来讲，它关注经验性的活动课程以及综合课程；(4) 从课程结构上讲，它关注选修课程；(5) 从课程管理上说，它关注对地方、学校与教师的课程赋权。课程政策的效率主义价值取向因与保守主义价值取向有着相似之处而与自由主义价值取向相去甚远：同样关注外在的客观知识，关注知识对于社会发展的工具性作用。课程政策效率主义价值取向与前二者相比较，也有着独特的地方：关注课程标准的统一性，且重视评价对于课程实施的作用，注重以量化评价的方式衡量课程目标的实现程度。

在课程政策领域存在价值冲突是正常的现象。这三种价值取向的任何一种在课程政策中占主导地位，都不可能达到课程政策的价值平衡。从20世纪80年代以来美、英等国的课程政策来看，保守主义价值取向和效率主义价值取向相互有结合的迹象，使得课程政策的价值取向与自由主义的价值取向渐行渐远，其内在的冲突在所难免。课程政策领域的价值冲突表明了课程政策对于不同利益主体需要的满足。因此，要实现课程政策的价值平衡，关键问题是如何使不同主体在进行价值选择时能考虑到不同政策价值取向之间的协调与平衡。

在这种审视和寻求的过程中，课程决策者需要一种新的“洞察力”。生态主义者卡普拉(F. Capra)曾经指出：“人们试图把一个过时的观点——笛卡儿、牛顿体系的机械主义观点，运用到现实社会中，这显然不合时宜，我们生活在一个紧密联系的世界，所有生物的、心理的、社会的和环境的因素都不可分割，要恰当地来描述这一切。我们需要一种生态学的洞察力，这是牛顿的世界观所不能及的。"[①]进一步具体说，这种"生态的洞察力"就是生态主义的特殊视角——整体主义。整体主义的方法能够被用来研究物质、生物和社会现象，[②]当它被运用于课程政策时，这种新的"洞察力"体现出课程政策生态主义视角的基本特征——整体性决策。这意味着需要课程决策者在政策过程中运用整体主义思维来考虑课程政策问题。

所谓生态主义的整体主义思维，首先是指系统思维。整体主义本是生态主义思想的本质。它抵制一种形而上学的观点，即原子论。在整体主义视野中，部分和整体在逻辑上是相互决定的。也就是说，一方面，整体决定部分的性质，不参照那个由它们所构成的整体，就无法对部分作出精确的描述；另一方面，整体所拥有的全部特征是由部分的性质所决定的，但是，这些部分的性质不能脱离整体而独立存在。因此，整体不等于一个个孤立部分的简单相加，整体的特征不能简简单单地分析为各个部分的独立作用的综合，因为这忽视了刚刚提及的各个部分的作用和地位。相反，在原子论的分析中，整体完全是由它各个部分的独立作用的总和所决定的，部分的特征因而亦可与它们所构成的整体脱离开来，整体则完全可以通过各个部分的简单相加而构成。[③] 因此，系统思维在整体主义中占有重要地位。

其次，整体主义思维意味着关系思维。在生态主义的整体主义视野中，系统是开放的。因而，一切事物都存在于关系之中，存在于相互关联与意义的背景中，任何变化或事件都会引起整个模式的重新排列，尽管变化可能非常微小。因此，整体主义是一种关系思维。[④] 米勒认为，今天我们生活的世界是一个联系日益密切的整体世界，为了人类的生存，我们不仅需要加强身外的联系，人类、自然、社会、民族等各方面的依存、沟通，还需要加强身内的联系，全面发展人的身、心，或知觉、情感、理智等。[⑤]

再次，生态主义的整体主义思维也是一种连续与转化的思维，它认为事物之间的相互影响不是单向的影响，而是在相互依存的过程中共同创造、共同显现和共同演进的。这是对传统二元对立思维的一种反叛。

整体主义思维的这些特质作用于课程政策，将使课程政策主体基于课

① 汪霞. 从生态后现代主义的视角理解课程. 教育理论与实践，2004(10)：43
② [英]布赖恩·巴克斯特著. 生态主义导论. 曾建平译. 重庆：重庆出版社，2007,17
③ [英]布赖恩·巴克斯特著. 生态主义导论. 曾建平译. 重庆：重庆出版社，2007,16—17
④ 安桂清. 整体课程论. 上海：华东师范大学出版社，2007,11
⑤ 汪霞. 课程研究：现代与后现代. 上海：上海教育科技出版社，2003,245

程平衡而权衡各利益集团的利弊得失，注重通过一定的方法在课程政策过程中进行价值取向之间的平衡，从而对课程政策的文本结果产生影响，使课程政策文本较好地体现出政策过程中的生态主义视角的特征：(1) 将保守主义、自由主义和效率主义的课程政策价值取向视为课程政策价值取向系统的有机组成部分，而不是三种相互割裂的价值取向，它们之间有可能沟通、联合、制衡、转化，要力求从三者的融合中达到平衡。(2) 注意去除保守主义、效率主义价值取向源自工业社会的功利倾向对于儿童个性发展的消极影响，同时注意弥补自由主义价值取向仅仅考虑发展儿童个性而较为忽视社会与国家需要的不足，从而从国家、社会、知识与儿童的相互关系的视野中制定课程政策，因为儿童个性的全面发展离不开对于所生活的环境的适应与开拓，而国家、社会的发展以及知识为儿童的个性发展提供了重要环境和媒介。(3) 超越课程政策价值取向的"钟摆"式运动，使课程政策价值取向的平衡趋向不再建立于其"钟摆"式的运动之中，从而使课程决策更趋于全面、合理。从根本上讲，只有实现了课程政策的生态主义价值取向，才有可能实现课程的生态主义价值。

以生态主义的整体主义思维作用于课程政策的制定，将使课程政策的理论与实践领域更注重课程政策的"政策网络"。政策网络就是政策过程中相互依赖的政策主体之间或多或少、或强或弱的关系模式，以共同推动政策方案的形成与执行。① 政策网络具有依赖性：所有参与者都有各自的目标与利益，没有任何一个成员拥有绝对的支配权力，网络成员之间以资源交换为基础而发展出交互依赖的关系，主体必须依赖其他主体获得实现自己目标的手段。政策网络也具有制约性：政策网络主体在相互作用和互动过程中形成的行动准则，反过来会制约和影响它们之间互动。政策网络还具有过程性：各种具有一定资源和不同利益与目标的主体，在相互影响、相互作用的动态过程中实现自己的利益和目标。② 在政策网络中，参与者基于自身的价值取向表达自身的利益，而最终的政策形成"所采用的方法可以称之为政策的'社会建构'视角，它将政策看作是发生在一定的环境当中由参与者所构造和维持的东西，在这种环境下他们可能对使用哪些计划，以及遵循哪些暗示作出选择"③。这里的"环境"是政策过程的"实践环境"。也就是

---

① 石凯.政策结果的多面向：寻访新政策网络理论.社会科学研究，2008(5)：34

② 朱亚鹏.公共政策研究的政策网络分析视角.中山大学学报(社会科学版)，2006(3)：81

③ [英]H.K.科尔巴奇著.政策.张毅、韩志明译.长春：吉林人民出版社，2005,6

说，政策网络中的参与者在决策时离不开现实的实践环境。在课程政策过程中。实践环境包含了社会与国家特定的发展状况与需求，包含了学校课程发展的现实状况，包含了对儿童培养的理想与现实的诉求。因此，课程政策网络的参与者需要将政策过程置于广泛的实践环境中进行考虑。

就于广泛的实践环境中制定课程政策的具体途径而言，施瓦布(J. Schwab)的"课程审议"(curriculum deliberation)为我们提供了良好的启示。施瓦布在谈及特定情境中的课程开发时提出：基于特定情境的行动方案的确定，必须依赖于这一情境中的事实性和其他任何来源的信息，以理解和解释所采取的行动及相关的情境；而这一过程要通过"审议"完成。[①]审议的目的不是得出某种概括或解释，而是作出在特定情境中处理具体个案的行动的决策。施瓦布的观点说明课程决策是参与者就种种事实判断和价值判断达成共识，并在多种备择方案中进行权衡的过程。施瓦布在《实践：课程的语言》中认为，"审议将形成一个新的公众(a new public)，其成员之间将形成一种新的交流方式。……这可以打破教育心理学家和哲学家、社会学家和测试编制者、历史学家和行政人员之间的屏障；可以用新的渠道把教师、监督者、学校行政人员和研究专家联系起来；可以摒弃我们保持在学科课程中的虚假特权和霸权"[②]。"他们必须相互学习彼此经验中关注的焦点、价值观和具体操作；他们必须学会尊重这些不同种类的焦点、价值观和具体操作，学会改变或降低他们自己的价值而为其他人保留思维的空间"[③]。也就是说，在"课程审议"中，持有不同价值取向的课程决策者有相互协商、妥协、折中的空间。因此，笔者认为，在制定课程政策的过程中运用"课程审议"的方式，不失为以生态主义的视角协调保守主义、自由主义、效率主义的价值取向的一种现实方式。

---

① Decker F. Walker & Jonas F. Soltis. *Curriculum and Aims*. New York and London: Teachers College, Columbia University, 1986 49—50

② [美]Ian Westbury, Neil J. Wilkof 主编. 科学、课程与通识教育——施瓦布选集. 郭元祥、乔翠兰主译. 北京：中国轻工业出版社，2008. 260—261

③ [美]Ian Westbury, Neil J. Wilkof 主编. 科学、课程与通识教育——施瓦布选集. 郭元祥、乔翠兰主译. 北京：中国轻工业出版社，2008. 299

结语 课程政策价值取向与学校文化变革

以不同的价值取向变革学校课程的过程实际上是一个改善学校、发展学校的过程。尽管一些国家在不同时期制定了具有不同价值取向的课程改革政策，其根本出发点则都是为了寻求改善学校教育的不同出路。不过，由于课程改革政策价值取向的不同，课程政策为学校的课程变革之路所提供的指向也不同，从而使学校朝着不同的前景发展。然而，学校变革的真正涵义并不仅仅是校园环境的改善、管理方式的更新，或是教学方法的改革，而应该是涵盖上述各方面且超越于其上的整体性的变化，可谓是学校范式的整体转型，"其核心是学校教育要实现'从以物为中心向以人为中心的转换'，是人的转型，是人的生存方式的根本改变。进一步说，使学校文化的转型"①。在学校课程发展的进程中，有关课程改革的政策直接导致学校课程本身发生改变，同时在此过程中，它所引起的学校文化变革成为学校除课程之外的重要变革内容，课程政策的不同价值取向对学校文化将产生不同的影响。

学校文化是一种亚文化。从对"文化"进行定义的角度，"文化"可以划分为三个层次：第一层次是整体性的，指一个社会的成员所获得的包括知识、信仰、艺术、法律、道德、风俗及其他能力和习惯的综合体。第二层次是将它作为意义符号系统，这使之从物质、工具等文化形态中分离出来，既能提供一整套意义网络，让人们彼此理解与沟通，并理解内隐这一套意义网络的社会生活方式，又使文化概念独立于物质、工具等文化形式，突出了意义符号系统的重要性，便于发现意义符号形态的文化对社会生活的重要性。在意义符号系统中，有两种值得注意的、不同的价值体系——一种是社会价

---

① 徐书业. 变革的趋向——转型期的学校文化生态研究. 重庆：西南师范大学出版社，2002,13

值体系,它们是为社会权力或等级秩序结构服务的;一种是体现于现实实践行为中的价值体系,由于其反映个体或群体作为主体的能动选择与改造,因而是主体价值体系。文化的第三个层次是指意义符号系统中的后一种价值体系,即直接反映于人们实践行为的价值体系。[①] 从这样的三个层次来看,“学校文化”显然属于第三个层次。因此,“学校文化”是一种观念存在,它是学校成员关于自己和周围世界所抱有的一整套主观意义,是他们所固有的性质,是一套相当稳定的、为人们所共有的理所当然的假设,是他们行动背后的信念、意义和价值观念。当自上而下的课程改革政策进入学校时,所蕴含的各种价值取向就会形成相应的学校文化,并影响学校的既有文化,或对之认同、加强,或与之产生冲突。

从保守主义价值取向的课程政策来看,它蕴含着对权威与等级的尊崇。这不仅在课程管理权力的分配上有着鲜明的体现,而且对于特定学科——无论是古典学科还是现代性学科——在学校课程体系中重视,也表明了课程政策对于权力和等级的认同。米歇尔·福柯(M. Foucault)早已说明,学科(discipline)作为社会控制和组织的一种特殊策略,开始于古典时代的结束之时,并且在现代时期进入到统治之中。[②] 吉鲁(H. Giroux)进一步指出:“关于经典,人文主义的理论原则是建立在一种等级秩序的基础上的,其中,文化的客体是按等级进行分类排列的。……根据学生应该知道或谙熟的最重要的和最有价值的是什么的假定而设定的新经典,往往只是传统等级性文化观(hierarchical view of culture)的重复,虽然采取了一种新颖的、也许是最低限度的颠覆性的形式。”[③]正因如此,课程政策的保守主义价值取向不仅认同官僚主义的管理文化、实施主义的教师文化,以及传递主义的教学文化,而且还会对之产生加强作用,突显学校文化的控制中心主义特征。

管理文化是由于历史文化传统在学校管理中的积淀,以及各种社会文化因素在学校管理中的内化而形成的,能够影响学校成员行为的有学校特点的思想、价值取向、基本信念等,是增强学校内聚力、向心力和持久力,推

---

① 周海玲.制度下的教师文化.济南:山东教育出版社,2006.4—5

② [美]亨利·A. 吉鲁著.教师作为知识分子——迈向批判教育学.朱红文译.北京:教育科学出版社,2008,174

③ [美]亨利·A. 吉鲁著.教师作为知识分子——迈向批判教育学.朱红文译.北京:教育科学出版社,2008,178

动学校发展变化的意识形态的总和。从学校成员的所属群体来看,管理文化是学校管理人员管理学校的文化。基于课程政策的保守主义价值取向,一个国家的课程管理体系被趋于中央集权,导致地方与学校在课程管理方面权力的削弱或缺乏。苏联的课程管理曾是这种状况的典型,20 世纪 80 年代以后美国联邦政府对于课程改革的逐步介入和英国"国家课程"的颁布亦是这种状况的例子。在这样的课程管理之下,学校的课程管理容易僵化机械地执行课程文件,一切拘泥于文件的规定,对于应该如何进行合理理解并进行创造性的发挥与调整缺少一种创新性的灵活思维,从而使学校课程弹性不足,不能满足学校的地区特色和学生的个性需求。学校课程管理的这种状态,可能导致课程管理中严重的官本位的倾向,即管理者更多地把管理当作一种权力,经常浮于课程管理的表面上指手画脚,没有什么协调与商量的余地;管理手段单一,除了行政管理以外不知道如何进行专业化的课程管理,①既无力应对来自方方面面的课程问题,也不能在短时间内对课程发展作出预见和及时决策。这无疑是一种"官僚主义"的学校管理文化,它的核心是权力控制。

作为"权力控制"课程管理容易使学校管理逐步演化为对他人的支配,成为权威的象征:管理者理所当然地被理解为"领导者"、"命令者",处于主动和控制的地位,而被管理者则单纯被理解为"服从者"、"命令执行者",从而处于从属和被动的地位。与之相应的,教师在课程实施中成为忠实履行课程变革计划的执行者,成为课程自上而下传递的"媒介"。由于受课程改革计划的制约,教师没有或少有课程自主权,因而在课程实施中几乎很难发挥其主动的创见。于是在教学中,教师便将学生当作知识的"容器","单向度"地进行着知识传授。"教师在教学活动中的统治地位是显而易见的。在大多数时间里,教师忙于在学生面前讲课、监督学生在座位上做功课进或行测验。学生很少有机会积极地、直接地相互学习或主动地发起与教师的互动。当学生分小组活动时,他们通常是肩并肩地做同样的事情,而且这些事情是由教师决定的。"②

保罗·佛莱雷(P. Freire)曾告诫我们:每一种规定代表着把一个人的选择强加给另一个人,其结果很可能导致主动性和创造性的丧失。③官僚主

① 张旭东.基础教育课程管理的文化分析.当代教育科学,2003(16):32

② John I. Goodlad. *A Place Called School*. New York: McGraw-Hill,2004,123—124

③ 陈杰.教学管理的文化自觉.生活教育,2008(10):31

义的管理文化、实施主义的教师文化，以及传递主义的教学文化显然就是将“一个人的选择强加给另外一个人”。如此学校文化存在与发展的前提，是权威中心、权力至上，是外在的规范、标准与要求。这样的学校文化本是保守主义价值取向的课程政策影响之下的产物，而当新的、蕴含保守主义价值取向的课程政策被再次引入这样的学校文化之中，必然巩固并加强原有学校文化的发展。

对于课程政策的效率主义价值取向而言，它把学校看作是一个进行批量生产的“工厂”，以统一的标准对“产品”进行检测，从而评估学校的生产效率。前文曾提及，课程政策的这种价值取向源起于博比特的类似于大工业生产的课程开发模型。“博比特说，儿童是‘原料’，教师是‘技师’，校长是‘厂长’。他主张，要有效地实现借助测验来检验的具备一定品质的‘产品’，教师的作用就应当是‘教育技师’。”[①]这种价值取向体现了现代产业社会价值观：在以物质资源的生产与分配作为制度建构中心的产业社会里，手段性价值受到重视，即重视旨在实现目的的最优手段，同时强调体现“人类中心主义”的能力主义，立足“发展优先”而变革自然、利用自然。因此，对于课程政策而言，效率主义的价值取向崇尚效率主义的课程价值——以学校课程满足社会发展的程度、效率来衡量课程的功能。于是，为了尽可能提高生产效率，学校的管理趋于科学化，学校的规章制度不断地被细则化、标准化。在现实中，学校规章制度细则化、标准化的进程，某种意义上变成了一切“分数化”的过程。学生的考试分数原本作为评定学生学业成绩的重要工具和考查教师教学质量的重要指标，但是在效率主义价值取向的影响下，分数被赋予了绝对的地位，它的作用也从促进教师工作和学生学习转变为控制教师的工作和学生的学习，成为管理人员管理学校教学的重要工具。如果在学校管理中盛行分数至上，其结果将是严重扭曲教学的本源性价值，使学校陷入“应试教育”，使学校的教学工作被蒙上强烈的功利色彩。这样，利益驱动代替了事业追求，教师和学生也就失去了追求教学本真意义的机会。

所以，效率主义价值取向的课程政策催生学校管理中的科学主义倾向，其本质是通过对学校“生产过程”的控制与评价，提高其效率。这必然导致教师成为学校“生产线”上的技术工人，只需根据“流水线”进行操作而没有任何自由发挥的余地。因此，课程是管理的途径，是“防教师的（teacher-

① ［日］佐藤学著. 课堂改革：学校改革的中心课题. 钟启泉译. 上海教育科研，2005(11)：4

proof)”;教师是被管理的对象,学生则是被“加工”的对象;课程管理是一种完全的行政管理,只关心课程计划有否被准确无误地传达。所以,可谓殊途同归,学校的教学无疑也成为一种“单向的”传递。也正因课程政策的效率主义价值取向与保守主义价值取向对学校文化能产生颇为相似的影响,因而当课程政策制定者需要突出政策的控制与效率的本质要求时,体现两种价值取向的政策内容都会为决策者所用。这就是 20 世纪 80 年代以后美英等国的课程政策中,保守主义的价值取向在效率主义价值取向的支持下得到加强的原因。

相对于课程政策的保守主义和效率主义价值取向而言,课程政策的自由主义价值取向则因置于另一端而对学校文化产生不同于前者的影响。某种意义上,它与前两种价值取向的影响有对立的意味:它重视在学校管理中“人”的存在,注重激发被管理者——教师与学生的积极性;它以学生的个性自由发展为课程与教学管理的最终目的,因而关注教师对于学生发展的意义——不在于控制学生的发展,而在于促进学生的发展。因而,在课程与教学中,教师与学生的地位被凸现出来:学生在课程学习中拥有很大的自主权。相应地,教师在课程管理中也拥有很大的自主权。如此而形成的学校文化,所具有的基本特征是“自由”,是反控制的:教师与学生不是或被期望不再是“工具”和“容器”。因此,以保守主义和/或效率主义价值取向的课程政策所形成的学校文化在碰到自由主义价值取向的课程政策时,会产生抵制,或引起学校文化的变革;反之亦然。

但是,课程政策的自由主义价值取向也体现着“个人主义”的现代产业社会的典型价值观。“在现代社会中与其说是尊重个人,不如说隐含着这样一种意蕴:通过个人承担分工中的责任,谋求生产的效率,因而产业社会的进展与生活的丰裕,个人与集体之间的关系加速了对立,导致了‘自我中心主义’的恶性膨胀。”[①]这种个人主义的价值观在课程政策中体现的便是前面章节所述及的自由主义价值取向。尊重儿童个性的自由发展,是相对于保守主义和效率主义价值取向的缺陷而凸显的合理之处,但是美国进步主义教育时期以及美国和英国在 20 世纪 60 年代以儿童为中心的课程所导致的教室中的无政府主义,可以说是课程政策自由主义价值取向存在缺陷的历史例证。因为在那些自由主义价值取向课程政策之下,“自由意味着我们

① 钟启泉.知识社会与学校文化的重塑.教育发展研究,2002(1):5

给予每个儿童以机会依靠他自己的兴趣、经验以及发展去选择学习领域。他自由地以自己的发展速度学习，而不需跟上普遍的步伐。教师不需要将儿童的注意与活动导向教师的选择。取而代之的是，教师鼓励每个儿童以自己认为有意义的方式进行学习。教师根据每个儿童自己过去的经验和他的发展速度尊重其取得的进步，而不是将他归入其年龄阶段的一般'模子'里去"①。当儿童所拥有的自由走向极端之时，课程政策自由主义价值取向的危害就明显表现出来了。在20世纪80年代以后，日本的学校课程改革进程又向我们表明：课程政策的自由主义价值取向导致了一些不尽如人意的现象。"例如，把儿童的'自主性'、'主体性'绝对化，因而出现了活动主义、体验主义的倾向——轻松愉快地活动，却缺乏实质性的内容；或是重视活动态度的形成优先于学习经验的意蕴；或者出现了放任自流的倾向——在从'教师中心'转型为'儿童中心'的口号之下，事实上，任凭儿童活动，而教师对于儿童的活动不闻不问。再有，课堂教学的转型，被简单化为儿童是否开展了轻松愉快的活动，而忽略了教学内容的研究与教材的研究。"②因此，课程政策自由主义价值取向对于学校文化的形成，也不是有百利而无一害的。

既如此，我们将希望寄予观照生态主义课程取向的、在生态主义视角下所制定的课程改革政策。这样的课程政策在学校管理中倡导民主与对话，学校管理层与教师之间、上级与下级之间、教师与学生之间，都力图形成一种民主的氛围；管理组织不断地扁平化，课程管理权力被整合到最佳状态，有更多的人参与到课程管理中来，学校和教师都被赋予了课程管理的权力和空间，充分调动了教师参与课程管理的积极性和创造性。这将极大地增强课程对于不同地区、学校与学生的适应性，增强教师之间、教师与学生的对话与交流，允许不同观点之间的碰撞与交流，形成一个相互启发、相互激励的合作氛围。生态主义视角下的课程政策将使学校课程打破僵化与封闭，教师成为专业的课程开发者，消解了单向度的传递式教学，从而使课程实施走向多元生动的现实生活，给学生以多样化的体验和感受，既试图消除在保守主义和效率主义价值取向的课程政策下教师与儿童被"异化"的现象，又试图消除自由主义价值取向的课程政策可能导致的无政府主义，从而

---

① Barbara Blitz. *The Open Classroom: Making It Work*. Boston: Allyn and Bacon, Inc., 1975,52

② 佐藤学著.课堂改革：学校改革的中心课题.钟启泉译.上海教育科研，2005(11)：4

找回失落的课程本义。

学校文化的形成是一个逐步建构、丰富的过程。持不同价值取向的课程政策曾使学校课程的变革如钟摆般运动，相应的学校文化也显现着因课程政策的影响而带来的缺憾。20 世纪 80 年代以后，课程改革政策在其价值取向上出现了新的特征，为学校文化新的变革构建了新的远景。虽然在学校新文化构建的过程中，原有的学校文化的边缘化需要一段时期，而且原有学校文化在其惯性作用下仍然会发挥着它的阻碍作用——在一定的课程改革政策作用下，学校文化的变革之路或许不能避免原有学校文化与之的抵触，因为“在所意图的课程计划与实际的实施之间往往会存在巨大的鸿沟”①。但是，我们有理由相信，随着传统的保守主义、效率主义和自由主义价值取向在课程政策生态主义视角中的进一步融合，学校文化变革的明天将是美好的。

① John Goodlad. *The Changing American School*. Chicago, Illinois: The University of Chicago Press, 1966, 53

附　录

加拿大安大略省9—12年级英语、数学、科学、商业研究、技术教育等必修课程的选修化科目见下列各表。①

附表1　9—10年级英语课程课目

年级	课目名称	课目类型	课目代码	学分	先决条件
9	英语	学术型	ENG1D	1	
9	英语	应用型	ENG1P	1	
10	英语	学术型	ENG2D	1	9年级英语,学术型或应用型
10	英语	应用型	ENG2P	1	9年级英语,学术型或应用型

附表2　11—12年级英语课程必修课目

年级	课目名称	课目类型	课目代码	先决条件
11	英语	大学准备	ENG3U	10年级英语,学术型
11	英语	学院准备	ENG3C	10年级英语,应用型
11	英语	职场准备	ENG3E	10年级英语,应用型
12	英语	大学准备	ENG4U	11年级英语,大学准备
12	英语	学院准备	ENG4C	11年级英语,学院准备
12	英语	职场准备	ENG4E	11年级英语,职场准备

注:表中每一课目均为1学分。

① 根据相应学科的最新课程指南改编。参见 Ontario Ministry of Education. Curriculum Document. Http://www.edu.gov.on.ca/eng/curriculum/secondary/subjects.html

附表 3　11—12 年级英语课程选修课目

年级	科目名称	科目类型	科目代码	先决条件
11	加拿大文学	大学/学院准备	ETC3M	10 年级英语,学术型或应用型
11	媒体研究	开放	EMS3O	10 年级英语,学术型或应用型
11	陈述与谈话技巧	开放	EPS3O	10 年级英语,学术型或应用型
12	文学研究	大学准备	ETS4U	11 年级英语,大学准备
12	作者的技巧	大学准备	EWC4U	11 年级英语,大学准备
12	文学研究	学院准备	ETS4C	11 年级英语,学院准备
12	作者的技巧	学院准备	EWC4C	11 年级英语,学院准备
12	在商业和技术世界中交流	开放	EBT4O	11 年级英语,大学准备、学院准备或职场准备

注：表中每一课目均为 1 学分。

附表 4　9—10 年级数学课程课目

年级	课目名称	科目类型	课目代码	学分	前提条件
9	数学原理	学术型	MPM1D	1	
9	数学基础	应用型	MFM1P	1	
10	数学原理	学术型	MPM2D	1	9 年级数学,学术型
10	数学基础	应用型	MFM2P	1	9 年级数学,应用型

附表 5　11—12 年级数学课程课目

年级	课目名称	课目类型	课目代码	前提条件
11	函数	大学准备型	MCR3U	10 年级数学原理,学术型或 10 年级数学基础,应用型
11	函数及应用	大学/学院准备型	MCF3M	10 年级数基础,应用数学
11	学院数学基础	学院准备型	MBF3C	10 年级数学基础,应用型
11	日常生活与工作中的数学	职场准备型	MEL3E	9 年级数学,学术型或 9 年级数学基础,应用型,或由地方开发的 10 年级数学必修课程
12	高等函数	大学准备型	MHF4U	11 年级函数,大学准备型
12	微积分与矢量	大学准备型	MCV4U	12 年级高等函数,大学准备型

续 表

年级	课目名称	课目类型	课目代码	前提条件
12	数据管理中的数学	大学准备型	MDM4U	11年级学院数学基础，学院准备型或11年级函数及应用，大学/学院准备型
12	学院技术中的数学	学院准备型	MCT4C	11年级函数及应用，大学/学院准备型或11年级函数，大学/学院准备型
12	学院技术数学基础	学院准备型	MAP4C	11年级函数，学院准备型（或11年级函数与关系，大学准备型）
12	日常生活与工作中的数学	职场准备型	MEL4E	11年级日常生活与工作中的数学，职场准备型

注：表中每一课目均为1学分。

附表6　9—10年级科学课程课目

年级	课目名称	课目类型	课目代码	学分	前提条件
9	科学	学术型	SNC1D	1	无
9	科学	应用型	SNCIP	1	无
10	科学	学术型	SNC2D	1	9年级科学，学术型或应用型
10	科学	应用型	SNC2P	1	9年级科学，学术型或应用型

附表7　11—12年级科学课程课目

年级	课目名称	课目类型	科目代码	先决条件
生物				
11	生物	大学准备型	SBI3U	10年级科学，学术型
11	生物	学院准备型	SBI3C	10年级科学，学术型或应用型
12	生物	大学准备型	SBI4U	11年级生物，大学准备型
化学				
11	化学	大学准备型	SCH3U	10年级科学，学术型
12	化学	大学准备型	SCH4U	11年级化学，大学准备型
12	化学	学院准备型	SCH4C	10年级科学，学术型或应用型

续 表

年级	课目名称	课目类型	科目代码	先决条件
地球与空间科学				
12	地球与空间科学	大学准备型	SES4U	10年级科学，学术型
环境科学				
11	环境科学	大学/学院准备型	SVN3M	10年级科学，学术型或应用型
11	环境科学	职场准备型	SVN3E	9年级科学，学术型或应用型，或有地方开发的9年级或10年级必修课程
物理				
11	物理	大学准备型	SPH3U	10年级科学，学术型
12	物理	大学准备型	SPH4U	11年级物理，大学准备型
12	物理	学院准备型	SPH4C	10年级科学，学术型或应用型
科学				
12	科学	大学/学院准备型	SNC4M	10年级科学，学术型，或在科学课程的任一大学准备型、大学/学院准备型或学院准备型课程
12	科学	职场准备型	SNC4E	10年级科学，应用型，或由地方开发的任一10年级必修课程

注：上表中每一课目均为1学分。

附表8　9—10年级商业研究课程课目

年级	课目名称	科目类型	科目代码	学分
9或10	商业导论	开放型	BBI1O BBI2O	1
9或10	商业中的信息与交流技术	开放型	BTT1O BTT2O	1

注：以上课目均无前提条件。

附表 9 11—12 年级商业研究课程课目

年级	课目名称	课目类型	课目代码	前提条件
会计学				
11	财务会计基础	大学/学院准备型	BAF3M	无
11	会计学要义	职场准备型	BAI3E	无
12	财务会计基本原理	大学/学院准备型	BAT4M	11 年级的财务会计基础,大学/学院准备型
12	小型商业企业会计	职场准备型	BAN4E	11 年级的会计学要义,职场准备型
创业				
11	创业：风险	学院准备型	BDI3C	无
11	创业：创业中的人	开放型	BDP3O	无
12	创业：电子时代的风险规划	学院准备型	BDV4C	无
信息与交流技术				
11	信息与交流技术：数字化环境	开放型	BTA3O	无
12	信息与交流技术：多媒体解决方案	学院准备型	BTX4C	11 年级的信息与交流技术：数字化环境,开放型
12	职场重的信息与交流技术	开职场型	BTX4E	11 年级的信息与交流技术：数字化环境,开放型
国际贸易				
12	国际贸易基础	大学/学院准备型	BBB4M	无
12	国际贸易要义	职场准备型	BBB4E	无
市场营销				
11	市场营销：货品、服务与事件	学院准备型	BMI3C	无
11	市场营销：零售与服务	职场准备	BMX3E	无
组织领导				
12	组织研究：管理学基础	大学/学院准备型	BOH4M	无
12	组织研究：成为经理	职场准备型	BOG4E	无

注：表中每一课目均为 1 学分。

附表 10 9—10 年级技术教育课程课目

年级	课目	课目类型	课目代码	先决条件
9	探索技术	开放型	TIJ1O	无
10	通讯技术	开放型	TGJ2O	无
10	计算机技术	开放型	TEJ2O	无
10	建筑技术	开放型	TCJ2O	无
10	绿色工业	开放型	THJ2O	无
10	发型与审美	开放型	TXJ2O	无
10	保健	开放型	TPJ2O	无
10	招待与旅游制 制造技术	开放型	TFJ2O	无
10	造技术	开放型	TMJ2O	无
10	技术设计	开放型	TDJ2O	无
10	运输技术	开放型	TTJ2O	无

注：表中每一课目均为 1 学分。

附表 11 11—12 年级技术教育课程课目

年级	课目名称	课目类型	课目代码	前提条件
通讯技术				
11	通讯技术	大学/学院准备型	TGJ3M	无
11	通讯技术：广播与印刷生产	开放型	TGJ3O	无
12	通讯技术	大学/学院准备型	TGJ4M	11 年级通讯技术，大学/学院准备型
12	通讯技术：数字影像与网页设计	开放型	TGJ4O	无
计算机技术				
11	计算机工程技术	大学/学院准备型	TEJ3M	无
11	计算机技术	职场准备型	TEJ3E	无
12	计算机工程技术	大学/学院准备型	TEJ4M	11 年级计算机工程技术，大学/学院准备型

续 表

年级	课目名称	课目类型	课目代码	前提条件
12	计算机技术	职场准备型	TEJ4E	11年级计算机技术，大学/学院准备型
建筑技术				
11	建筑工程技术	学院准备型	TCJ3C	无
11	建筑技术	职场准备型	TCJ3E	无
11	传统木工	职场准备型	TWJ3E	无
12	建筑工程技术	学院准备型	TCJ4C	11年级建筑工程技术，学院准备型
12	建筑技术	职场准备型	TCJ4E	11年级建筑技术，职场准备型
12	传统木工	职场准备型	TWJ4E	11年级传统木工，职场准备型
绿色工业				
11	绿色工业	大学/学院准备型	THI3M	无
11	绿色工业	职场准备型	THJ3E	无
12	绿色工业	大学/学院准备型	THJ4M	11年级绿色工业，大学/学院准备型
12	绿色工业	职场准备型	THJE4E	11年级绿色工业，职场准备型
发型与审美				
11	发型与审美	职场准备型	TXJ3M	无
12	发型与审美	职场准备型	TXJ4M	11年级发型与审美，职场准备型
保健				
11	保健	大学/学院准备型	TPJ3M	无
11	保健	学院准备型	TPJ3C	无
12	保健	大学/学院准备型	TPJ4M	11年级保健，大学/学院准备型
12	保健	学院准备型	TPJ4C	11年级保健，学院准备型
12	儿童发展与老年病学	学院准备型	TOJ4C	无
12	保健：支持性服务	职场准备型	TPJ4E	无

续　表

年级	课目名称	课目类型	课目代码	前提条件
招待与旅游				
11	招待与旅游	学院准备型	TFI3C	无
11	招待与旅游	职场准备型	TFJ3E	无
12	招待与旅游	学院准备型	TFJ4C	11年级招待与旅游，学院准备型
12	招待与旅游	职场准备型	TFJ4E	11年级招待与旅游，职场准备型
制造技术				
11	制造工程技术	大学/学院准备型	TMJ3M	无
11	制造技术	学院准备型	TMJ3C	无
11	制造技术	职场准备型	TMJ3E	无
12	制造工程技术	大学/学院准备型	TMJ4M	11年级制造工程技术，大学/学院准备型
12	制造技术	学院准备型	TMJ4C	11年级制造技术，学院准备型
12	制造技术	职场准备型	TMJ4E	11年级制造技术，职场准备型
技术设计				
11	技术设计	大学/学院准备型	TDJ3M	无
11	技术设计与环境	开放型	TDJ3O	无
12	技术设计	大学/学院准备型	TDJ4M	11年级技术设计，大学/学院准备型
12	21世纪的技术设计	开放型	TDJ4O	无
运输技术				
11	运输技术	学院准备型	TTJ3C	无
11	运输技术：车辆所有权	开放型	TTJ3O	无
12	运输技术	学院准备型	TTJ4C	11年级运输技术，学院准备型
12	运输技术：车辆保养	职场准备型	TTJ4E	无

注：表中每一课目均为1学分。

参考文献

一、英文部分

[1] Association for Supervision and Curriculum Development. Balance in the Curriculum. Washington D. C.：ASCD,1961

[2] ASCD Yearbook. A New Look at Progressive Education. Washington, D. C.：ASCD,1972

[3] ASCD Yearbook. Current Thought on Curriculum. Alexandria, Virginia：ASCD,1985

[4] A. Quist. The New Federal Curriculum and How It's Enforced. St. Paul,Minnesota：Maple River Education Coalition,2002

[5] A. Helly. Curriculum：Theory and Practice. 5th ed.. London：SAGE Publications,2004

[6] A. Galatthorn, F. Boschee, B. Whitehead. Curriculum Leadership：Development and Implementation. Thousand Oaks：SAGE Publications,2006

[7] B. Blitz. The Open Classroom：Making It Work. Boston：Allyn and Bacon,Inc.,1973

[8] B. Newbold. The Faceless Mandates of NCLB. Kappa Delta Pi Record,2004,41(1)

[9] J. Conant. American High School Today：A First Report to Interested Citizens. New York：McGraw-Hill,1959

[10] C. Chitty. Toward a New Education System：The Victory of the New Right? London, New York, Philadelphia：The Falmer Press,1989

[11] C. Kridel. Curriculum History. Lanham: University Press of America, Inc. ,1989

[12] C. Chitty. The National Curriculum: Is It Working? Essex: Longman Group UK Ltd. ,1993

[13] C. Guilfoyle. NCLB: Is There Life Beyond Testing? Educational leadership,2006,64(3)

[14] C. Silberman. Crisis in the Classroom: the Remaking of American Education. New York: Random House,Inc. ,1970

[15] D. Tanner, L. Tanner. History of the School Curriculum. New York: Macmillan Publishing Company,1990

[16] D. Walker, J. Soltis. Curriculum and Aims. New York and London: Teachers College, Columbia University,1986

[17] D. Allbritten, R. Mainzer, D. Ziegler. NCLB: Failed Schools-or Failed Laws? Will Students With Disabilities Be Scapegoats for School Failures? Educational Horizons,2004,82(2)

[18] D. Flinders, S. Thornton. The Curriculum Studies Reader. New York and London: RoutledgeFalmer,2004

[19] D. Squires. Aligning and Balancing the Standard-based Curriculum. Thousand Oaks, California: Corwin Press,2005

[20] D. Tanner, L. Tanner. Curriculum Development: Theory into Practice. Upper Saddle River, New Jersey: Pearson Education Inc. , 2007

[21] Excellence and Enjoyment: A Strategy for Primary School. Http://publications. teachernet. gov. uk/default. aspx? PageFunction = productdetails&PageMode = publications&ProductId = DfES + 0377+2003&. 2009-11-12

[22] E. Eisner, E. Vallance. Conflicting Conceptions of Curriculum. Berleley, California: NcCutchan Publishing Corporation,1974

[23] F. English. Deciding What to Teach and Test: Developing, Aligning, and Auditing the Curriculum. Thousand Oaks, California: Corwin Press,2000

[24] G. Bassett. Innovation in Primary Education. London: John Wiley & Son Ltd., 1970
[25] G. Fenstermacher, John Goodlad. Individual difference and the Common Curriculum. Chicago, Illinois: The University of Chicago Press, 1983
[26] G. Posner. Analyzing Curriculum. Boston: McGraw-Hill, 2004
[27] H. Spencer. What Knowledge is of the Most Worth? D. Appleton & Company, 1860
[28] H. Berlak. From Local Control to Government and Corporate Takeover of School Curriculum: The No Child Left Behind Act and 'Reading First' program. Http://www.bryanconsulting.com:8080/frontierGems/nccj/localtogovernmentcontrolofcu.pdf. 2006-10-2
[29] Harcourt Policy Report. Value-added Assessment Systems. Harcourt Assessment, Inc., 2004
[30] I. Friedman. Education Reform. Facts On Fils, Inc., 1965
[31] I. Goodson. Studying Curriculum. Buckingham: Open University Press, 1994
[32] J. Goodlad. The Changing American School. Chicago, Illinois: The University of Chicago Press, 1966
[33] J. Pettersen. No Child Left Behind: Fiscal Issues for the states. Denver, Colorado: National Conference of State Legislatures, 2002
[34] J. Goodlad. A Place Called School. New York: McGraw-Hill, 2004
[35] J. Wilson. No Child Left Behind ... or Many? 2004. Http://www.instruction.greenriver.edu/bahl/E112/WilsonFP.rtf. 2006-9-26
[36] J. Tehie. Historical Foundations of Education: Bridges from the Ancient World to the Present. Upper Saddle River, New Jersey: Pearson Education, Inc., 2005
[37] J. Aldridge, R. Goldman. Current Issues and Trend in Education. Boston: Pearson Education, 2007
[38] K. Jons. Conservative Modernization. From Rob Moore & Jenny Ozga(1991). Curriculum Policy. The Open University: Pergamon Press, 1989

[39] K. King, Sasha Zucher. Curriculum Narrowing. Harcourt Assessment, Inc. ,2005

[40] K. Manzo. Schools Urged to Push Beyond Math, Reading To Broader Curriculum. Education Week,2006,26(16)

[41] K. Henson. Curriculum Planning: Integrating Multiculturalism, Constructivism and Education Reform. Long Grove, Illinois: Waveland Press, Inc. ,2006

[42] L. Burlbaw, Sherry L. Field. Explorations in Curriculum History. Information Age Publishing Inc. ,2005

[43] M. Wilson. Toward Coherence between Classroom Assessment and Accountability. Chicago, Illinois: The University of Chicago Press,2004

[44] Ministry of Education and Training. Ontario Secondary Schools, Grades 9 to 12: Program and Diploma Requirements,1999. Http://www. edu. gov. on. ca/eng/document/curricul/secondary/oss/oss. pdf. 2009-10-10

[45] Ministry of Education, Culture, Sports, Science and Technology. Synopsis of the Curriculum Council's Midterm Report. Http://www. mext. go. jp/english. 2006-11-03

[46] M. Foote. Keeping Accountabilty System Accountable. Phi Delta Kappan, Vol. 88, No. 5,2007

[47] N. McCluskey. A Lesson in Waste: Where Does All the Federal Education Money Go? Policy Analysis,2004,518

[48] National Public Radio. Social Studies Goes to the Back of the Class. Http://www. npr. org/templates/story/story. php? storyId = 6092000. 2006-09-17

[49] N. Zuckerbrod. National Education Standards under Review. Contra Costa Times, Jan. 14,2007

[50] One Hundred Third Congress of the United States of America at the Second Session. Goal 2000: An Educate America Act,1994. Http://www. ed. gov/legislation/GOALS2000/TheAct/. Html. 2005-05-08

[51] D. Orlich，Education Reform and Limits to Student Achievement. Phi Delta Kappan，81(6)，2000

[52] P. Oliva. Developing the Curriculum. Boston：Pearson Education，Inc.，2005

[53] P. Kubow，Paul R. Fossum. Comparative Education：Exploring issues in International Context (Second Edition). Upper Saddle River：Pearson Education，Inc.，2007

[54] R. Moore，J. Ozga. Curriculum Policy. Oxford：Pergamon Press，1991

[55] R. Elmore，Sunsan H. Fuhrman. The Governance of Curriculum. Alexandria，Virginia：ASCD，1994

[56] R. Doll. Curriculum Improvement：Decision Making and Process. Boston：Allyn and Bacon，1995

[57] R. Griffith. National Curriculum：National Disaster? London and New York：Routledge Falmer，2000

[58] R. Lin. Rethinking the No Child Left Behind Accountability System，2004. Http://ctredpol. org/pubs/Forum28July2004/BobLinnPaper. pdf. 2006-9-22

[59] R. McNergney，J. McNergney. The Practice and Profession of Teaching. Boston：Pearson Education，Inc.，2007

[60] R. Crew，P. Vallas，M. Casserly. The Case for National Standards in American Education，2007. Http://www. edweek. org/ew/articles/2007/03/05/26crew. h26. html. 2007-04-08

[61] G. Sunderman，C. Tracey，J. Kim，G. Orfield. Listening to Teachers：Classroom Realities and No Child Left Behind. Cambridge，MA：The Civil Rights Project at Harvard University，2004

[62] D. Tanner. Education of Modification of the Comprehensive Curriculum. The High School Journal，545(5)，1971

[63] The Commission on Excellence in Education. A Nation At Risk：The Imperative For Educational Reform，1983. Http://www. goalline. org/Goal%20Line/NatAtRisk. html. 2005-05-08

[64] U. S. Department of Education. Japanese education today. Washington D. C.：U. S. G overnment Printing Office，1987

[65] The White House President George W. Bush. No Child Left Behind, 2002. Http://www. whitehouse. gov/news/reports/no-child-left-behind. pdf. 2006 - 10 - 02

[66] T. Dye. Understanding Public Policy(Eleventh Edition). 北京：北京大学出版社，2006

[67] United States Office of Education. Life Adjustment Education for Every Youth. Washington D. C. : U. S. Government Printing Office, 1948

[68] U. S. Department of Education. Amenrica 2000: An Education Strategy. 400 Maryland Avenue, S. W. Washington D. C. ,1991

[69] U. S. Department of Education. Answering the Challenge of a Changing World Strengthening Education for the 21st Century,2006. Http://www. ed. gov/about/inits/ed/competitiveness. 2009 - 08 - 08

[70] U. S. Department of Education. A Nation Accountable: Twenty-five Years After A Nation at Risk,2008. Http://www. ed. gov/rschstat/research/pubs/risk25. html. 2009 - 08 - 08

[71] U. S. Department of Education. The American Recovery and Reinvestment Act of 2009,2009. Http://www. ed. gov/policy/gen/leg/recovery/factsheet/overview. html. 2009 - 11 - 07

[72] V. Janesick. Curriculum Trends: A Reference Handbook. Santa Barbara, California: ABC-CLIO, Inc. 2003

[73] V. Honawar. Curriculum-Development Group Urges Focus Shift to Whole Child, 2007. Http://www. edweek. org/ew/articles/2007/03/26/29ascd. h26. html. 2007 - 04 - 08

[74] W. Schubert. Curriculum: Perspective, Paradigm and Possibility. New York: Macmillan Publishing Company,1986

[75] W. Pinar, W. Reynolds, P. Slattery, P. Taunman. Understanding Curriclum. New York: Peter Lang,1995

[76] W. Mathis. NCLB and High-Stake Accountability: A Cure? Or a Symptom of the Disease? Educational Horizons,2004,82(2)

二、中文部分

[1] A. S. 尼尔著. 夏山学校：养育子女的最佳方法. 周德译. 北京：京华出版社，2002

[2] 艾伦·C. 奥恩斯坦，费朗西斯·P. 汉金斯著. 课程：基础、原理和问题. 柯森主译，钟启泉审校. 南京：江苏教育出版社，2002

[3] 安迪·哈格里夫斯著. 知识社会中的教学. 熊建辉等译. 上海：华东师范大学出版社，2007

[4] 布赖恩·巴克斯特著. 生态主义导论. 曾建平译. 重庆：重庆出版社，2007

[5] 丹尼斯·劳顿等著. 课程研究的理论与实践. 张渭城等译. 北京：人民教育出版社，1985

[6] 邓特著. 英国教育. 杭大教育系外教室译，王承绪校. 浙江：浙江教育出版社，1987

[7] Dr. Adrian Dupuis, Michael Gordon. 历史视野中的西方教育哲学. 彭正梅，朱承译. 北京：北京师范大学出版社，2008

[8] 弗朗西斯·C. 福勒著. 教育政策学导论. 许庆豫译. 南京：江苏教育出版社，2007

[9] Gerald L. Gutek 著. 哲学与意识形态视野中的教育. 陈晓端主译. 北京：北京师范大学出版社，2008

[10] H. K. 科尔巴奇著. 政策. 张毅，韩志明译. 长春：吉林人民出版社，2005

[11] 赫伯特·马尔库塞著. 单向度的人——发达工业社会意识形态研究. 刘继译. 上海：上海世纪出版集团，2008

[12] 亨利·A. 吉鲁著. 教师作为知识分子——迈向批判教育学. 朱红文译. 北京：教育科学出版社，2008

[13] Ian Westbury, Neil J. Wilkof 主编. 科学、课程与通识教育——施瓦布选集. 郭元祥、乔翠兰主译. 北京：中国轻工业出版社，2008

[14] 卡尔·波普尔著. 客观知识——一个进化论的研究. 舒炜光等译. 上海：上海译文出版社，1987

[15] 劳伦斯·阿瑟·克雷明著. 学校的变革. 单中惠、马晓斌译. 上海：上海教育出版社，1994

[16] 拉尔夫·泰勒著.课程与教学的基本原理(英汉对照版).罗康、张阅译.北京：轻工业出版社,2008

[17] 马克斯·范梅南著.教学机智——教育智慧的意蕴.李树英译.北京：教育科学出版社,2001

[18] 麦克·阿普尔等著.国家与知识政治.黄忠敬、刘世清、王琴译.上海：华东师范大学出版社,2003

[19] 迈克尔·富兰著.变革的力量——深度变革.中央教育科学研究所、加拿大多伦多国际学院组织翻译.北京：教育科学出版社,2004

[20] 马克斯·霍克海默、西奥多·阿道尔诺.启蒙辩证法.上海：世纪出版集团上海人民出版社,2006

[21] 迈克尔·W.阿普尔著.教育的“正确”之路——市场、标准、上帝和不平等.黄敬忠,吴晋婷译.袁振国审校.上海：华东师范大学出版社,2008

[22] 马克斯·韦伯著.社会科学方法论. 韩水法,莫茜译.北京：中央编译出版社,2008

[23] 吉纳·E.霍尔,雪莱·E.霍德著.实施变革、原则与困境.吴晓玲译.杭州：浙江教育出版社,2004

[24] 培根著.新工具.许宝骙译.北京：商务印书馆,1984

[25] 让·雅克·卢梭著.爱弥儿.彭正梅译.上海：上海人民出版社,2007

[26] 水原克敏著.现代日本教育课程改革.方明生译.北京：教育科学出版社,2005

[27] 威廉·派纳等著.理解课程.张华等译.北京：教育科学出版社,2003

[28] 约翰·怀特著.再论教育目的.李永宏等译.北京：教育科学出版社,1997

[29] 约翰·杜威著.民主主义与教育.王承绪译.北京：人民教育出版社,2001

[30] 约翰·杜威著.我们怎样思维·经验与教育.姜文闵译.北京：人民教育出版社,2005

[31] 约翰·杜威著.经验与自然.傅统先译.南京：江苏教育出版社,2005

[32] 詹姆斯·E.安德森著.公共决策.唐亮译.北京：华夏出版社,1990

[33] 佐藤学著.课程与教师.钟启泉译.北京：教育科学出版社,2006

[34] 贝拉克·奥巴马.奥巴马谈美国教育改革的五个支柱.王永康译.基础教育参考,2009(4)
[35] D.劳顿.1988年以来的英国"国家课程".华东师范大学学报(教育科学版),1996(4)
[36] R.柯文著.一九四四年以来的英国教育改革.石伟平译.外国教育资料,1991(2)
[37] 佐藤学著.课堂改革:学校改革的中心课题.钟启泉译.上海教育科研,2005(11)
[38] 安桂清.整体课程论.上海:华东师范大学出版社,2007
[39] 白月乔.课程变革概论.石家庄:河北教育出版社,1996
[40] 陈振明.政策科学——公共政策分析导论.北京:中国人民大学出版社,2003
[41] 戴本博,张法琨.外国教育史.北京:人民教育出版社,1990
[42] 江山野.简明国际教育百科全书·课程.北京:教育科学出版社,1991
[43] 陆有铨.躁动的百年——20世纪的教育历程.济南:山东教育出版社,1997
[44] 李其龙,陈永明.教师教育课程的国际比较.北京:教育科学出版社,2002
[45] 廖哲勋,田慧生.课程新论.北京:教育科学出版社,2003
[46] 吕达,周满生.当代外国教育改革著名文献(美国卷·第一、二、三、四册).北京:人民教育出版社,2004
[47] 吕达,周满生.当代外国教育改革著名文献(英国卷·第一、二册).北京:人民教育出版社,2004
[48] 吕达,周满生.当代外国教育改革著名文献(苏联—俄罗斯卷).北京:人民教育出版社,2004
[49] 吕达,周满生.当代外国教育改革著名文献(日本、澳大利亚卷).北京:人民教育出版社,2004
[50] 吕达,刘立德,邹海燕主编.杜威教育文集(第一卷).北京:人民教育出版社,2005
[51] 吕立杰.国家课程设计过程研究——以我国基础教育"新课程"设计为例.北京:教育科学出版社,2008

[52] 瞿葆奎主编，马骥雄选编. 教育学文集·美国教育改革. 北京：人民教育出版社，1990
[53] 瞿葆奎. 教育学文集·英国教育改革. 北京：人民教育出版社，1993
[54] 施良方. 课程理论——课程的基础、原理与问题. 北京：教育科学出版社，2003
[55] 王承绪，徐辉. 战后英国教育研究. 南昌：江西教育出版社，1992
[56] 汪霞. 国外中小学课程演进. 济南：山东教育出版社，1998
[57] 汪霞. 课程改革与发展的比较研究. 南京：江苏教育出版社，2000
[58] 汪霞. 课程研究：现代与后现代. 上海：上海教育科技出版社，2003
[59] 徐辉，郑继伟. 英国教育史. 长春：吉林人民出版社，1993
[60] 徐书业. 变革的趋向——转型期的学校文化生态研究. 重庆：西南师范大学出版社，2002
[61] 徐辉，辛治洋著. 现代外国教育思潮研究. 北京：人民教育出版社，2008
[62] 袁振国. 教育政策学. 南京：江苏教育出版社，2001
[63] 钟启泉. 现代课程论. 上海：上海教育出版社，1989
[64] 张华. 课程与教学论. 上海：上海教育出版社，2000
[65] 钟启泉，张华. 世界课程改革趋势研究（上、中、下）. 北京：北京师范大学出版社，2001
[66] 张华. 经验课程论. 上海：上海世纪出版集团上海教育出版社，2001
[67] 张男星. 权利·理念·文化——俄罗斯现行课程政策研究. 北京：教育科学出版社，2006
[68] 周海玲. 制度下的教师文化. 济南：山东教育出版社，2006
[69] 赵中建. 创新引领世界——美国创新和竞争力战略. 上海：华东师范大学出版社，2007
[70] 钟启泉，汪霞，王文静. 课程与教学论. 上海：华东师范大学出版社，2008
[71] 白月桥. 俄罗斯课程改革的具体婆媳及其借鉴意义（上）. 首都师范大学学报（社会科学版），2000(6)
[72] 陈永明. 试述日本教育发展的三大特征与三大弊病（下）. 外国教育资料，1994(2)
[73] 崔世广. 浅议当前日本的教育改革. 日本学刊，2002(2)

[74] 陈霞.英国1988年以来的国家课评价政策述评.外国中小学教育,2003(5)
[75] 陈杰.教学管理的文化自觉.生活教育,2008(10)
[76] 戴伟芬.美国新一届总统的教育理念和政策.世界教育信息,2009(2)
[77] 国家教委教育管理信息中心.韩国确立主导世界化、信息化的新型教育体制.教育参考资料,1996(12)
[78] 高文.个性的发展与培养——俄罗斯教育发展的战略目标.外国教育资料,1999(2)
[79] 高金岭.社会转型时期的教育改革:在矛盾中寻求统一——苏联解体后的俄罗斯教育改革.清华大学教育研究,2003(4)
[80] 何树.二战以来的英国中等教育改革.读书,2001(12)
[81] 胡定熙.面对新世纪,日本教育改革的重大举措.四川教育学院学报,2000(5)
[82] 胡东芳.论课程本质的定义、本质与载体.教育理论与实践,2001(11)
[83] 胡东芳.论课程政策的价值基础.教育发展研究,2002(10)
[84] 李素敏,张炜.美国基础教育的课程改革及其特点.天津师范大学学报(基础教育版),2003(9)
[85] 胡东芳.论课程政策制定的价值原则与价值取向.教育理论与实践,2004(8)
[86] 江山野.英国实施"国家课程"和新考试制度中出现的问题.课程·教材·教法,1995(3)
[87] 姜晓燕.普京强调俄罗斯的教育优先发展战略.比较教育研究,2003(8)
[88] 蒋建华.走向政策范式的课程研究.北京大学教育评论,2004(1)
[89] 刘振天.试析当前俄罗斯教育改革的总体态势.外国教育研究,1995(2)
[90] 刘彦文.当今俄罗斯课程概况.外国中小学教育,1999(1)
[91] 刘艳玲,周全占.浅谈战后美国对日本教育改革的影响.日本问题研究,2000(2)
[92] 李立国,王建梁,孙志军.加强基础与追求优异——二战后美国基础教育改革.清华大学教育研究,2000(4)
[93] 刘旭东.论20世纪课程价值取向的嬗变.青海师范大学学报,2001(4)
[94] 刘复兴.教育政策的边界与价值向度.清华大学教育研究,2002(1)
[95] 林冬梅,张君.课程平衡初探.沈阳师范大学学报(社会科学版),2003(4)

[96] 刘志军.课程价值取向的时代走.教育理论与实践,2004(10)
[97] 李艳."满足每一个青年人的需要和渴望"——《14—19岁教育和技能白皮书》述评.外国中小学教育,2005(11)
[98] 李爱萍,肖玉敏.20世纪美国基础教育改革政策的演进与启示.外国教育研究,2005(4)
[99] 孟庆枢,于长敏.面向21世纪日本教育发展趋向——《日本第15届中央教育审议会第一次咨询报告》浅析.日本学论坛,1998(1)
[100] 马云鹏.国外关于课程价值取向的研究及对我们的启示.外国教育研究,1998(3)
[101] 马忠虎."第三条道路"对当前英国教育改革的影响.比较教育研究,2001(7)
[102] 启森.日本中小学"教育病理"诊断——蹲下身来看日本的教育.外国教育研究,1999(5)
[103] 邱美琴.转型期英国教育改革的集权化趋向及其启示.当代教育科学,2007(5—6)
[104] 任长松.如何看待对《不让一个孩子掉队》的质疑与批评.比较教育研究,2009(2)
[105] 史静寰.八九十年代美国教育改革述评.清华大学教育研究,1997(4)
[106] 石伟平.关于英国《教育改革法草案》的若干问题.外国教育资料,1988(6)
[107] 石井光夫.日本教育改革的现状及课题.比较教育研究,1994(1)
[108] 石伟平.劳顿论当前英国课程改革.外国教育资料,1995(3)
[109] 石伟平.战后英国课程发展的基本走向与变革趋势.外国教育资料,1999(6)
[110] 施雨丹.教育个性化:日本教育改革的战略选择.外国中小学教育,2003(10)
[111] 单中惠.当代英国基础教育政策及其影响浅析.外国教育研究,2007(2)
[112] 石凯.政策结果的多面向:寻访新政策网络理论.社会科学研究,2008(5)
[113] 武村重和.日本教育课程改革的概要.上海教育科研,1994(6)
[114] 王晓辉.简评法国的《课程宪章》.课程·教材·教法,1994(6)

[115] 汪利兵.九十年代以来英国中小学教育改革的新进展.比较教育研究,1995(6)
[116] 吴刚平.课程开发中的矛盾运动与钟摆现象探析.华东师范大学学报(教育科学版),2000(6)
[117] 王晓辉.法国中小学课程的演变与改革.教育参考资料,2000(10)
[118] 汪霞.国家课程和学校课程——英国中小学基础学科解析(之一).外国教育资料,2000(6)
[119] 汪凌.掌握知识与能力的共同基石——法国基础教育课程改革趋势.全球教育展望,2001(4)
[120] 汪霞.21世纪英国高中课程取向探究.外国教育研究,2002(1)
[121] 王牧华,靳玉乐.生态主义课程研究范式刍议.山东教育科研,2002(4)
[122] 王凯.英国"课程2000"的制定与实施.外国教育研究,2002(9)
[123] 王义高.从《联邦教育发展纲要》看俄罗斯教育发展新态势.外国教育研究,2002(3)
[124] 汪霞.从生态后现代主义的视角理解课程.教育理论与实践,2004(10)
[125] 王晓平.教育改革立足于提高国际竞争力——英国新政府基础教育改革述评.中国教育学刊,2008(7)
[126] 徐学莹,黄忠敬.当代英国中等教育的课程改革与存在的问题.外国教育研究,1998(4)
[127] 谢少华.澳大利亚课程政策变革述评.比较教育研究,2001(10)
[128] 许明,胡晓莺.美国基础教育课程标准述评.教育研究,2002(3)
[129] 肖甦,单丽洁.俄罗斯教育政策与国家发展.比较教育研究,2005(11)
[130] 许立新.布莱尔政府国家课程改革评析.比较教育研究,2008(9)
[131] 王盈.全球化背景下美国基础教育政策的战略调整.世界教育信息,2008(12)
[132] 袁桂林.英国1988年教育改革法案述评.外国教育研究,1989(1)
[133] 叶立群.日本的教育改革(二).课程·教材·教法,1994(8)
[134] 尹秋艳.培养"生存能力"——21世纪日本教育的基本走向.外国教育研究,2000(2)
[135] 杨毅,杨易林.日本教育课程改革的新举措:设立"综合学习"时间.比较教育研究,2002(9)
[136] 叶玉华.俄罗斯普通学校的课程结构改革.全球教育展望,2003(3)

[137] 于忠海.英国课程改革中的官僚主义与专业主义矛盾的历史反思.外国中小学教育,2007(4)
[138] 易红郡,赵红亚."撒切尔主义"对英国教育改革的影响.外国教育研究,2003(2)
[139] 易红郡.撒切尔主义与《1988年教育改革法》.湘潭大学社会科学学报,2003(7)
[140] 杨燕燕.加拿大安大略省中学《职业生涯教育与指导》课程述评.比较教育研究,2005(12)
[141] 易红郡.英国保守主义政治思潮及其对教育改革的影响.华东师范大学学报(教育科学版),2008(9)
[142] 朱佩荣.俄罗斯公布中小学教学计划.外国教育资料,1994(1)
[143] 赵中建.美国核心知识课程的理论语实践.外国教育资料,1996(5)
[144] 张廷凯.战后英国课程改革与发展的历史考察.比较教育研究,1997(3)
[145] 朱旭东.八九十年代美国教育改革的目标及其取向.比较教育研究,1997(6)
[146] 钟启泉.论"教学的创造"——与日本教育学者佐藤学教授的对话.教育发展研究,2002(7—8)
[147] 钟启泉.知识社会与学校文化的重塑.教育发展研究,2002(1)
[148] 张旭东.基础教育课程管理的文化分析.当代教育科学,2003(16)
[149] 赵中建.美国课程标准之标准研究.全球教育展望,2005(6)
[150] 张男星.俄罗斯课程权力:从"唯国家化"到"去国家化".全球教育展望,2005(9)
[151] 朱亚鹏.公共政策研究的政策网络分析视角.中山大学学报(社会科学版),2006(3)
[152] 钟启泉.新《学习指导要领》的理念与课题——日本教育学者梶田叡一教授访谈.全球教育展望,2008(8)
[153] 白美玲.当代俄罗斯基础教育改革研究.华东师范大学硕士学位论文,2006
[154] 许立新.英国中小学课程与发展(1944—2004)——课程政治学的视角.北京师范大学博士论文,2007

图书在版编目(CIP)数据

国外课程改革政策及其价值取向/杨燕燕著. —杭州：浙江大学出版社，2010.7
ISBN 978-7-308-07785-9

Ⅰ.①国… Ⅱ.①杨… Ⅲ.①课程－教学改革－研究－外国 Ⅳ.G423.07

中国版本图书馆 CIP 数据核字（2010）第 125016 号

国外课程改革政策及其价值取向
杨燕燕　著

责任编辑　李玲如
封面设计　吴　为
出版发行　浙江大学出版社
（杭州市天目山路 148 号　邮政编码 310007）
（网址：http://www.zjupress.com）
排　　版　杭州大漠照排印刷有限公司
印　　刷　富阳市育才印刷有限公司
开　　本　710mm×1000mm　1/16
印　　张　12.5
字　　数　211 千
版 印 次　2010 年 7 月第 1 版　2010 年 7 月第 1 次印刷
书　　号　ISBN 978-7-308-07785-9
定　　价　38.00 元

浙江大学出版社发行部邮购电话（0571）88925591